경기도 수원
동학농민혁명

동학총서
━ 009

경기도 수원 동학농민혁명

서울, 경기 지역 동학 전파의 교두보 역할을 한 수원은 근대사회로 전환하는 시기에 변혁운동의 중심지였습니다. 1880년경 동학이 수원으로 본격적으로 전래되면서, 수원지역에서는 국채보상운동, 3·1운동, 애국계몽운동, 의병전쟁 등이 일어났습니다. 이는 근대사회 성립기에 수원이 차지하는 역사적 위상을 말해주고 있습니다. 한국근대사에서 수원 권역은 평등사회를 실현하고 동학이 외세 침략에 적극 대응해 나갔던 선도지역이라 할 수 있습니다. 한국 근대사에서 평등사회 실현과 반침략 민족운동을 추동한 동학의 근대사상이 발현된 선도지역이 수원입니다.

이이화 김준혁 임형진 신영우 왕현종 이동근 채길순 조극훈

도서 모시는사람들

머리말

　1998년 창립 이래 동학학회는 동학에 대한 학제적 연구를 통하여 한국사
상의 정체성을 확립하는 데 기여해 왔습니다. 동학 연구의 범위도 협의의
동학에만 국한시키지 않고 근대사와 근대사상을 포괄하는 것은 물론 동서
고금의 사상 및 현대 과학의 사상과도 비교하는 광의의 동학으로 그 외연
을 확대하였습니다. 그동안 동학학회는 서울과 지역을 순회하며 41차에 걸
친 학술회의를 개최함으로써 동학의 글로컬리제이션(Glocalization)에 총력을
기울여 왔습니다. 지역 순회 학술대회는 2011년 경주 추계학술대회를 시작
으로 2012년 정읍 춘계학술대회와 고창 추계학술대회, 2013년 보은 춘계학
술대회와 예산 추계학술대회, 2014년 영해 춘계학술대회와 남원 추계학술
대회, 2015년 대구 춘계학술대회와 홍천 추계학술대회, 2016년 구미 춘계학
술대회와 김천 추계학술대회를 개최하였습니다. 그리고 2017년 청주 춘계
학술대회와 수원 추계학술대회를 개최하였습니다. 또한 연 2회 단행본 발
간과 더불어 등재학술지인『동학학보』를 연 4회 발간함으로써 학회지의 질
제고와 양적 성장의 기틀을 마련하였으며, 온라인 논문 투고시스템도 구축
함에 따라『동학학보』가 명실공히 권위 있는 학술지로 발돋움하게 되었습
니다.

　2017년 10월 13일 동학농민혁명 제123주년을 맞이하여 동학농민혁명의
전개과정에서 매우 중요한 위치를 차지하는 수원에서「동학의 글로컬리제
이션: 1894년 동학농민혁명과 경기도 수원」을 대주제로 추계학술대회가 개

최되었습니다. 거기서 발표된 7편의 논문과 기조강연 및 유관 자료들을 부록으로 정리하여 단행본으로 발간하게 된 것을 매우 뜻깊고 또한 기쁘게 생각합니다. 수원시(수원박물관) 주최, 동학학회 주관, 그리고 동학농민혁명기념재단과 동학학회후원회가 후원한 수원 추계학술대회는 수원 일대를 중심으로 활동한 수원 동학농민군의 실체를 밝히고 이들의 활약상에 담긴 역사적 문화적 의의를 성찰하며 그 결과를 학술대회를 통해 공론화함으로써 수원 지역의 정체성을 규명하고 문화적 역량을 제고하는 계기를 마련하였습니다. 특히 동학농민혁명사에서 수원이 차지하는 역사적 위상을 사료 연구를 통해서 실증적으로 입증함으로써 한국 근대사의 전환기에 수원 일대의 주민들이 기여한 실상을 밝히고, 한국 근대사의 발전과정에서 중요한 역할을 한 수원 동학농민혁명의 의의와 가치를 21세기 글로컬 시대의 시각으로 재조명함으로써 수원 지역 문화의 세계화에 기여함과 동시에 발전적 과제에 대한 통찰을 통해 미래적 전망을 할 수 있게 하는 뜻깊은 학술대회였습니다.

서울 경기 지역 동학 전파의 교두보가 되는 핵심 지역인 수원은 근대사회로 전환하는 시기에 변혁운동의 중심지로서 역할을 했던 지역입니다. 1880년경 동학이 수원 지역에 본격적으로 전래한 데 이어, 수원 지역 국채보상운동, 수원의 3·1운동과 애국계몽운동, 수원의 의병전쟁 등은 근대사회 성립기에 수원이 차지하는 역사적 위상을 말해주고 있습니다. 한국근대사에서 수원 권역은 평등사회를 실현하고 동학이 외세 침략에 적극 대응해 나갔던 선도지역입니다. 수원은 한국 근대사에서 평등사회 실현과 반침략 민족운동을 추동한 동학의 근대사상이 발현된 선도지역이기도 합니다. 동학 창도 초기부터 수원을 중심으로 동학이 전파되어 교세가 성했지만, 지금까지 수원 권역에서 동학이 발전하고 세력을 확대해 온 실상을 체계적으로 연구하지 못했습니다. 따라서 이번 학술대회에서는 당시 개혁을 주장하였던 동학농민군 참여자들의 사회경제적 배경을 파악하고 수원 권역 동학의 포 조직 및 동학농민군의 활동을 종합적으로 검토함으로써 수원의 실상을 새롭게 밝힌 연구 성과를 학계에 제공하게 되었습니다. 역사학, 정치학, 철학, 종교학, 국문학 등 다양한 분야의 동학 전문가들이 모여 개최한 수원 추계학술대회는 경주, 정읍, 고창, 보은, 예산, 영덕, 남원, 대구, 홍천, 구미, 김천, 청주에 이어 열세 번째로, 경기도 수원에서 지역민들과 전문 연구자 및 대학생들의 참여를 통해 학문적 교류와 소통의 장을 마련하고 후속연구를 촉발시키며, 지역적 정체성과 애향심을 고취시켜 애국·애족·애민의 정신을 함양하고, 동학정신과 동학혁명의 가치를 후속세대에 전승하며, 아울러 국내외 전문가를 포함한 인적 인프라 구축을 통해 동학의 글로컬리제이션에 기여할 수 있었다는 점에서 그 의의가 크다 하겠습니다.

동학은 진정한 의미에서의 인간학이고, 동학학회는 이러한 진정한 인간학을 연구하고 그것을 삶 속에 투영시키는 학회입니다. 동학은 상고시대 이래 면면히 이어져 온 민족정신의 맥을 살려 주체적으로 개조·통합·완성하여 토착화시킨 것으로 전통과 근대 그리고 탈근대를 관통하는 '아주 오래된 새것'입니다. 동학의 즉자대자적(卽自對自的) 사유체계는 홍익인간·광명이세의 이념을 현대적으로 구현하는 원리를 제공하고 나아가 평등하고 평화로운 세계를 창조하는 토대가 될 수 있게 한다는 점에서, 백가쟁명의 사상적 혼란을 겪고 있는 오늘의 우리에게 시사하는 바가 실로 크다 하겠습니다. 문명의 대전환이라는 맥락에서 볼 때 동학은 새로운 문명의 패러다임, 즉 전일적인 새로운 실재관을 제시함으로써 데카르트-뉴턴의 기계론적 세계관의 근저에 있는 가치체계의 한계성을 극복할 수 있게 한다는 점에서 서구적 근대를 초극하는 의미가 있다 하겠습니다. 특수성과 보편성, 지역화와 세계화, 국민국가와 세계시민사회의 유기적 통일성을 핵심 과제로 안고 있는 오늘의 우리에게 이번에 발간하는 단행본이 해결의 단서를 제공해 주기를 기대해 봅니다.

끝으로, 수원 추계학술대회 개최와 이번 단행본 발간을 위해 지원과 배려를 아끼지 않으신 염태영 수원시 시장님께 충심으로 감사드립니다. 그리고 이 책을 발간해 주신 '도서출판 모시는사람들'에도 감사의 마음을 전합니다.

2017년 12월
동학학회 회장 최민자

머리말 —— 4

동학농민혁명과 3 · 1운동 그리고 수원 | 이이화 ————11

1. 동학의 평등사상 ————13
2. 수원은 도성 방어의 전진기지–장용영과 화성 축조 ————15
3. 동학농민전쟁 당시 도성과 경기도 방어전술 ————18
4. 동학농민군, 항일 의병 참여 ————21
5. 천도교 창건과 수원 지역의 3 · 1운동 ————27
6. 수원 지역의 상황과 피해 ————30

정조의 인간존중이 투영된 동학의 평등정신 | 김준혁 ————33

1. 서론 ————35
2. 정조의 문화다양성 인정 ————37
3. 정조의 위민정책 ————45
4. 정조개혁정신이 투영된 동학의 인간존중과 개혁 ————54
5. 결론 ————60

동학에서 천도교로의 개편과 3 · 1운동 | 임형진 ————61

1. 서언 ————65

2. 동학에서 천도교로 ——————————— 67

3. 천도교의 3·1혁명 준비 —————————— 73

4. 수원 지역의 3·1혁명 —————————— 78

5. 결론 ——————————————————— 91

1894년 경기도 지역의 변란 상황과 동학농민군 진압 과정 | 신영우 —— 93

1. 머리말 —————————————————— 95

2. 청일전쟁과 경기도 남부 군현 ———————— 97

3. 경기도 지역의 동학 세력과 1차봉기 시기의 상황 ——— 110

4. 경기도의 갑오년 재봉기와 진압 상황 ————— 118

5. 맺는 말 —————————————————— 150

'광무양안'으로 본 수원 지역 농민들의 사회경제 기반 | 왕현종 ——————— 155

1. 머리말 —————————————————— 157

2. 대한제국의 양전 사업과 수원 지역 양안의 작성 ——— 159

3. 수원부 민란 배경과 광무양안의 지주·농민 경제 상황 —— 178

4. 맺음말 —————————————————— 188

수원 지역 동학·천도교 유적지와 3·1운동 탐방로 | 이동근 ——————— 191

1. 머리말 —————————————————— 193

2. 수원 지역 동학농민혁명 유적지 ——————— 194

3. 수원 지역 천도교의 발전과 유적지 ————— 197

4. 수원 지역 3·1운동 탐방로 구상 —————— 202

5. 맺음말 —————————————————— 220

수원 지역 동학농민혁명 전개 과정과 문화콘텐츠 활용 방안 | 채길순 ─221

1. 수원 지역 동학농민혁명 전개 과정 개요 ──────────223
2. 수원 지역 동학농민혁명의 역사적 의의와 과제 ────────241
3. 수원 동학 소재의 문화콘텐츠 활용 방안 ─────────243
4. 결론 ──────────────────────245

동학의 글로컬리제이션과 인문도시로서의 수원 | 조극훈 ──────247

1. 들어가는 말 ────────────────249
2. 글로컬리제이션의 개념과 사례 ───────────251
3. 동학의 글로컬리제이션의 논리와 규범 ──────────259
4. 인문도시 수원과 동학의 글로컬리제이션 ───────────267
5. 맺는 말 ─────────────────273

부록 ── 277
주석 ── 287
참고문헌 ── 317
찾아보기 ── 322

동학농민혁명과
3 · 1운동
그리고 수원

이 이 화_ 역사학자

1. 동학의 평등사상

동학을 창시한 최제우는, 한울님을 믿고 조화를 따르면 '사람이 곧 하늘이다(人是天)'의 관계가 성립되는 것이고 하늘을 받드는 것은 사람을 하늘처럼 받드는 것과 동일하다고 가르쳤다. 인간 평등을 주창한 것이다.

동학이 창도된 뒤에 이를 충실히 받들고 실천 운동을 펼친 이는 최시형이다. 그는 핍박받는 사람들에게 평등을 가르쳤다. 그는 적서의 구별을 두지 말라고 강조하면서 "사람은 한울이라 평등이요 차별이 없나니라. 사람이 인위로써 귀천을 가리는 것은 곧 천의에 어긋나는 것이니 제군은 일체 귀천의 차별을 철폐하여 선사의 뜻을 계승하기로 맹세하라."고 가르쳤다. 그는 도인들이 적서를 구별하는 언설을 극구 말리면서 서자 출신에게 교단의 책임을 맡겨 차별 철폐의 의지를 드러냈다.

부녀자들과 어린이까지 따뜻이 안고 동등하게 대접해야 한다고 가르쳤다. "나는 비록 부인 소아의 말이라도 배울 것은 배우며 쫓을 것은 쫓나니 이는 모든 선은 다 천어(天語)로 알고 믿음이니라."고 가르쳤다. 또 "도가(道家) 부인이 어린아이를 때리는 것은 천주의 뜻을 상하는 것이니 심히 삼가야 할 것이며…."라고도 하였고, "부인이 혹 남편의 명을 쫓지 아니하거든 정성을 다하여 설하라. 온순한 말로 한 번 절하고 두 번 질하면 비록 도척의 악이라도 감화가 되리라."고도 하였다.

부녀자의 베 짜는 베틀 소리를 한울의 소리라고도 하였고, 어린 아이도 한울님을 모셨으니 울리지 말라고도 하였다. 또 "부부도 천지니 천지가 화목하지 못하면 한울이 싫어하니라. 싫어하면 화를 내리우고 기뻐하면 복을 내리울 것이니 가내가 화순하도록 더욱 힘씀이 어떠할꼬."라고도 하였다.

이는 인간 존중의 기본자세가 될 것이다. 그는 아이와 부녀자를 학대하는 짓을 내수도에 포함시키고, 통유문을 보낼 때 끊임없이 강조해 가르쳤다. 차별받고 소외된 자들에 대한 배려와 존중이었다. 하지만 여성의 경우, 가정 안에서의 권리, 재산상속권, 이혼한 뒤에 자녀양육권 등의 여성 권리를 말하지 않았으며 아동의 경우, 노동 교육 문제도 언급하지 않았다.

그러나 "동학에 들면 누구나 양반이 된다."는 소문이 퍼져 더욱 최시형 아래로 입도하는 사람들이 늘어났다. 특히 노비, 백정 등 천민들과 몰락 양반, 하급관리 집단인 이서들이 몰려왔다. 그리하여 동학의 초기에는 반불입(班不入) 사불입(士不入) 부불입(富不入)이라 하여, 민중종교로 자리를 잡았다.

무엇보다 최시형은 스승의 가르침에 따라 모든 신분 계층을 가리지 않고 서로의 호칭을 접장(接長)으로 통일해 부르게 하였다. 자신을 스스로 부를 적에는 하접(下接)이라 하였다. 접장은 보부상의 최소 단위의 책임자를 가리키는 용어로 쓰여 왔는데 이를 원용한 것이다. 접장은 가장 평등한 호칭이었다.

1894년 동학농민혁명 당시, 전봉준이 주도한 집강소에서는 신분 평등 또는 신분 해방운동을 스스로의 손으로 벌여 나갔다. 접장 하접이라는 호칭이 대중 속으로 널리 파고들었다. 왕조 체제의 기본인 차별적 신분제도를 전면적으로 부정한 것이다. 집강소는 농민통치기구였고 집강소 활동은 반봉건 운동이었다. 세도가와 관리의 부패를 척결하고 양반 상놈을 가리는 신분 차별을 없애고 농민에 토지를 고르게 나누어주고 부채를 탕감하는 일을 벌였다. 그 한 가지 보기를 들면 이러하였다. 황현은 『오하기문』에서 다음과 같이 쓰고 있다.

> 적당이 모두 천인 노예여서 양반과 사족을 가장 미워하였다. … 무릇 남의 노비로 적을 따르는 자는 말할 것도 없거니와 비록 적을 따르지 않는 자도 모두 적들에 묶여 상전을 겁주었다. 그래서 노비문서를 불태워 강제로 해방하여 양인으로 만들게 하였다. 혹은 그 주인을 결박해서 주리를 틀고 매질을 하였다. 노비를 둔 자들은 지레 겁을 먹고 노비문서를 태워 그 화(禍)를 풀었다.

이 대목은 노비들의 처지를 중심으로 기술하고 있으나, 순수한 농민들도 그 고통을 벗어나려고 여러 활동을 벌였다. 농민군들은 동학의 가르침에 따라 존비와 귀천을 떠나 누구를 가릴 것 없이 서로 동등하게 접장이라 불렀으며 서로 맞절을 하며 신분 해방을 추구하면서 평등 의식을 실천적으로 드러냈다.

2. 수원은 도성 방어의 전진기지 – 장용영과 화성 축조

한 나라의 군사력은 국가를 유지하는 기본이기도 하지만, 통치자의 위엄을 유지하고 왕권을 확고히 하는 수단이 되기도 한다. 1785년 정조는 날랜 군사를 뽑아 장용위라는 새로운 부대를 편성케 했다. 이들 군사는 서울과 수원에 배치해 경비 업무를 맡겼다. 그 뒤 장용영으로 승격시키고 이들 군사를 용인 광주 양주 고양 등 서울과 수원의 외곽에 배치했다. 서울 방어를 튼튼히 하는 조치였다.

정조는 친필로 화성(華城)이라 써서 현판을 만들어 수원부라고 쓰인 현판을 뜯어내고 걸게 했다. 이어 수원부를 화성유수부로 승격시키고 부사를 두 단계 승격시켜 국왕의 직할인 유수(留守)를 두게 했으며 군사지휘권을 가진 장용외사를 겸임케도 했다. 이어 유수와 장용외사로 정승 출신인 채제공을 임명했다. 채제공은 정승의 한 등급 아래인 이 벼슬자리를 달게 받았다. 그 만큼 중요한 자리였던 것이다.

이렇게 10년 동안 장용영의 조직을 갖추어 갔는데, 기병 보병 잡군을 합해 5천 명을 정원으로 정했다. 그러면 이를 유지하는 경비는 다른 기구의 불필요한 경비를 바로잡아 충당했다. 필요치 않은 인원을 줄이고 낭비를 없애고 궁중의 재물을 절약해 보충하였다. 새 군영을 설치했다고 해서 예전처럼 새 명목의 조세를 만들어 거두지도 않았고 다른 기구의 재정을 끌어오지도 않았다. 조련이 잘되고 기율이 바로 선 장용영의 군사들은 후한 대접을 받으면서 정예군의 자부심을 지니고 복무했으며, 서울과 수원의 경비 업무를 충실히 맡아보았다. 이들 군사는 정조의 든든한 친위 세력이었고 화성의 충실한 파수꾼이었다.

정조는 재위 말년에 들어 국가의 재정을 쏟아부으면서 화성을 쌓는 큰 역사를 벌였다. 그가 규장각과 장위영을 설치한 뜻은 친위세력을 키우는 온상으로 삼으려는 것이었지만, 화성 축조는 이와 다른 의미가 있었다. 정조는 1792년 초여름 정약용을 조용히 불러 수원에 화성을 쌓을 테니 좋은 방책을 찾아보라고 일렀다. 정약용은 오래 고심한 끝에 기중가(起重架)라고 이름을 붙인 설계 도면을 바쳤다. 기중가는 돌 벽돌 목재 같은 무거운 물건을 도르래를 이용해 들어올리는 기계였다. 마침내 1794년 2월부터 화성 축조를 시작했다.

총책임자는 채제공이었고 전국의 석수 등 건축 기술자들을 불러모았다. 공사를 시작한 지 2년 7개월 만에 완성을 보았다. 채제공의 열성과 정약용이 고안한 기중가가 큰 공헌을 하여 아주 능률적으로 마무리지은 것이다. 정조는 정약용을 불러 화성이 완성된 모습을 바라보면서 "기중가를 이용해서 돌과 벽돌을 가볍게 들어올려 돈 4만 냥을 절약할 수 있었구나." 하며 흡족해 하였다.

화성은 팔달산을 끼고 낮은 구릉을 따라 쌓은 평산(平山, 평지의 산)의 구조로 이루어졌다. 성안에는 냇물이 흐르며 평지에는 방어 호를 둘러 파게 하였다. 성의 재료는 돌과 벽돌을 섞어 사용하였고 총 둘레는 5,744미터이다. 청나라의 성을 모방하면서 특징을 살려서 조선 시대에 축조한 최고의 성으로 근대 건축의 상징이 되었다.

하지만 많은 벼슬아치들은 뒷전에서 국가재정을 낭비하였다고 수군거리기도 하고, 아버지를 위해 거대한 성을 쌓았다고 비난하기도 하였다. 하지만 정조는 "호위를 엄하게 하려는 것도 아니요 변란을 막기 위한 것도 아니다. 여기에는 나의 깊은 뜻이 있다. 장차 내 뜻이 성취되는 날이 올 것이다." (『정조실록』 15년조)라고 하였다.

이게 무슨 뜻인가? 여러 정황으로 보아 수도를 전면적으로 옮기거나 제2의 수도를 물색하려 했던 것으로 보인다. 정조의 근신인 김종수는 정조의 화성 축조 의도를 두고 "임금의 복심은 다른 데에 있었다."(규장각지에 나옴)고 하여 정조의 숨겨진 의도를 언급하였다. 수도를 옮겨 문벌 세력의 기득권을 억제하고 새로운 풍조를 진작하려 하였던 것이다.

정조는 장용영의 군사를 2만여 명으로 늘려 외영은 국왕 호위와 도성 방어의 임무를 맡게 했다. 문벌 정치의 실권자인 김조순은 1802년 장용영을 폐지하고, 오영의 하나인 총리영으로 편입시켜 도성 방어를 대신 맡게 하였다. 그래서 서울 방어 군사는 약화를 면치 못하였다.

3. 동학농민혁명 당시 도성과 경기도 방어전술

동학농민혁명 당시, 도성과 경기도 방어전술은 보호를 원칙으로 하였다. 일본은 청일전쟁을 도발한 뒤 북쪽으로 후퇴하는 청군을 추격하는 전략을 구사하였다. 그러면서 한편으로 후비독립대대를 편성해 농민군 토벌전에 투입하였다. 이와 함께 조선 관군은 순무영을 설치하고 일본군의 전술에 따라 합동작전을 펼쳤다. 토벌군의 총사령관은 일본군인 미나미 고시로(南小四郞) 소좌였다.

1차 도성 방어는 농민군이 근접하지 못하게 방어망을 치는 것이었다. 일본군의 중대 또는 소대급 소규모 군사들이, 개성과 황해도 방면으로는 임진강 방어선을 치고 남하하지 못하게 하였고, 동쪽으로는 강원도의 농민군이 남하하지 못하게 양평 일대의 북한강을 막았다. 이어 1차로는 일본군과 관군의 연합 부대가 현지로 진격해 토벌전을 전개하였다. 이들 토벌군은 해주로 진격해 황해감영을 공격하는 농민군을 막았고, 양평을 넘어 홍천 서석 등지에서 농민군 토벌전을 펼쳤다. 그리하여 황해도와 강원도의 농민군은 도성 방어망을 뚫지 못하고 현지의 해주와 강릉 등을 점령하고 항전하였던 것이다.

남쪽은 이와 달랐다. 일본군은 3로로 나누어 충청도 전라도 경상도 등지로 진격해 토벌 작전을 펼쳤다. 그 중심 부대는 공주로 진격했다. 이에 순무영에서는 9월에 들어 도성과 경기도의 방어를 맡았던 장위영군을 중심으로 토벌군을 편성하였다. 죽산부사인 이두황을 장위영 영관으로 삼아 우선봉장, 이규태를 장위영 영관을 삼아 좌선봉장으로 임명해 남하하게 했다. 또 안성군수 성하영을 경리청 영관으로 삼아 현지로 보냈다.

이 대목에서 잠시 여운형 가의 내력을 통해 동학 관련 사정을 알아보기로 하자. 1894년 동학농민혁명의 물결이 양평에도 밀려들었다. 여운형의 할아버지 여규신(呂圭信)은 여운형의 작은아버지 여승현이 동학에 입도한 걸 보고도 아무 말을 안 했으나 여운형의 아버지와 어머니는 맹렬히 반대하였다는 기록이 전해진다('몽양 여운형』). 동학은 기본적으로 양반-상놈의 차별을 타파하고 지주를 지탄하는 분위기를 지니고 있으니 지주-양반의 집안에서는 쉽게 받아들이기 어려웠다.

최시형이 1881년『동경대전』개간소를 단양 남면 천동 여규덕(呂圭德)의 집에 정하였다. 여규덕은 여운형의 작은할아버지이다. 이 무렵 여규신은 최시형을 비롯해 동학 지도자로 떠오른 김연국 박인호 손병희 등을 만났다 한다(『천도교창건사』, 이돈화). 여규덕은 동학의 접주로 활동을 하면서 조카인 여승현을 입도시킨 것으로 추정된다. 여승현은 1894년 동학농민혁명이 일어났을 때 경기도와 강원도에서 맹렬하게 활동한 인물로 알려져 있다. 이런 관계로 해서 여규신이 동학 지도자들을 만난 것이요 동학에 대한 이해가 있었던 것이다.

당시 강원도와 접경 지역인 경기 북부의 양평 일대는 홍천에 근거지를 둔 차기석 부대가 남하하는 진로였는데, 관군 편에서 경기 의병 부대를 이끈 맹영재가 그들을 토벌하는 데 앞장서 홍천과 양평을 잇는 통로는 위험지역이었다. 처음 여운형의 증조할아버지 여장섭(呂長燮)은 지주를 타도하려는 여주 원주 등지의 민란을 피해 1885년 단양으로 피난을 갔다. 지주의 처지에서 보신책이었을 것이다. 여운형의 어머니 이씨는 이때 여운형을 임신한 시기였다. 아버지 여정현은 동학을 믿지 않으면서도 동생 여승현에 의지해 단양으로 피난을 갔다고 한다. 그의 아버지는 동학을 거부하는 정도가 아니라 양반 토호로 군림하는 인물로 알려져 있으며, 어머니 이씨는 과단성이 있는 여성으로 알려져 있다. 아무튼 동학농민혁명이 잠잠해진 1896년 어머니의 고집 때문에 고향으로 돌아왔다.

소년 여운형의 이 경험은 커다란 충격이요 교훈으로 받아들여졌다고 판단된다. 어린 나이에 민족 모순과 봉건 모순을 몸소 경험한 것이다. 이것이 그의 인생 좌표에 커다란 영향을 끼쳤던 것이다.

한편 김수민은 동학농민군 출신으로 임진강 상류지역인 장단과 강화도에서 활동했던 것으로 알려져 있다. 그는 의병을 모아 경기도와 황해도 일대에서 활약하였고 마지막으로 강화를 공격하려다가 잡히고 말았다. 강재언은 일본 사료에, 김수민이 동학농민군 지휘자였다고 밝혔다(『한민족독립운동사』1, '국권수호를 위한 군사활동의 평민의병장의 대일항전'). 김수민의 내력에 대해서는 잘 알려져 있지 않으나, 임진강 하류지역에서 활동한 인물로 확인된다.

경기 남부는 이와 달랐다. 9월 10일 의정부에서도 "비도들이 경기의 고을에 침범하고 있다(『양호우선봉일기』, 이두황)."고 알고 있었다. 곧 수원을 비롯해 용인 안성 이천 등지에 동학교도들의 준동이 있었던 것이다. 그리하여 이두황을 우선봉장으로 삼아 토벌케 한 것이다. 이두황의 행보를 간단하게 살펴보면 이러하다.

이두황은 먼저 용인으로 들어와 탐문을 통해 동학교도 또는 농민군을 잡아들였다. 그는 직곡장터와 금량장터에서 접주 이용익 등 2명을 잡아 양지에서 취조해 염주 주문 등 장물을 압수하고 호접(湖接)에 입도한 사실을 밝혀내 4명을 포살하였다.

9월 끝 무렵에는 허문숙 서장옥 등이 거느린 5-6만 명이 충주 용수포에 주둔하고 동학당 신재련이 농민군 4-5만 명을 이끌고 진천 광혜원에 머물면서 서로 일대 결전을 벌인다고 하였다. 이때 신재련은 이두황에게 서한을 보내 "이른바 호남 호서의 도유라는 자들이 남접이라 이름하고 창의를 일컬으면서 무리를 모으고 말과 군사를 거두어 평민을 침략하고 도원을 살해함이 끝 간 데가 없으며 그 바람이 경기 안으로 불어 들어간다. 신입의 도유들이 도 의 대체를 알지 못하고 돈을 거두고 묘를 파헤치며 원한을 풀려 한다."고 알 렸다.

9월 29일 이들 중의 한 무리인 안성과 이천의 동도 수만 명이 진천현 동헌 으로 침입해 수령과 이서들을 결박하고 군기고를 부수어 무기를 모조리 쓸 어 갔다(『양호우선봉일기』, 이두황). 이는 경기 농민군의 소행이었다. 이두황 이 1천여 명의 군사를 이끌고 먼저 용인 언저리에 이르렀을 때 송파일본병 참소 소속 일본군 21명이 이천과 여주 일대로 진격해 왔다. 남쪽 동학토벌 군은 북쪽 동학토벌군보다 치열하게 동학농민군을 학살하였다.

그러므로 경기 남부 지역은 충청도 서쪽의 천안과 목천과 아산, 동쪽의 청주 진천 충주의 동학농민군과 연합해 활동을 전개하였다고 판단할 수 있 겠다. 안교선은 아산 출신으로 아산에서 활동한 것으로 알려져 있는데 서소 문에서 효시를 당했을 때에는 수원 사람으로 알려졌다. 이는 경기 남부 지 역과 충청 지역이 연합하여 활동했다는 하나의 보기가 될 것이다.(수원 지역 동학농민혁명 관련해서는 성주현의 「수원 지역 동학농민혁명과 지도자 처형 후 처리 과정」 참고 바람)

4. 동학농민군, 항일 의병 참여

동학농민혁명이 진정된 뒤 일제는 조선을 식민지로 만들려는 공작을 차 근차근 진행시켰다. 명성황후는 일제의 간섭에서 벗어나려고 러시아에 접 근하려고 했다. 그러자 일본은 명성황후를 세거하려는 음모를 꾸몄다. 이어 개화 정부에서는 연달아 내정 개혁을 단행하면서 양력 사용, 양복 착용 권장, 단발령 등을 연달아 내놓았다. 특히 단발령을 시행할 때 큰 거리와 나루터 같은 곳에서 순검들이 강제로 상투를 잘라 원성이 자자했다.

이리하여 유학자 유인석은 제천에서 맨 먼저 의병을 모아 항쟁을 벌였다. 이들은 국모 시해에 대한 복수(復讎), 머리를 보존하자는 보형(保形)의 깃발을 내걸고 제천에서 출발해 충주 일대를 석권했다. 이어 원주 홍주 안동 진주 춘천 강릉 등 전국으로 번졌다. 처음에는 기세를 올렸으나 개화 정부의 관군과 일본군에게 밀려 패배를 거듭했다. 황현은 제1차 의병의 실상에 대해 이렇게 기록했다.

> 충성심을 품고 의리를 붙들려고 하는 자는 몇몇 사람에 지나지 않으며, 이름이나 날려 보려는 자가 떠들어 대고 화 꾸미기를 좋아하는 자들이 끼어들었다. 그리하여 농민이 천 명, 백 명씩 무리를 이루고는 모두 의병이라고 일컬었다. 심지어는 동비(東匪)의 남은 무리가 얼굴을 바꾸고 그림자처럼 따른 자들이 그 반을 차지했다.(『매천야록』)

여기에서 우리는 동학농민군이 반을 차지했음을 알 수 있으며, 그 외 농민까지 포함시키면 의병의 구성 비율을 짐작할 수 있을 것이다. 실제 1895년 3월 전봉준 처형의 앞뒤로 정부에서 동학농민군 토벌에 열을 올렸다.

그래서 정착할 곳이 없었던 동학농민군들은 산적이나 화적떼로 대부분 변신하였고, 더러는 흩어져 몸을 숨기고 있었던 것이다. 그리하여 제1차 의병이 일어나자 거기에 가담한 것은 자연스런 현상이었다. 이런 현상은 후기 의병에서도 마찬가지였다. 그리하여 친일 개화파들은 의병을 진압하는 한 명분으로 의병들은 동학농민군들이라고 지목하여 선전하였으며, 일병과 함께 의병을 토벌하던 장기렴도 이를 대민 선유의 한 방법으로 써먹었던 것이다.

그리하여 유인석은 동학농민군이 의병에 끼어드는 것을 용납할 수 없어서 처음 의병을 일으킬 적에 동학농민군들을 가려내 처형했던 것이다. 유인석 의병장 휘하에 신처사라는 의병이 있었다. 신처사는 양반 유생들의 군사지휘를 깔보고 자신이 지휘를 하려다가 처형을 당했다. 그는 이렇게 말하였다.

> 나는 본디 동학의 두령이었다. 갑오년에 실패한 뒤 늘 다시 일어나려고 생각하다가 많은 선비들이 군사를 일으켰다는 말을 듣고 섬길만 하면 섬기고 그러하지 않으면 그 장수를 죽이고 그 군사를 빼앗으려 하였다. 들어와서 보니 모두 하잘것없는 백면서생들이라 몇 달 동안 모사를 해서 군사를 빼앗아 가려 하였다.(위와 같음)

또 평민 의병장인 김백선은 양반에 대들었다고 해서 처형하였다. 이것은 초기 의병의 이율배반성을 단적으로 드러낸 사건의 하나이다. 그러나 동학농민군들은 앞에서 말한 사정으로 인하여 각 의병장 휘하에 끼어들지 않을 수 없었을 것이다. 유인석도 나중에는 동학농민혁명 때 활약했던 농민의 많은 수를 받아들일 수밖에 없었다. 이렇게 의병들의 사기가 꺾였다. 많은 농민 의병들로서는 양반 없는 사회를 가장 열망했는데 그 막연한 기대가 무너졌고, 또 자기들이 언제 처형당할지 몰라 불안한 분위기가 조성되었다.(『민란의 시대』, 이이화)

1904년 일제는 한반도 지배 음모를 꾸미고 있는 러시아를 공격해 승리를 거두었다. 그런 뒤 일제는 러시아 세력을 몰아내고 한국통감부를 서울에 설치하고 한국의 외교권을 박탈했다. 그리하여 미국 러시아 프랑스 등에 주재한 한국 공사관은 철수했다. 이와 함께 서울 정동 일대에 주둔해 있던 외국 공사관들도 철수했다. 외교권이 박탈된 것은 반식민지 상태로 전락했음을 의미한다. 다시 말해 우리나라 주권이 유린될 때 국제법에 따라 외국에 호소하는 통로가 막힌 것이다. 이때 전국에서 의병 투쟁이 전개되었다. 전국에 걸쳐 일어난 의병은 그 열기와는 달리 일제의 군대에 의해 궤멸되었다. 이를 2차 의병이라 부른다.

1907년에 한국통감부에서는 이른바 정미7조약을 강제로 체결케 하고 군대 경찰 등 한국의 내정을 접수했다. 이에 따라 구한국 군대가 해산을 당하자 구식 군인들은 서울에서 먼저 항쟁을 벌였다. 일본군 100여 명이 죽었으나 구식 군인들은 끝내 패배하여 흩어졌다. 이들은 지방으로 내려가서 의병 부대에 합류했다.

이때에는 전국에 걸쳐 의병 항쟁이 더욱 세차게 전개되었다. 이들 의병은 지방의 관아는 물론 지방에서 장사를 하는 일본 상인과 농장을 경영하는 일본인, 철도나 우편소 등에 근무하는 일본인 직원도 공격했다. 일본군은 남조선대토벌작전을 펼쳐 의병 근거지를 쑥대밭으로 만들었다. 그리하여 "1907년 8월부터 12월까지 다섯 달 동안 충청북도에서는 민가 1,078호, 경기도에서는 민가 769호가 불에 탔으며, 제천 홍천 등지는 수를 헤아릴 수 없을 지경으로 마을이 잿더미로 변했다.(『한국사 이야기』19권, '오백년 왕국의 종말', 이이화)"고 할 정도였다.

1907년 12월에는 연합 부대의 서울진격작전이 전개되었다. 이강년 등은 13도 창의군 7천여 명을 결성하고 양주에 모여서 서울로 진격하여 동대문 밖 30여 리 지점까지 진격했으나 일본군의 공격을 받고 후퇴하였다. 이 무렵 경기도의 김수민, 경상도의 신돌석, 전라도의 안규홍 전해산 등의 평민 의병의 활동이 눈부시게 전개되었다. 하지만 그 뒤부터 일본군의 남조선대

토벌작전에 따라 의병의 열기가 죽어 가고 의기가 꺾였다. 이를 제3차 의병이라 부른다. 이때의 의병장 중 평민 의병장의 수가 70%를 넘었다는 통계가 있다. 그러나 이들 평민 의병장은 실제 전투에서 많은 제약을 받아야했다. 동학농민군 출신인 김수민의 사례를 보자. 박은식은 다음과 같이 기록하였다.

김수민은 경기도 장단 사람이다. 힘이 세고 총을 잘 쏘아 백발백중이었고 스스로 폭탄을 만들어 사용하였다. 13도 총도독이 되어 의병 1천 명을 거느리고 장단 덕음동을 차지하고서 군량미를 쌓아 놓고 보부상을 모집해 정찰대로 삼아 곳곳에 포열하고서 적과 교전을 하여 여러 번 승리를 거두었다. 적이 대대 병력으로 공격하니 군사들이 궤멸해 몸을 숨겨 재거를 도모했다. 경성으로 잠입해 인력거꾼이 되어 적의 실정을 탐지하다가 끝내 일본의 밀정에 잡혔다.(『독립운동지혈사』)

김수민은 동학농민군 출신으로 경기도와 황해도 일대에서 활약하다가 마지막으로 강화를 공격하려다 잡히고 말았다. 강재언은 일본 사료에, 김수민은 동학농민군 지휘자였다고 밝혔다(『한민족독립운동사』1, '국권수호를 위한 군사활동의 평민의병장의 대일항전'). 다음 전해산의 사례를 보기로 하자. 박은식은 이렇게 썼다.

전해산은 전라도 임실군 유생이었다. 옛 고전을 널리 알았고 행실이 곧았다. 전라북도에서 의병을 모아 여러 번 싸웠는데 영산포에서 일병에 잡혔지만 호방하여 자약하였다.(『독립운동지혈사』)

그가 의병을 벌인 동기를 이이화는 이렇게 기록했다.

1908년 심남일 전해산 등 전라도 일대의 의병 토벌이 이루어졌다. 이때 전라도 일대는 예년보다 미곡과 면화가 4배의 증수가 있었는데도 목포와 영산포를 통해 일본으로 반출된 탓으로 가격 파동이 일었다. 이에 이들은 농민을 선동해 의병 활동을 전개했던 것이다.(『한민족독립운동사』1, '의병의 대외인식')

여기에서는 곧 국권 수호만이 아니라 수탈을 당하는 농민의 이익을 대변해 의병 봉기를 서둘렀다고 보는 것이다. 이때 호남에서는 보성의 머슴 출신 안규홍, 무장 사람으로 필묵상인 강무경 등이 맹렬하게 활동하였다. 여기에 임실 출신 전해산이 있었다. 전해산의 본명은 기홍인데 천안 전씨였다. 전봉준이 진안일대에서 훈장을 잠시 하면서 동조자를 규합할 때 이들 전씨들과 인연을 맺었다 한다. 또 전해산이 나주 영광 무안 일대에서 의병 활동을 할 때 민중은 전봉준의 아들이라는 소문이 널리 퍼졌다. 심지어 미주에서 발간하는《신한민보》에는 "전남의병대장 전해산(실명은 승용인데 전녹두의 아들) 씨가 공주지방재판소에서 사형에 처한 것을 불복하고 작년 동에 대구 공소원으로 넘어가는 길에 얼음을 두고 글 한 수를 지었으니 그 뜻이 비창강개하기로 자에 역재하노라(1910년 8월 3일 자)."라는 기사가 실렸다. 어쩌면 이미지를 만들려고 스스로 말했는지 누가 뜬소문을 퍼뜨렸는지 모를 일이다.

전해산은 1879년생이니 1894년 동학농민혁명 당시에는 10대 중반의 소년이었다. 또 전봉준의 아들과 딸은 태인 동곡리에서 살다가 전봉준이 잡히자 도망쳤다는 말이 전해진다. 이런 연관으로 하여 전봉준과 전해산 사이의 연결 고리를 만들어 낸 것으로 볼 수 있겠다.(『전해산 장군의 구국항일투쟁기』

아무튼 1909년 남한대토벌작전에 따라 호남의 의병들은 1894년 남조선 대토벌작전에 이어 두 번째로 대량 학살을 당하였다.

5. 천도교 창건과 수원 지역의 3·1운동

동학농민혁명과 의병 항쟁으로 말미암아 동학 조직은 와해되었고 농촌은 피폐되었다. 일제는 조선을 식민지로 만들기 위해 한국통감부를 두었고 친일 단체를 육성하였다. 그리해 1904년 대한제국의 대신 출신인 송병준과 동학접주인 이용구가 연합해 일진회를 창설하고 조선을 일본에 병합해야 한다는 따위의 매국 행위를 하였다.

손병희는 동학농민혁명이 실패하고 최시형이 사형을 당한 뒤 지하활동을 하다가 동학 재건에 나섰다. 그는 일진회의 활동을 보고 1905년 천도교를 창건하였다. 그러자 이용구 김연국 등 동학 세력은 시천교를 창시해 친일 행보를 벌이면서 천도교에 맞섰다. 동학 세력이 두 쪽이 난 셈이다. 이와 달리 남접의 동학농민군은 철저히 탄압을 받아서 독자적으로 조직을 이루지 못하고 천도교에 합류하였다.

조선을 병합하고 세운 조선총독부는 철저하게 조선 민중을 압제하였다. 헌병경찰을 두고 감시하면서 툭하면 체포 구금해 형무소에 가두었으며, 심한 민족 차별을 하여 반일 감정을 일으켰다. 더욱이 해마다 양곡 등 자원을 수탈해 갔다.

이럴 때 제1차 세계대전(1914년)이 벌어져 독일 오스트리아와 영국 프랑스 러시아 미국 등 연합국이 전쟁을 벌였다. 4년 동안 치열한 전투를 벌인 끝에 1918년 11월 11일 독일이 항복하여 종전되었다. 일본은 연합국에 속해 있었다.

중국 상해에 있던 여운형 독립지사들은 제1차 세계대전이 막바지에 이르렀을 때인 1918년 8월 신한청년당을 조직해 활동을 전개하였고, 이해 12월에는 미국 대통령 윌슨에게 독립청원서를 보냈으며, 1919년 1월에는 파리강화회의에 김규식을 대표로 보냈다. 만주, 연해주, 미주 그리고 중국 본토에 있던 독립지사 대표 39명은 1918년 말에 무오독립선언서를 발표하였다. 또 일본의 백관수 이광수 등 동경유학생들도 독립을 주장하는 2·8선언문을 발표하였다.

국내의 많은 지사들은, 제1차 세계대전이 끝난 뒤 강대국들이 약소민족을 독립하게 한다는 말을 하면서 파리강화회의에 기대를 걸고 있었다. 해외에서 독립운동을 하는 인사들도 이 기회를 이용하려는 움직임이 일어났다. 그래서 서울 동경 상해에서 서로 긴밀히 연계하여 일대 민족운동을 벌이려는 공작이 진행되었다. 그런 와중에 고종이 독살되어 3월 3일에 국장을 치른다는 소식이 전해져 전국에서 많은 사람들이 삿갓과 흰옷 차림으로 서울로 올라왔다.

천도교의 손병희 이종일 최린 등이 중심이 되어 은밀히 공작을 꾸며 민족대표 33인을 선정하고 학생들과도 연락을 취하면서 독립선언서를 인쇄하였다. 이 민족대표로 동학농민군의 주역이었던 손병희 권덕규 등 천도교 계통 인사 16명이 이름을 올렸고 이들 중 손병희 홍기조 권병덕 등 9인이 동학농민혁명에 참여한 인물로 확인되었다.(『동학농민혁명과 3·1운동』, 유바다)

현장의 시위자들은 천도교인이 다수를 차지하였다. 적어도 여기에 참여한 장년들은 동학농민군 출신이었다는 역사적 사실을 인정해야 할 것이다. 10대 또는 20대의 나이에 동학농민혁명을 겪었고 30대 또는 40대가 된 이들이 주역이 되었던 것이다. 이들은 그동안 도시의 빈민굴이나 깊은 산골이나 외로운 섬에 숨어 살고 있었다.

어쨌든 3월 1일 민족대표 33인이 태화관에서 독립선언서를 낭독하고, 이어 학생들이 탑골공원에서 독립선언문을 낭옥하고 독립만세를 부르며 시위를 한 뒤 독립만세시위를 서울 시내로 삽시간에 번졌다. 고종 국장에 참여하러 왔던 선비들도 시위 대열에 뛰어들었다. 이후 평화적인 만세시위는 전국 방방곡곡으로 번졌다. 학생을 비롯해 노동자와 농부도 참여했고 기생과 백정도 동참하였다.

처음에는 만세시위로 시작했으나 차츰 예전처럼 횃불을 들기도 하였고, 산 위에 모여 만세를 불렀으며, 강과 섬에서는 배 위에 모여 선상 만세를 부르기도 하였다. 태극기를 든 손을 칼로 내리치면 다른 손으로 잡았고, 총을 맞고 피를 흘리면서도 입으로는 만세를 외쳤다.

나라 안에서만 만세시위가 있었던 게 아니었다. 먼저 만주의 간도 지역인 용정과 훈춘에서도 동포들이 만세를 외쳤고, 연해주인 블라디보스토크의 신한촌에서도 만세의 메아리가 울려 퍼졌다. 또 미주의 샌프란시스코와 하와이에서도 독립 시위가 이어졌다. 우리 동포가 사는 곳이면 어디든지 태극기의 물결이 퍼졌던 것이다.

일제의 통계에 따르면, 1919년 3월 1일부터 1년 동안 국내에서 시위에 참여해 살해된 인원은 7,645명, 부상자는 45,562명, 체포자는 49,811여 명이었으며, 가옥 724호, 교회당 59호, 학교 3동이 소화되었다.(『한민족독립운동사』, 3·1운동 편, 국사편위회 편)

또 체포된 인사들은 고문을 견디지 못하고 죽어 갔으며, 형무소에서 병이 들어도 치료를 받을 수 없었고, 더러는 굶어 죽기도 하였다. 연구자들은 위의 통계 자료를 그대로 믿지 않았다. 일제가 피해 규모를 줄이려고 통계를 축소하거나 조작했다고 보고 있다. 일제는 망명한 주모자의 가족을 능욕하고, 죽은 이의 무덤을 파헤쳐 관을 파괴했다. 또한 집단 학살과 방화를 저질러 마을 전체를 폐허로 만들었다. 그 예로 수원 제암리와 만주 용정 일대에서 벌어진 경신대참변을 들 수 있다.

마지막으로 3·1운동 직후 서대문감옥에 수감된 1,016명의 신상카드를 분석한 박경목의 논문을 살펴보자. 이 논문의 결론을 요약하면 이러하다.(『기록으로 보는 3·1 혁명』, 박경목의 '서대문형무소 수형기록카드로 본 3·1운동 수감자 현황과 특징', 근현대사기념관 편)

첫째, 3·1운동에 10대부터 60대까지 고르게 참여하였다. 특히 20대의 비중이 42퍼센트였다. 둘째, 70여 종의 일에 종사하는 사람들이 참여하였으므로 전 계층이 참여하였다고 볼 수 있다. 셋째, 일제는 3·1운동을 체제 변혁 운동으로 보아 수감자들을 정치범으로 다루어 보안법을 적용했다. 넷째, 혈연 지연 학연을 기반으로 하여 강한 결속과 추진의 동인을 얻었다. 그리고 이 관계망을 통해 전국에 급속도로 전파되었고 효과적으로 진행되었다.

이처럼 3·1운동을 3·1혁명이라 부르기도 한다. 이는 독립국가를 지향한 정치투쟁이었기 때문이요, 그 결과 국민국가와 민주공화국을 지향한 대한민국임시정부가 탄생하였기 때문이기도 하다. 임시정부는 강탈당한 영토·국민·주권을 회복하기 위해 바로 건국을 추진한 것이었다.

6. 수원 지역의 상황과 피해

3·1운동 당시에 수원의 군세는 어떠했을까? 조선 말기인 1896년에 수원 유수부를 수원군으로 강등시켜 경기도에 소속시켰다. 이는 두 번째로 군세

가 위축되는 계기가 되었다. 조선총독부에서는 1914년 전국 행정개편을 단행하면서 양주군을 수원군에 통합시키고 광주군 안산군의 일부 지역을 수원군에 편입시켜 확대 개편하였다. 하지만 경기도청과 경기도경찰부는 여전히 경성부에 두었다. 그리하여 수원군은 3·1운동 당시 도시보다 농촌 지역의 범위가 넓었다. 당시에 제암리는 수원군에 들었다.

수원에서는 학생들보다 농민들이 만세시위의 주동이 되었다. 먼저 장안면의 사정을 보면, 4월 3일 조암장터에서 만세시위를 벌이고 나서 장안면장에게 달려가 만세 부르기를 강박하였다. 이에 경찰이 발포해 1명이 사망하자, 시위대가 경찰주재소를 방화해 경찰 1명이 사망하였다. 뒤이어 헌병대가 출동해 주민들의 주택에 방화하는 사태로 이어졌다.

다음 향남면에서는 천도교인과 기독교인이 연합해 4월 5일 발안장터에 1천여 명이 모여 만세시위를 벌이자 경찰이 출동해 총을 쏘았고 시위 군중은 이에 투석으로 맞섰다. 이때 일본 경찰부장이 돌에 맞아 죽었다. 시위대는 일본인 가옥을 찾아 불을 질렀고 주재소에도 방화하였다. 또 정조의 정서가 서린 화성안의 방화수류정(訪花隨柳亭) 앞에서도 만세시위를 벌였다. 그뿐만이 아니라 경찰의 눈을 피해 곳곳에서 봉화를 올리고 산호(山呼) 항쟁도 벌였다.

그러자 일본 헌병 20여 명이 완전무장을 하고 제암리로 몰려갔다. 일본군은 마을을 둘러싸고 기독교인과 천도교인을 골라 교회에 집합시켰다. 그러고 나서 문을 걸어 잠그고 짚더미를 던져 넣고 석유를 뿌려 불을 질렀다. 문앞에서 총을 들고 있던 일본군은 탈출하는 주민을 향해 총을 쏘아 댔다. 두 여인이 남편을 살려 달라고 애원하자 이들마저 총을 쏘아 죽였다. 이어 교인과 마을 주민 6명을 찾아내 죽이고 나서 32가구에 불을 질렀다. 그리하여 모두 29명이 학살을 당했던 것이다. 이 사실을 안 선교사 스코필드와 언더

우드는 현장에 달려가서 무덤을 만들어 주고 사진을 찍어 미국에 알려 국제 여론을 환기시켰다. 그리하여 국내에서도 만행이 알려지게 되었다(『독립운동사사료집』6집, 독립운동사편찬위원회 편). 이런 실상에 대해 최창현은 다음과 같이 기술하고 있다.

> 수원 제암리의 대학살은 그들의 잔인성을 드러낸 한 예다. 평택에서는 12세 년이 성냥갑에 태극기를 그렸다고 총살하였다. 수원군의 향남 장안 우정 팔탄 송산 서신 마도면, 안성군의 원곡면 등 64개 부락에서 방화 살육을 자행하였다. 제암리 이외에도 각 부락에서 총살 39명, 검거 2천 명 이상, 소각 329호 이상의 피해를 주었다. 이러한 행위는 경기도에만 한정된 것이 아니었다. (최창희, 『한민족독립운동사』3, '중부지방의 3 · 1운동')

3 · 1운동은 세계사에서 그 유래를 찾을 수 없다. 중국은 물론 동남아시아, 아프리카, 남아메리카의 식민지에서는 이런 전국적 규모의 운동이 없었으며, 망명정부를 수립하지도 못하였다. 그리하여 3 · 1운동은 세계사적인 모델로 평가받는다. 우리는 지금 2019년 3 · 1운동 100주년을 앞두고 있다.

정조의
인간존중이 투영된
동학의 평등정신

김 준 혁_ 한신대학교 교수

1. 서론

　동학이 백성들에게 깊은 각인을 주고 동학교도가 된 백성들이 새로운 세상을 만들기 위해 포덕천하(布德天下)를 함께 한 것은 동학의 평등정신과 실천 때문일 것이다. 봉건시대에 지속된 악습인 신분제도는 인류에서 가장 비극적인 제도 중의 하나였다. 신분제도의 굴레로 인하여 자신의 의지와 관계없이 신분이 정해지는 것은 현재의 관념으로는 이해될 수 있는 일이 아니었고, 이전 봉건시대에도 순응하기 힘든 제도이기도 했다.

　단재 신채호 선생이 '역사는 아(我)와 비아(非我)의 투쟁'이라고 했듯이, 한편으로는 봉건시대 신분제도의 역사는 노비 소유주와 노비들의 체제유지대 체제 해체, 즉 노비소유 인정과 노비 신분의 해방 투쟁으로 이어져왔다고 해도 틀린 말이 아닐 것이다.

　이러한 신분제도의 모순은 조선후기 경제적 발전과 기층 민중의 성장에 의해 자연스럽게 노비제도 혁파에 대한 인식들이 활성화되었고, 이에 대한 반영이 나타나게 되었다. 그러나 노비를 포함한 신분제도는 기득권층의 경제적 재산임과 동시에 자신들의 신분을 유지하기 위한 중요한 수단이었다. 그렇기 때문에 신분제도 개선에 따른 평등한 세상 구현에 대하여 기득권층은 용납할 수 없었다.

　그래서 이들은 시대의 변화를 잠재우기 위하여 신분적 차별이 당연하다는 이데올로기를 조장하고, 이를 사회 전반에 확대하였다. 그것이 바로 주자성리학의 변용이었다. 주자성리학(朱子性理學)이 갖는 성(性)과 이(理)에 대한 본질적인 연구를 기득권에 대한 집단주의로 변용시켜 향약(鄕約)을 토대로 하는 양반사회의 권력 유지와 이를 통한 향촌의 통제 그리고 신분제도의 통제를 가하였다.

이러한 통제는 주자성리학 이외에는 모든 것이 이단(異端)이라는 확고한 이념을 주입하여 어느 누구도 주자성리학 이외의 학문과 사상을 이야기하지 못하고, 설령 주자를 비판하거나 혹은 주자의 사상에 대하여 독자적인 의견을 제시하는 경우 모두 사문난적(斯文亂賊)으로 죽어야 했다.

그렇기 때문에 조선은 자주의 의지가 사라지고, 오로지 주자성리학만을 이야기하는 편협된 사상으로 체제가 유지될 수밖에 없었다. 자신들의 기득권 유지를 위하여 본래의 주자성리학의 심화 연구 보다는 오히려 변용된 주자성리학으로 체제유지를 추구했던 것이다.

이러한 시대에 조선의 개혁군주로 평가받는 정조는 국가 개혁 전반을 위하여 주자성리학만이 아니 당대에 이단으로 평가받는 불교, 양명학, 도교, 서학 등을 적극적으로 인정하고, 이같은 다양한 사상을 주자성리학과 함께 사회 발전과 통합의 이념으로 공존할 수 있는 기반을 마련하였다.

그리고 신분제도의 전면적인 개혁을 추진하였다. 서얼제도에 대한 개혁과 함께 노비추쇄관 제도를 없애고, 부모 잃은 고아들에 대한 정책 개발, 여기에 더해 노비제도에 대한 전면적인 혁파를 추진하였다. 정조는 노비는 절대로 있었서는 안 된다는 평등의식을 확고히 가졌다. 정조는 신분제도의 정점에 있는 국왕으로서 오히려 신분제도의 가장 중요한 근거인 노비제도의 고용노동제로의 전환을 추진하였다. 이와 같은 파격적인 정책은 조선의 백성들에게 절대적인 지지를 받았고, 백성들은 자연스럽게 평등세상의 도래를 염원하였을 것이다. 정조시대 이전과 정조시대에도 나타났던 미륵 세상 만들기를 추진한 세력들의 운동이 그러한 것을 대변해주는 것이 아닌가 한다.

정조의 이러한 문화다양성 인정과 노비제도 혁파를 통한 새로운 시대 건설의 꿈은 후대 수운 최제우의 동학과 해월 최시형의 사상, 그리고 1894년 동학농민혁명에 투영되었다고 할 수 있다. 주자성리학만이 아닌 백성을 위한 참된 세상을 꿈꾸는 동학의 도(道)가 탄생되어, 인간이 참된 존재로서 누구든지 군자가 되어 평등한 세상의 주인이 될 수 있다는 희망을 갖게 되었다. 그리고 그러한 세상을 만들기 위한 노력과 투쟁이 전개된 것이다.

정조의 인간존중론이 어떻게 동학에 영향을 끼칠 수 있냐는 생각을 할 수 있지만, 그러한 생각이 절대로 인정될 수 있는 것도 아니다. 역사는 어느 한 부분의 영향으로 발전하는 것이 아니기 때문이다. 따라서 이 글에서는 정조의 문화다양성 인정과 인간존중을 바탕으로 하는 개혁정책과 이에 대한 영향으로 나타난 동학의 평등정신을 살펴보고자 한다.

2. 정조의 문화다양성 인정

정조는 즉위 후 '경장대고(更張大誥)'를 통한 국가 전반의 개혁만이 아닌 사상의 개혁도 함께 추진하고자 하였다. 그것은 바로 주자성리학이 지배하고 있는 조선 사회에 다양한 사상을 발현하여 변화를 추구하기 위함이었다.

물론 정조는 도교 · 불교를 이단으로 규정하면서도 유교와 함께 이들이 풍속을 교화하고 세상에 도움을 준 공을 인정하였다. 더불어 양명학에 대한 장점을 거론하면서 좋은 점은 받아들여야 한다고 하였다. 춘저시기 정조는 주자학과 노론학통에 적극적인 시사를 표방하면서도 내면으로는 노장 · 양명 · 불학 등을 통하여 자유로운 사색적 편력을 거쳤다. 정조는 특히 장자에 대하여 애착을 갖고 소요유편(逍遙遊篇)을 높이 평가하며, 장자의 문장이야말로 제가(諸子)의 문장중에서 제일이라 평가하기도 하였다.[1] 또한 왕양명에 대하여도 '학술은 비록 다르지만 문장은 명대의 제일인자다' 라 평하였다.[2] 이에 아래와 같이 정조의 사상에 대한 문화적 다양성 인정을 살펴보고자 한다.

1) 정조의 불교인식(佛敎認識)과 정책

정조는 즉위 초 불교가 이단(異端)이라는 점에 대해 부정하지 않았다. 정조는 즉위 초 성녀(畫講)에서 논어에 대한 송덕상과의 대화에서 다음과 같은 견해를 밝혔다.

> 성학(聖學)과 이단의 도(道)는 다르지만, 공부에는 진실로 차이가 없는 것이다. 이런 까닭에 예로부터 유자(儒者)들이 혹 일찍이 좋아하다가 늦게 깨닫는 사람이 있기도 했던 것이다. 불씨(佛氏)에 이르러서는 우리 유학과 그 구분이 털끝만한 차이가 있기 때문에 옳은 것 같으면서도 그르다고 할 수 있으며, 더욱 이치에 근사하지만 진리를 크게 어지럽히는 것이다.[3]

정조의 위와 같은 판단은 당대 지식인들의 보편적인 의식이라고 할 수 있다. 또한 당시 왕실의 원당(願堂)을 금단케 해달라는 상소에 대해 이단을 물리침은 우리의 가법(家法)이라면서 불교를 배척하고 있다.[4]

하지만 이후 정조는 후에 신하들에게 "본인이 불교의 사상에 대해서는 일찍이 몰랐으나『부모은중경(父母恩重經)』의 내용이 너무나도 적절하고, 중생을 인도하여 극락으로 가게 함이 유학의 보본독륜(報本篤倫)의 뜻보다 뛰어나다고 높이 평가하며, 『부모은중경』을 널리 나누어 주라"[5]는 데서 변화를 읽을 수 있다.

당시 조선의 유신들은 불교를 가리켜 '무군무부지교(無君無父之敎)'라고 해서 탄압을 서슴지 않았음에도 불구하고『부모은중경』은 효순사상(孝順思想)을 고취시킨다하여 널리 독송, 서사(書寫)하였다. 정조가『부모은중경』의 반포를 강조한 데에는 효순사상이 사도세자의 묘를 이장하고 원찰(願刹)건립 정당성의 합리화에 도움을 줄 수 있다는 판단 때문이라고 볼 수 있다. 즉 현륭원(顯隆園)으로의 천원을 왕권 강화와 연결시킨 정조는 그 근거를『부모은중경』에서 찾아낸 것이다.

하지만 정조의『부모은중경』간행이 곧바로 불교사상을 수용한 것이라고 보기는 어렵다. 이는 유학을 배경으로 반대하는 노론 세력에 대해 효순사상의 강조를 들어 정치적으로 이용했다고 볼 수 있다. 곧 유학자들에 대해 불교계를 자신의 후원세력으로, 억불숭유책에 반하는 자신의 행위를 이론적으로 뒷받침하고자 한 것이다. 그렇기 때문에 정조는 이러한 충효의 논리를 왕권강화에 적절히 이용했던 것이고, 불교계도 이를 통한 자구책으로 화엄학이 주류를 이루었던 것이다.

18세기 중반부터 불교계에 화엄강회(華嚴講會)가 열렸는데, 화엄학(華嚴學)은 왕권강화의 논리가 내포되어 있다. 영조 재위시 한 번의 화엄학 강회에 1,287명이나 참가하는 것을 보면 당시 백성들의 참여 열기는 대단한 것이었다.[6] 이러한 화엄학 강회의 대중적 발전은 정조대에 화엄학의 승려들을 많이 배출하게 하였으며, 화엄학 고승인 연담유일(蓮潭有一)이 나오게 된 것도 이러한 시대적 배경과 관련된 것이다.[7] 연담유일은 자신의 저서인『연담집(蓮潭集)』에 존왕양이(尊王攘夷)의 대의를 밝힌 시를 많이 썼다.[8] 당대 최고 승려가 '존왕양이'에 대해 글을 쓴다는 사실은 정조의 불교인식이 화엄학으로까지 확대되었기 때문에 가능했으리라고 생각된다.

당시 불교 현실이 철저히 국가 체제 안에서 움직여지고 있던 상황에서 승려들은 왕이 원하는 불교사상을 추구할 수밖에 없었을 것이다. 정조 사후 화엄학의 기운이 약해지고 선(禪)을 주제로 논쟁이 벌어지고 있기 때문이다.[9] 이는 세도정치가 시작되는 정조 사후에는 왕권강화의 논리가 내포되어 있는 화엄학이 필요치 않았기 때문일 것이다.

정조의 불교관은 이후 더 발전되는 모습을 보여준다. 즉위 14년 2월에 현륭원의 재궁(齋宮)으로 용주사를 창건하고, 5년 후에 직접『봉불기복게(奉佛祈福偈)』를 지어 재를 올리게 했다. 이『봉불기복게』에서 정조는 석가의 가르침을 받아 게어(偈語)를 지음으로써 삼업(三業)의 공양을 드리며 은혜에 보답하는 복전을 짓는다고 밝히고 있다.[10] 또한 14년 8월 안변 석왕사에 비석을 세우라고 명하고, 이듬해 5월 친히 비문을 내려 주었다.[11] 이 비문에서 정조는 "불교는 삼교(三敎) 중에 가장 늦게 나왔지만 그 영험함은 가장 두드러진다. 유자(儒者)는 이를 믿지 않지만 또한 왕왕 믿지 않을 수도 없으니, 이를 어떻게 말할 것인가. 부처에게는 자비가 있어 지성으로 빌면 무량한 축력(呪力)을 받을 수 있다."[12]며 불교에 대한 자신의 견해를 말하고 있다.

정조는 즉위 후 승려들의 고역을 보고 받고 있었으며 고역의 원인인 승역(僧役)을 감면해 주는 조처를 시행했는데,[13] 즉위 후 가장 먼저 시행한 정책이 남·북한산성의 '의승방번전(義僧防番錢)'을 감해주는 일이었다. 더불어 정조는 남·북한산성의 수비를 위해 번전의 감수는 허락하지 않았지만 의승 폐단의 혁파에 대해서는 동감을 하고 있었다. 그동안 신하들과의 많은 논의를 거친 끝에 9년 2월 경상도 관찰사 이병모(李秉模)와 비변사가 건의하는 형식을 빌어 남·북한산성 의승방번전을 반감하는 조치를 취하였다. 정조는 입번을 면제시키는 것이 전에 없는 혜택이라고 말하면서 수습할 대책을 마련하지 않는다면 덕의(德義)를 받드는 도리가 아니며, 승려들도 백성인데 백성들에게 이로운 일이라면 곡식을 아끼지 않겠다고 하였다. 이는 승려들도 백성의 일원으로 국가에서 보살펴야 한다는 것이다.[14]

정조는 용주사를 창건하고 부처의 은혜에 감사하는 석왕사의 비문을 짓는 등 호불적(好佛的) 경향을 보이기까지 하며 불경에 대한 상당한 식견을 과시하고 있다. 이러한 정조의 불교인식은 정조대에 이루어지는 불교정책에 많은 영향을 미치고 있다.

2) 정조의 서학인식(西學認識)

16세기말 이래 서양의 과학기술과 함께 우리나라에 들어온 서학은 17세기 명·청 교체기에 활발한 유입이 없었지만 청의 안정과 병자호란 이후 서양의 기술문명과 함께 본격적인 전파가 시작되었다. 청과의 외교관계가 회복되면서 조선에서 연행사를 정기적으로 파견하고 이들은 북경에서 천주교당을 방문하는 것과 더불어 서양의 서적을 수입하였다. 이에 조선 사회에 서학서(西學書)가 크게 유포되어 당시 명경석유(名卿碩儒)치고 서학서를 비치해 읽지 않는 이가 없을 정도가 되었다.[15]

당시 중국으로부터 유입되던 서학서는 서양에 대한 정보와 기술을 전해주는 가장 중요한 매개체였고 병자호란 이후 집권층은 국가안정을 위한 기술력을 확보하기 위해 의도적으로 신앙적 측면이 아닌 서양 기술서 위주의 서적 수입이 주류를 이루었다. 선조년간부터 헌종대에 이르기까지 서학의 신앙과 관련된 서적 총 64종이 조선으로 유입되었고, 신앙 서적 아닌 인문과학서와 자연과학서 즉 서양 기술과 관련된 서적은 대략 50여 종의 수입이 있었다. 이는 예수회 선교사들이 중국에서 간행한 서학서가 총 186종이라는 연구 결과에 비추어보면 1/4에 해당하는 숫자였다.[16]

서학이 처음 도입되던 시기에 이기(理器) 양편에서 특히 기계문명에 깊은 관심을 보인 것은 바로 성호 이익이었다. 이익은 그 부친 이하진이 연행시 수 천권의 서적을 구입해놓았기 때문에 일찍부터 서학서를 접할 수 있었으며 또한 그 자신은 서울 주변에 거주하고 있어 지속적으로 최신 서적을 접할 수 있는 위치에 있었다. 따라서 정조는 조선후기 서학서와 관련하여 당대 최고의 정보 능력을 갖추고 있었다.[17]

정조년간에 들어와 남인 인사들을 중심으로 신앙의 실천 차원에서 전개되기 시작하였다. 정조는 자신의 왕권강화를 위하여 다양한 인재들을 포용하고 있었고 특히 군왕중심의 정치노선을 추구하는 남인계열의 신진학자들을 등용하였다. 이러한 남인의 등용은 권력을 유지하고 있던 노론을 자극하였고 노론 신료들은 채제공·이가환·이승훈·정약용 등 남인의 중심인물들의 중용을 저지하기 위하여 남인의 약점인 서학을 집중 공격하기 시작하였다. 노론 신하들의 이와 같은 서학문제 거론을 정치적 의도라고 파악한 정조는 서학에 대하여 온건하게 대응하면서 탕평정국을 유지하기 위한 노력을 지속하였다.[18]

정조대에 들어와 서학이 신앙의 문제로 처음 제기된 것은 이른바 명례방사건이라 불리는 '추조적발사건(秋曹摘發事件)'으로부터 비롯되었다. 이율(李㻩)과 홍복영(洪福榮) 등 문인방 등 역모사건을 수사하는 과정에서 우연하게 명례방에 거주하는 중인 김범우의 집에서 기호남인 계열의 이승훈 등이 형조 관원들에게 우연히 발견되어 적발된 사건이었다.

당시 장령 유하원(柳河源)은 서양의 책들이 관상감의 역관들을 통해 들어오면서 전국에 퍼져 믿는 사람들이 늘어나는 것을 염려하였다. 더불어 이른바 도(道)는 다만 하늘이 있다는 것만 알고, 임금이나 부모가 있는 줄을 알지 못할 뿐만 아니라, 천당이니 지옥이니 하는 말로써 백성들을 속이고 세상을 현혹시키니, 그 해독은 홍수나 맹수보다도 심하다며 사교(邪敎)를 금지하고

엄벌할 것을 청원하였다.[19]

유하원의 이와 같은 상소는 서학을 무군지교(無君之敎)로 규정하면서 정조에게 강력한 제제를 요구한 것이었다. 겉으로 보기에는 사교를 없애 국왕의 권위를 높이자는 내용이었지만 한편으로는 정조의 친위세력인 기호남인을 제거하자는 의도가 깊이 배어있는 것이었다. 결국 이승훈이 개입된 추조적발사건은 서학을 사교로 규정지은 최초의 사건이 되고 말았다.

하지만 정조는 유하원의 상소에 대하여 서학을 신앙적 차원으로 접근하는 것은 차단하였지만 당시 명례방에 있던 서학 신도들에 대하여는 잡범으로 규정하고 모두 풀어주었다. 당시 이율, 홍복영, 문인방 등 역모사건에 연관된 자들은 모두 사형에 처하고 정감록을 위주로 하는 사교 세력들도 모두 사형에 처할 것을 명했지만 서학과 관련된 이들에 대해서 잡법으로 규정하고 사면을 해준 것[20]은 그가 서학에 대한 포용론과 더불어 자신의 측근들이 관여하고 있었기 때문이었다.

정조에게 두 번째 서학 문제가 발생한 반회사건(泮會事件) 역시 기호남인과 관련된 일이었다. 명례방 사건에 관계되었던 이승훈이 또 다시 반회사건에 관련되어 있었다. 반회사건이란 이승훈·정약용 등이 과거공부를 핑계대고 성균관 근처 마을 반촌에서 천주교 서적을 공부하다 같은 남인 유생 이기경(李基慶)에게 발각, 폭로된 사건이었다. 이 사건은 당시 이기경이 공론화시키지 않았지만 훗날 이승훈·정약용과의 개인적 감정과 천주교 제사 문제와 연계하여 정조에게 고변하였다. 이기경은 이승훈과 자신은 학문을 함께 공부하는 절친한 친구로 당시 정약용과 강리원과 함께 서학서인『천주실의(天主實義)』를 같이 보았는데 그 중에는 간혹 좋은 내용도 있지만 이치에 어긋나고 윤리를 해지는 부분이 있다고 고변하였던 것이다.[21] 결국 이 문제로 인하여 기호남인 내에 신서파(信西派)와 공서파(功西派)가 나뉘는 계기가 되었다.

정조는 반회사건이 발생하자 기호남인의 이승훈이 관련되어 있기 때문에 사건이 확대되는 것을 차단하고 포용론을 발휘하였다. 즉 정조는 천주교 문제의 심각성을 인정하였지만 이 문제가 공론화될 경우 노론과 남인의 정치적 대결로 확대되어 남인이 정치적으로 타결을 입을 것으로 보았기 때문이었다.

정조의 이와 같은 공론화 저지 노력에도 불구하고 천주교 문제는 다음해 채제공이 우의정으로 발탁되면서 본격적인 논쟁의 대상으로 부각되었다.[22] 기호남인이 우의정으로 발탁된 것은 노론 일당 정권유지에 걸림돌이 될 것이기 때문이었다. 당연히 노론에서 반회사건을 다시금 제기하였다. 1788년(정조 12) 8월 당시 정언이던 이경명이 상소를 하여 '요망한 학설로 종당의 화가 어느 지경까지 이를지 모를' 서학을 엄히 다스릴 것을 요구하자[23] 정조는 다음 날 어전회의를 열어 서학의 유포상황에 대하여 논의하였다.

이에 정조는 서학 문제가 발생하는 것은 정학이 바로 서지 않았기 때문이라며 사건이 확대되지 않도록 조처하였다.

> 나의 생각에는 오도(吾道)와 정학(正學)을 크게 천명한다면 이런 사설(邪說)은 일어났다가도 저절로 없어질 것으로 본다. 그러니 그것을 믿는 자들을 정상적인 사람으로 전환시키고 그 책을 불살라 버린다면 금지할 수 있을 것이다.[24]

정조는 사건의 확대를 방지하면서 오히려 정학이 바로 서지 않아서라고 공박하였다. 더불어 정조는 그들을 포용하는 것이 오히려 사학(邪學)에 빠진 백성들을 위하는 길이라고 하였다.

서양의 사학(邪學)이 여러 도에 두루두루 편재해 있으나 유독 영남과 해서(海西)에 들어오지 않았다. 영남은 퇴계의 유풍이 남아있고, 해서는 율곡의 지나친 감화가 남아 있다. 내가 사학에 미혹된 무리들에 대하여 사람들은 혹 너무 느슨하게 다스린다고 말하고 있으나 이는 그렇지 않다. 저 미혹된 자는 술 취한 사람과 같으니 술이 깨면 다시 정상인이 된다. 만약 그가 취했다 해서 재빨리 법률을 사용해서 후회의 길을 열어주지 않는다면 이것은 백성을 그물질 하는 것이니 내 어찌 이를 할 수 있겠는가?[25]

이와 같이 정조는 서학이 비록 신앙적으로 문제가 되어도 정학이 바로 서면 모두 해결될 것이라 강조하고 그들을 함부로 처벌하는 것은 오히려 백성들을 위하는 길이 아니라고 강조하였다. 정조가 이처럼 서학에 대한 대응을 온건적으로 한 것은 자신의 왕권강화를 위해 서기(西器)에 대한 이해도가 높은 남인을 등용하고 이를 통해 자신의 국정운영을 추진하고자 함이었다. 정조는 수학, 역상과 관련된 서적의 수입문제를 이가환에게 문의할 정도로 서학에 깊은 관심을 가지고 있었다.[26]

정조의 이러한 학문 사상의 개방성은 파격적이라 할 수 있으며, 이러한 점에서 정조의 학문이 주자학으로만 경도되지 않았음을 보여준다. 정조의 사상적 개방성이 사문만능주의(斯文萬能主義)[27]를 배격하고 실제 생활에서의 개혁을 추진하는 바탕이 되도록 하였다.

3. 정조의 위민정책

1) 정조의 위민론과 신분세도 철폐 징책

정조가 추진한 개혁정책 중 높이 평가받고 있는 것이 서얼허통정책이다.

정조는 재위 2년 6월의 '경장대고'에서 개혁의 대의를 잘 드러내었다. "백성을 위하고" "백성들과 함께 은택을 누린다"는 위민정치론(爲民政治論)이 그것이다. 정조는 "백성은 나라의 근본이며, 하늘이 임금을 만들고 스승을 만든 이유는 백성을 위해서이며, 임금은 배이고 백성은 물"이라고 한 말에서도 그의 위민관을 확인할 수 있다. 하지만 정조는 백성들은 정치의 주체가 아니라 수혜의 대상으로 인식하였다. 그에게 있어서 정치의 주체는 국왕과 사대부로서 그 중심적 역할을 국왕에게 설정하였다. 사대부는 다만 보조적인 역할에 그치고 있다고 생각했다.[28]

정조는 임금과 신하, 그리고 백성과의 관계를 "달빛, 구름, 산하"에 비유하면서 달빛과 산하 사이에 구름이 가리지 않아서 밝은 달빛이 "산하"를 환히 비추는 것을 좋은 정치로 생각하였다.[29] 말하자면 "한 집안 사람"이자 "다같은 동포"인 신민들이 오복을 누리며 살 수 있도록 아버지이자 스승인 국왕 자신이 적극적으로 역할해야 한다는 것이다.[30] 서얼허통이나 노비제 폐지 등의 개혁 시도는 바로 이 같은 맥락에서 이해할 수 있으며, 각종 개혁 정책 역시 마찬가지이다.

정조시대 '서얼허통정책'은 바로 이 같은 "백성은 나의 동포"요 "한집 식구"로 보는 정조의 백성관에서 비롯되었으며, 유능한 인재를 고루 등용한다는 임용 방침에 따라 취해진 것으로 보인다. 영조시대부터 중요한 정치적 쟁점이 된 서얼허통의 문제는 관직의 수가 양반수에 크게 못 미친다는 사실과 사대부 집안 내 적, 서자간의 다툼과 혼란으로 수용되지 못했다.

정조는 재위 1년 3월에 "필부(匹夫)가 원통함을 품어도 하늘의 화기를 손상시키기에 충분한 것인데 하물며 허다한 서류(庶流)들의 원통함을 이대로 방치시킬 수 있겠는가."라고 지적하였다. 그리고 서류 중에서 "뛰어난 재주를 지닌 선비"와 "나라에 쓰임이 될 만한 사람"을 임용하라는 "서류허통절목

(庶流許通節目)"을 공표하였다.[31]

서얼허통정책을 반발하는 사족들이 반이나 될 정로 많은 상황에서 정조는 서얼허통을 계속적으로 독려하였다. 그리고 지속적으로 서얼허통정책을 추진하여 "선천내금위(宣薦內禁衛)를 중인과 서얼들로 뽑도록 하고"[32], 이덕무, 박제가, 유득공 등 서류 출신들을 규장각 검서관으로 등용하는 등 적서에 구애됨이 없이 유능한 인재를 적극 등용하였다.

정조는 즉위 후 노비제도에 대한 개혁조처를 단행하였다. 정조는 앞서 서얼허통정책에서 설명하였듯이 "백성은 나의 동포"요 "한집 식구"로 보는 정조의 백성관을 지니고 있었다.[33] 이러한 백성관과 애민정신은 단지 양인에게만 그치는 것이 아니라 사회에서 가장 천대받는 노비에게까지 그 영역을 확대하였다.

정조의 즉위 직후 노비제에 대한 첫 번 째 초치는 노비추쇄관의 혁파로 나타났다. 정조는 즉위 5월에 조선초기부터 지속되어 오던 내노비(內奴婢) 추쇄를 위해 내수사에서 추쇄관을 파견하는 것을 중지하게 하였고, 다음 해 2월에는 비변사에서 이를 실행하기 위한 '팔도내노비추쇄혁파절목(八道內奴婢推刷革罷節目)'을 마련하게 지시하였다.[34]

실제 내노비 추쇄관 혁파는 다양한 공노비에서 내수사 노비만을 대상으로 한 것이었기에 노비제 혁파라는 큰 목표에 비추어 보면 하나의 미미한 사안에 불과하다고 할 수 있다. 이는 정조가 노비문제 해결에 대한 성의를 일차적으로 표방하고 있다는 상징적인 의미가 있다고 하겠다.[35]

정조시대에는 정조의 의중을 간파한 개혁 세력들이 공노비에 대한 철폐를 주장하기 시작하였다. 이들의 주장은 대체로 노비나 양인이나 백성이기는 마찬가지이고 포(布)는 양인의 포를 받아쓰는 것과 마찬가지이니 노비라는 명목을 없애고 '봉족(奉足)' 등과 같은 명칭을 부여하고, 신역도 당대에 한

하자는 내용이었다.

이에 정조는 즉위 8년에 각 도마다 노비제도 개혁안에 대해 제도 정비에 대책을 논의하라 지시하고 대안에 대한 본격적인 토론에 들어갔다. 이것이 바로 제1차 노비제 개혁 논의였다. 이 당시 논의된 내용은 주로 세 가지로 노비제도의 일정 보완을 하자는 주장이 있었으나 경기감사 심원지와 경상감사 이병모는 노비의 신분을 1대에 한정하고 나머지는 혁파하자는 주장을 제기하였다. 이는 서구사회에도 논의조차 진행되지 않았던 파격적인 내용이자 사회 신분구조 전체를 바꿀 수 있는 파격적인 내용이었다.

그러나 당시 권력기구였던 비변사가 노비제도 폐지는 너무나도 변화가 큰 개혁이라며 반대하는 소극적 자세를 취하였고, 아직 권력을 장악하지 못한 정조 역시 이 의견을 따를 수밖에 없었다.[36]

그러나 정조 14년 남인 출신인 어사 최현중이 국가 소속의 노비 명목을 없애고 대신 양인들로 보충하자는 노비 개혁 의견을 제시하였다. 이에 좌의정 채제공과 우의정 김종수는 모두 개혁의 필요성은 인정하나 약간의 문제점이 있기에 반대의 입장을 표명하였다. 이에 정조는 두 정승에게 자신의 개혁 입장을 설명하고 자신을 도와주기를 부탁했다.[37]

노비문제의 심각성을 여실히 느껴오던 정조는 이 시기가 개혁의 적절한 시기라고 판단하여 노비제도 개혁방안에 대한 지시를 강구하였다. 이것이 제2차 노비제 개혁 논의이다.[38] 물론 이 시기에도 각 붕당간의 이해와 정조와의 이해 관계에서 노비제 개혁 논의에 대한 공방이 이어졌다. 노비제도 자체를 혁파하고자 하는 정조의 의지만으로 해결될 수 있는 내용이 아니었다.

오랫동안 노비제의 개혁 논의가 잠복하여 있다가 정조 말년인 22년에 노비제 개혁 논의가 본격적으로 이루어졌다. 1차로 공노비 중 가장 많은 인원을 차지하는 사노비(寺奴婢)[39] 혁파 주장에 대해 정조는 장문의 답변을 통해 사노비를 혁파하고 보인(保人)[40]의 이름으로 대신 받아들인 예가 있다면 그대로 하라고 지시하며, 다른 노비들에 대한 방안도 강구하라고 지시하였다.[41]

이에 3차 노비제 개혁 논의가 진행되었으며 자신의 입장을 대변하는 공방이 계속되었다. 그러나 시대적 흐름속에 제3차 노비제 개혁 논의에서는 내시, 상의원 노비를 혁파하여 양정(良丁)으로 보충하는 것을 원칙으로 결정하였다. 정조는 이에 한 걸음 나아가 노비제도 전반에 걸친 개혁을 추구하고자 하였으나 갑작스러운 죽음으로 완전한 노비제도 혁파를 단행하지 못하였다.[42]

정조의 노비제도 혁파 구상은 200여 년 전 인간 평등의 사상을 구체적으로 실현하고자 한 것으로, 현대 정치 및 행정에서 많은 교훈을 받아야 할 내용이다.

2) 난전 활성화 정책을 통한 초기 자본주의 형성

정조는 규장각을 중심으로 성왕론과 경장론의 확산을 추진하면서 본격적인 경제분야의 경장을 추진하였다. 그것이 바로 1791년(정조 15)에 추진한 '신해통공(辛亥通共)'이다. 금난전권(禁難廛權)[43]을 혁파하는 혁신적인 내용인 '신해통공'은 바로 이처럼 "일을 일답게 해보려는" 국왕 정조의 개혁의지와, 시장질서의 변경을 통해 새로운 정치질서를 형성하려는 채제공의 의도가 결합되어 취해진 조치였다.[44]

물론 생산자와 소비자를 서로 통하게[通共] 하여 백성들을 부유하게 만들려는 통공조치가 정조시대에 처음 나타난 것은 아니었다. 이미 18세기 진빈부터 통공조치는 나타나기 시작했으며 정조시대에 들어서도 병오년(1786)

과 신해년(1791), 그리고 갑인년(1794)에 세 차례에 걸쳐 시행되었다. 그런데 이전의 통공조치가 부상(富商)들의 반발과 권세가들의 비호아래 실질적인 효과를 거두지 못한 데 비해, 신해년의 통공조치는 국왕의 강력한 의지와 측근 신하들의 지지를 기반으로 개혁의 효과를 거둘 수 있었다. 뿐만 아니라 신해통공은 잇따른 후속 조치를 통하여 새로운 시장 질서를 구축해놓았다는 점에서 이전의 통공조치들과 구분된다.

신해통공의 내면적인 이유는 정조의 왕권강화를 추구하고자 하는 의도 역시 존재한다. 시전 상인으로 대변되는 특권 상인들이 당시의 세도가인 노론 세력과 정경유착을 통해 정치자금의 공급원이 되고 있었으므로, 남인 재상 채제공은 이를 타파하는데 앞장서서 육의전을 제외한 나머지 시전상인의 금난전권을 철폐, 개인적 상업 행위를 보장해주었다.[45] 비단, 무명, 명주, 종이, 모시, 어물을 팔던 육주비전은 16세기말 서울의 상권을 장악했고 조선후기에는 수공업자들을 지배하면서 대자본을 형성하였다.

그러나 상업 활동의 전반적인 활성화에 힘입어 난전 활성화 정책인 신해통공이 발효되자 상인들은 육의전의 상품이 아닌 것을 자유롭게 판매할 수 있어 시전 이외에 새로운 상권이 형성되었다. 동대문시장의 전신인 배오개 [梨峴] 시장과 남대문 밖 서울역 부근의 칠패(七牌)시장, 종로 부근의 종루 등 3대 상가가 생겨났다. 이들은 백성들을 대상으로 국산품과 수입품을 다양하게 취급했고, 서울은 국제적인 상업 도시로 성장하여 번영을 구가했다.

이러한 난전 활성화 정책은 국가 기획으로 운영되던 기타 사업의 민영화 정책과도 같은 맥락에서 이해된다. 다시 말해 기간산업은 국가의 기획과 관리에 두되, 세부 산업은 시대의 변화에 조응하여 자율화와 개방화를 허용함으로써 백성들의 경제력 향상을 추구하였다. 오늘의 관점에서 보면 사회주의의 장점과 자본주의의 장점을 아울러 살리려는 노력의 일환으로 평가할 수 있으며, 앞으로의 한국 사회의 경제 개방화 정책에 도움이 될 것이다.

3) 고아 보호정책 반포를 통한 복지정책

조선후기의 백성들은 상·하의 관리들로부터 가해지는 폐단과 더불어 자연 재해까지 심화되어 고통스러운 삶을 유지하였다. 정조시대 역시 우박, 해일, 홍수, 기근, 전염병 등 끊임없이 민중의 삶을 위협하였다.

조선시대 아동복지정책이 법령으로 나타나고 있다. 아동복지에 관한 사항이 나온 법령으로는 『경국대전』 혜휼조(惠恤條)와 1696년(숙종 21)의 '수양임시사목(修養臨時事目)', 그리고 1783년(정조 7)에 제정, 반포된 '자휼전칙(字恤典則)'이다.

그러나 조선 초기 버려진 아동 구휼은 중앙정부와 지방정부간의 원활한 의견교류가 이루어지지 않아 주로 한성부를 중심으로만 이루어졌다. 따라서 숙종 때의 '임시수양사목'에 의한 아동 구휼은 지역의 확대와 더불어 관료들이 아닌 지역의 유지가 구휼할 것을 지시하였다.

정조는 즉위하면서 이전의 유기나 행걸아의 구휼법령들에 비해 국가의 책임영역 확대를 큰 특징으로 하고 있다. 즉, 이전 법령들의 일관된 내용인 민간수양원칙이 여기에 이르러서는 더이상 원칙으로 남아있게 할 수 없었다. 반대로 부분적이기는 하나 유기나 행걸아의 구제에 있어서 국가의 보호책임으로 강조하고 있다는 것을 알 수 있다.[46]

자휼전칙은 조정에서 흉년을 당하여 10세 이하의 어린이들이 걸식하거나 버림받아 굶주림으로 이들이 부모나 친척 등 의지할 곳을 찾을 때까지 구호하고 또 자녀나 심부름꾼이 없는 사람들로 하여금 수양하게 하였다. 정조는 윤음과 함께 조례를 정하여 국한문으로 인쇄하여 서울을 비롯한 전국에 반포하여 영구히 시행하도록 하였다. 이 규정은 총 9개조로 이루어졌으며 구호대상자인 행걸아는 부모나 친척 또는 상전이 없어 의탁할 수 없는 4세부터 10세까지의 어린이이며, 유기아는 3세 이하의 유아이다. 행걸아는 진휼청에서 구호하여 옷을 주고 병을 고쳐주어야 하며, 날마다 1인당 정하여진 분량의 쌀과 간장, 미역을 지급하였다. 유기아는 유모를 정하여 젖을 먹이고 유모나 거두어 기른 사람에게도 정하여진 분량의 쌀과 간장, 미역을 지급하며, 어린 아이를 기르고자 원하는 자는 진휼청의 입안을 받아 자녀로 삼을 수 있게 하였다.[47]

이 '자휼전칙'의 반포와 시행은 정조의 애민정신을 상징화하는 정책으로 그 어떤 구휼정책보다 의미가 있다고 하겠다. 특히 아동을 국가에서 책임져야 한다는 정신이 내포되어 있어 현재의 유기아 정책보다 오히려 앞서는 정책이라 할 수 있다. 정조는 이 정책 뿐 아니라 경제적 어려움으로 결혼하지 못하는 30세 이상의 남녀를 지방 수령의 책임하에 결혼시키게 하는 법률까지 제정하는 등 소외계층에 대한 전면적인 개혁정책을 단행하였다. 이를 통해 현대 복지정책의 방향을 추론할 수 있다.

4) 형률완화정책에 따른 형행제도 개선

정조시대 형률완화정책으로 추진한 흠휼전칙(欽恤典則)은 정조의 위민정책 중에서 형벌의 남용을 방비하여 악형에 의한 백성들의 육체적 고통과 정신적 고통을 줄여주고자 했던 매우 획기적인 정책이었다. 실제 조선이 건국된 이후 양반에 대한 신체형은 형식적으로만 존재하였다. 그럼에도 불구하고 백성들과 천인들에 대한 신체형은 매우 가혹하여 작은 고을의 관아에서 사소한 사건으로 형을 받는다 하더라도 신체적 고통은 매우 심하였다.

이에 정조는 즉위 직후인 1777년 6월에 '형구정정륜음(形具整正綸音)'을 내리고 형구의 규격을 정하고 형구사용 범위를 명시한 '흠휼전칙(欽恤典則)'을 편찬할 것을 지시하였다.[48] 1778년(정조 2) 형구(刑具)의 규격 및 품제를 정해 준행하도록 조처한 율서(律書)를 반포하였다.

이에 홍국영 등이 『대명률(大明律)』, 『경국대전』, 『속대전』을 비교·참작해 각 형구의 규격과 형의 경중에 따른 품제를 정하였다. 1778년 정월 간행하여 새로이 만든 유척[49]과 함께 경외에 반포하였다.[50]

정조는 '흠휼전칙'을 반포하면서 아래와 같은 의지를 대내외에 천명하였다.

> 송나라 예조는 옥리에게 명하여 5일에 한번씩 감옥을 점검해 보았다. 그리하여 감옥을 청소하고 형구를 세척하게 하는가 하면 가난한 자에게는 먹을 것을 지급하고 병든자에게는 약을 지급하며 작은 죄를 지은 자는 즉시 소결해서 보내도록 하였으니, 송나라가 수백 년 동안 면면히 기업을 이어간 것은 여기에서 그 기틀이 잡힌 것이라 아니라고 할 수 없다. 아. 너희 유사의 직책을 맡은 신하들은 마땅히 두려워하라. 승지를 법부(法府)와 법조(法曹)로 보내어 태, 장, 가(枷), 유(杻, 쇠수갑)가 규정과 같지 않은지 살펴보게 하라.[51]

이와 같은 정조의 의지를 통해 조선후기 형률은 획기적으로 변하였다. 흠휼전칙의 본집에서 형구지식(刑具之式)과 곤제지식(棍制之式)은 종합적인 총론에 해당되는 부분으로, 각 형구의 규격과 형을 집행하는 주체를 등급별로 규정하고 있다. 아울러 조, 종(祖宗)의 성헌(成憲)인 경국대전, 속대전의 관계 규정과 함께 당시 실정법으로서 함께 준용되어오던 대명률의 관계 조항도 함께 수록하고 있다. 이는 이 책의 편찬이 새로운 법규의 제정을 지향하기보다는 옛 법을 참작해 준행하고자 했던 편자의 의시를 나타낸 것이라 할 수 있다.[52]

이 흠휼전칙의 통한 형벌제도의 완화는 18세기 후반 형사사법제 개혁의 한 성과로 이해할 수 있으며, 현대사회의 법 제도 정비와 연관지어서 이해할 수 있다.

4. 정조개혁정신이 투영된 동학의 인간존중과 개혁

정조 사후 시대인 19세기는 세도정치 시대로 노론을 중심으로 하는 특정 세력의 강화와 문화적으로 중인 계층의 성장이 두드러진 시기였다. 그럼에도 백성들의 사회적 지위와 경제적 현실은 18세기 후반보다 못한 것이 사실이었다. 이는 세도정치로 인하여 삼정(三政)이 문란해지고 겹치는 흉년과 역병으로 백성들의 삶이 어려워졌기 때문이다. 더불어 서양 세력의 침투로 인하여 조정을 비롯한 중앙정치세력과 경향 각지의 각 계층들 모두가 불안해하던 시기였다.

이러한 시대상황에서 수운(水雲) 최제우(崔濟愚)는 백성들을 조정의 학정과 외세의 침략으로부터 구제하기 위한 새로운 사상인 동학(東學)을 창시하였다. 선천의 시대를 마감하고 후천(後天)의 시대를 맞이하여 백성들의 세상을 만들어야 한다는 궁극적인 진리가 동학에 담겨 있다.

동학은 19세기 세도정치시기 삼정의 문란으로 극도로 피폐해져가는 백성들에게 희망을 주는 종교이자 사상이었다. 그 사상의 바탕에서 사람을 하늘과 같이 존중하는 위민사상이 바탕에 있었다. 수운은 그 위민사상을 부친인 최옥으로부터 배웠다. 공식적 스승이 없이 최옥으로부터 학문을 익혔던 최제우는 아버지 최옥의 영향에서 벗어날 수 없었다.

최옥은 영남 남인의 명유(名儒)[53]로서 정조시대 개혁정책과 정조 사후 세도정치의 현실을 적나라하게 목격한 인물이자, 정조시대 위민정책과 국가의 자주의식을 정확히 이해하고 있었던 인물이었다. 영남지역에 거주하고 있던 최옥이 정조의 정책과 사상을 이해하게 된 것은 그의 인척 최벽(崔璧) 때문이었다. 최벽은 정조시대 규장각 초계문신을 지낸 인물로 정조의 지우를 받던 유학자였다. 그는 영남남인으로 퇴계의 학통을 이은 대학자로 인정받았는데, 정조가 훙서한 뒤 조정의 모든 직임을 그만두고 고향 경주로 돌아와 생활하며 자신의 사촌형인 최옥과 깊은 교류를 하게 되었다.[54] 특히 최벽은 최옥에게 자신의 문집을 간행해달라고 하였고, 최옥은 최벽의 문집을 간행하면서 정조의 정책과 사상을 더욱 깊이 이해하게 되었을 것이다.

최옥은 정조 사후의 시대를 말세(末世)로 규정한 인물이기도 했다. 그래서 그는 정조시대의 정신적 가치와 영남 남인의 사유체계를 최제우에게 전승하였고, 최제우는 이러한 교육을 기반으로 새로운 사상을 창시할 수 있었다. 정조와 최제우가 시대가 달랐음에도 두 사람의 사상은 최옥이라는 연결고리를 통해 사상의 계승이 이루어졌다고 할 수 있다.[55]

최제우는 동학을 개창하기 이전부터 비록 양반의 후손이라 하더라도 백성들과 같은 삶을 사는 것을 전혀 부끄러워하지 않았다. 이러한 것은 정조시대 경세치용을 강조했던 남인의 학풍을 그대로 이어받았기 때문이다. 그는 장사를 하면서 전국 곳곳을 돌아다녔고, 가장 직접적이고 구체적으로 당시 서민들과 만나 이들의 면면을 직접 볼 수 있었다. 이를 통해 보다 구체적이고 또 온몸으로 감지할 수 있는 현실 감각을 최제우는 지니게 되었다.[56]

최제우가 정조에 대한 이해가 없을 수 없다. 최제우는 자신이 서자 출신이라는 것에 대한 깊은 고뇌가 있었다. 그리고 자신이 과거시험을 볼 수 없다는 것에 깊이 좌절하기도 하였다. 최제우는 당시의 인재 선발이 양반의 적자(嫡子)들만을 대상으로 시제(詩題)를 설어놓고 문장민으로 뽑는 과거제도가 불합리하다며 비판하였다.[57] 즉 다양한 인재들이 과거를 통하지 않더라도 능력으로 관직에 나가 백성들을 위한 정치를 하는 것이 올바른 것이라 생각하였다.

그러면서 자연스럽게 정조 시대에 서얼 혁파가 되었음에도 불구하고 다시 서얼 혁파 이전과 같이 서얼들에 대한 차별이 유지되고 있는 것에 분노를 느꼈고, 다시금 정조에 대한 존경과 그의 사상을 이해하게 되었을 것이다.[58]

이러한 적서 차별과 경제적 차별 등을 겪으면서 수운은 당대 현실의 문제를 고민하였다. 여기에 더해 외세 침탈에 대한 조선의 주체적 사상이 필요하다는 것을 절실하게 느꼈을 것이다.[59]

그리하여 최제우는 생존조차 보장되지 않는 물질적인 궁핍 속에서 살아가고 있는 민중들과 외세의 도전을 막을 수 있는 새로운 사상을 갈구하게 되었다. 그 과정에서 여러 가지 신이한 체험을 하게 되었고, 그것이 곧 동학으로 탄생한 것이다. 그러니 자연스럽게 부친으로부터 받은 정조의 개혁과 평등정신이 동학의 사상에 투영되었을 것이다.

동학의 시천주(侍天主), 인시천(人是天), 인내천(人乃天) 사상은 모든 사람이 계층과 관계없이 각기 신을 내면화하게 되는 것으로 인간의 존엄성을 신격화시키고 남녀노소나 직업의 귀천이나 지위의 고하나 빈부의 차별을 막론하고 도덕적으로 차별이 있을 수 없고 인권이 무시될 수 없는 인간평등의 이념으로 제시되었다. 즉, 수운이 제시한 이념은 인간지상주의를 고조시키고 인간평등주의를 주장한 것으로 개인의 완전 해방과 사회생활의 완전 해방을 주장한다. 그러므로 인간을 인격적 완성을 추구해야 하는 동시에 본연적 자연과 인간성에 모순되는 인간관계와 사회제도의 제 모순을 거부할 천부적 권리를 향유하고 있다는 민주적 원칙이 도출되는 것이다.

동학에서는 성리학적 신분질서에 입각한 계급관계를 "부귀자는 공경이요 빈천자는 백성이라"[60]고 하여 양자를 대립적으로 파악하고 있지만 궁극적으로는 이러한 계급대립조차 모두가 군자되는 동귀일체[61]의 상태로 해소되고 만다. 이것은 물질적 궁핍과 차별적 인간관계가 극복된 사회 상태에서 대립적 인간관계 자체가 스스로 해소된 모습을 설계하고 있다.[62]

수운의 사상을 바탕으로 정립된 동학의 사상은 기본적 인간은 존엄한 존재라고 하는 것이다.

> 음양이 서로 어울리어 비록 백천 만물이 그 가운데에서 화하여 나오지마는 오직 사람만이 가장 신령한 존재다.[63]

『동경대전』에 기록된 이 수운의 이야기는 인간이 가장 중요한 존재임을 강조한다. 백천만물 가운데 사람이 가장 신령한 존재라고 하는 것은 바로 인내천(人乃天)의 핵심 내용이 된다.

이처럼 사람이 가장 중요한 것이기 때문에 신분에 구애될 수 없다는 것이다. 정조시대 노비제도 혁파를 제안했던 인간평등론이 수운에 의해 강조되는 것이다. 즉 신분이 귀하고 천한 것과 학문이 높고 낮은 것이 중요한 것이 아니고 그 뜻을 세우는 것이 중요하다고 생각하였다.

수운 최제우는 세상 사람이 모두 공자는 아니어도 그 뜻은 한가지요, 글은 비록 만권의 책을 읽지 않았어도 지닌 뜻은 능히 그에 견줄만큼 크다고 했다.[64] 즉, 후천의 세상을 맞아 13자의 주문을 지극하게 읽게 되면, 그 사람됨이가 공자와 같은 성인의 자질을 지니고 있지 못해도 그 품은 뜻이 공자와 한 가지가 될 수 있고, 비록 만권시서(萬卷詩書)를 읽지 못했다고 해도 품은 뜻은 능히 만권시서를 읽은 사람과 같이 웅대해진나는 것이다. 이는 인간의 존재가 귀천의 차별이나 능력의 차별이 없음을 이야기하는 것이다. 즉

인간의 평등한 존재로 동학에 귀의하여 열심히 수행을 하면 신분과 관계없이 공자와 같은 성인이 될 수 있다는 것을 말하는 것이다.

또한 최제우는 수운은 사람이 우주와 자연에서 가장 중요한 세상이고, 동학에 입도를 하게 되면 군자가 된다고 하였다.

> 입도한 세상사람 그날부터 군자되어, 무위이화될 것이니 지상신선 네아
> 니냐.[65]

여기서 군자란 신분사회의 가장 정점에 있는 지위를 말하는 것으로 이해하면 될 것이다. 최제우는 신분적 질서를 타파하고 사람은 누구나 한울님을 모실 수 있고, 또 모셔야 한다고 강조했다. 사람은 한울님을 먼데서 구할 것이 아니라 사람 안에서 구해야 한다는 것이다. 가장 거룩한 한울님을 모시고 있는 사람이라면 역시 그 자체로도 거룩하지 않을 수 없고, 하늘과 같은 존재가 될 수 있다는 것이다. 이러한 최제우의 가르침은 양반들로부터 제대로 된 대접을 받지 못한 백성들에게 떳떳한 인간으로서의 긍지를 가질 수 있게 했을 것이다.[66]

최제우의 뒤를 이은 해월 최시형도 사인여천(事人如天)을 유일한 화제로 삼고 사람간에 부귀빈천(富貴貧賤)과 노소남녀(老少男女), 적서노주(嫡庶奴主)의 구별을 가리지 말라고 하였으며, 사람과 사람이 서로 만날 때에는 서로 절을 올리라고 하였다.[67] 그만큼 동학에서는 신분 차별이 없는 인간존중을 바탕으로 하는 평등의 세상을 추구한 것이다.

여기에 더해 해월 최시형은 인간 자신이 천지간에 가장 중요한 존재라는 것을 천명하였다. 그것이 바로 '향아설위(向我設位)'이다. 향아설위는 "천지도 귀신도 오직 내 몸에 있으니 무릇 사를 드림에 있어서는 나를 향하여 위

(位)를 향하게 하라."는 해월의 말을 통해 새로 만들어진 제사 방식이었다. 최시형은 "우리의 도를 깨달을 자는 호미를 들고, 지개를 지고 다니는 사람 속에서 많이 나오리라."하였고, 만사지(萬事知)는 "오직 밥 한 그릇"이라고 하였다.[68] 이러한 최시형의 사상은 자연스럽게 동학농민혁명의 중요한 기반이 된 것이다.

정조의 개혁사상과 위민사상을 이어받은 이는 단연코 정약용이다. 정약용은 정조 사후 강진으로 유배가서 조선의 개혁을 위한 저술에 집중했다. 이 과정에서 국가 개혁을 구상한『경세유표』의 저술이 완료되었다.『강진군지』에 의하면 정약용은 해배되어 고향으로 돌아오기 전에 승려 초의(草衣)에게 전해주었고, 초의는 강진의 윤세환, 김병태 등과 해남의 주정호, 김도일 등을 통해 갑오년에 기병한 전봉준의 수중에 들어가게 되었다고 한다.[69]

실제 전봉준과 김개남 들 동학농민혁명 지도자들이 정약용의『경세유표(經世遺表)』를 읽고, 여기서 경세의 뜻을 배우게 되었는지의 여부는 아직 확정적인 근거를 찾기는 어렵다. 하지만 농민군의 각종 선언문과 주장 속에는 정약용의 사상이 상당히 포함되어 있음을 알 수 있다.[70]

『강진군지』에 나온 강진의 윤세진과 김병태는 이 지역 농민군의 장령이었고, 해남의 김도일도 마찬가지였기 때문에 이 글의 신뢰성은 있을 수 있다. 중요한 것은 농민군의 선언문과 주장 속에는 정약용의 사상이 고려되고 있는 것을 발견할 수 있다. 그 하나는 전봉준 자신이 속한, 표현상 유교적 군주관에 입각한 체제비판을 하고 있는 창의문(倡義文)과『동학사』에 기록된 폐정개혁안 12개조 내의 관리등용의 자유와 농민적 토지평등 소유의 주장 항목이다.[71]

실제 폐정개혁안 12개조의 내용은 이전의 봉건적 잔재를 일소하기 위한 개혁방안이었다. 이 개혁방안은 앞서 이야기한 정약용의 사상과 유사성을 가지고 있지만 정조의 노비제도 개혁방안과 탕평정책이 투영되어 개혁안으로 등장하고 있다.

폐정개혁안 12가지 중에서 "탐관오리는 죄목을 조사하여 일일이 엄정할 것, 칠반천인의 대우는 개선하고 백정의 두상(頭上)에서 평양립(平壤笠)은 벗어버릴 것, 불량한 유림과 양반배에는 악습을 징계할 것, 관리 채용은 지벌(地閥)을 타파하고 인재를 등용할 것"[72]은 정조의 개혁과 위민사상이 녹아든 것이라고 할 수 있다.

정조는 앞서 글에서처럼 문화의 다양성에 대한 인정과 인간존중을 바탕으로 하는 신분제도 개선에 대한 노력을 하였다. 그러한 문화다양성에 대한 결과가 자연스럽게 동학의 창시에 은연중 기여를 한 것이고, 신분제도 개선에 대한 의지가 수운의 평등론과 존엄론에 영향을 주었고, 자연스럽게 동학 농민혁명의 폐정개혁안 12개조에 투영된 것이라고 할 수 있다.

5. 결론

지금까지 정조의 위민사상과 정책을 이해하고, 그와 같은 정조의 사상이 수운 최제우에게 투영되어 동학으로 연결되는 과정을 살펴보았다. 동학이라는 위대한 사상이 탄생하게 된 것은 단지 수운의 득도로만 이해될 수 있는 것은 아니다. 이는 오랜 역사속에서 나타나는 시대의 반영이자 산물인 것이다. 동학의 탄생 앞에 영향을 준 여러 기반 중의 하나가 바로 정조시대 사상의 다양성 수용과 정책들이었을 것이다.

정조는 주자성리학의 지배하던 조선 후기 사회에 문화의 다양성을 수용했다. 이단이라 불리던 불교와 도교, 양명학을 수용하고, 여기에 더 나아가 무군지교(無君之敎)로 대변되는 서학마저도 포용하려고 노력하였다. 그의 최측근들인 기호남인 계열의 학자들 상당수가 서학을 신봉했던 것은 정조의 열려 있는 생각을 알고 있었기 때문이다. 이처럼 주자성리학만이 절대 옳다는 사문만능주의를 벗어난 정조시대는 다양한 사상과 실천들이 일어났고, 이는 자연스럽게 백성들에게 평등의 인식을 확대하는 계기가 되었다.

정조는 즉위 후 일관되게 백성을 위한 위민정책을 추진했고, 그 바탕에는 모든 백성들에게 기회를 균등하게 주어야 한다는 확고한 생각을 갖고 있었다. 그렇기 때문에 경제적 문제나 신분적 문제로 인하여 기득권층인 양반사대부들과 기층인 백성들의 차별을 최소화하기 위한 노력을 하였다.

그래서 적서 차별을 금지하는 서얼제도의 개혁과 노비추쇄관 제도를 없애고 장기적으로 조선의 노비 제도 자체를 혁파하려는 노력을 시도하였다. 완벽한 신분제도 개혁은 정조의 죽음으로 이루어지지 못했지만 백성들에게 있어 평등의 의지는 더욱 확고한 형태로 발전되었다.

이러한 정조의 사상과 실천은 정조 사후 수운 최제우의 부친인 최옥에게로 이어졌다. 최옥이 비록 문과에 급제하거나 조정에 출사한 인물이 아니었다 하더라도, 그는 영남 유림의 대표적 인물이었다. 최옥은 정조의 총애를 받았던 최벽의 인척으로 정조 사후 고향으로 돌아온 그와 깊은 교유를 하였고, 그의 문집을 총괄하면서 정조의 사상을 만나게 되었다. 그리고 자신의 외아들인 최제우를 교육하는 과정에서 정조의 위민사상과 개혁사상도 함께 전하게 되었을 것이다.

최제우는 19세기 시대의 불합리성을 눈으로 목격하면서 평등을 기반으로 하는 새로운 사상을 창시하였다. 이 사상이 동학이고, 동학은 후대에 1894년 동학농민혁명으로 확대되어 '폐정개혁안 12개조'를 조정과 합의하여 새로운 백성의 시대를 맞이하게 하였다. 그 과정에서 수운은 인간의 평

등 의지가 얼마나 소중한 것이지를 강조하였고, 이러한 수운의 사상은 해월 최시형으로 이어지면서 향아설위 등 인간의 중요성을 더욱 강조하였다.

이처럼 인내천, 사인여천 등의 인간 중심의 동학 사상은 매우 다양한 사상들을 융합하면서 탄생하였고, 그 중에서도 18세기 개혁군주 정조의 사상과 실천을 상당히 내포하며 발전된 것으로 평가된다.

동학에서
천도교로의 개편과
3 · 1운동

- 수원 지역을 중심으로

임 형 진_ 천도교 종학대학원 원장

1. 서언

동학의 3세 교주로 지명된 의암 손병희는 당장의 위기 국면을 돌파하고 동학을 전파해야 할 의무를 부여받았다. 동학농민혁명 시기 최고 지도자의 한 사람이었던 손병희에 대한 전국적인 현상수배와 추적은 더욱 집요하였고 동학도들에 대한 탄압도 극심했다. 전봉준을 비롯한 동학농민혁명의 지도부는 모두 체포되어 처형되었고, 급기야 최고 수뇌였던 해월 최시형마저 동학난의 괴수라는 죄명으로 처형되었다. 동학도들은 동학을 버리고, 몸을 숨겨 목숨을 부지하는 데도 힘겨운 처지에 처해졌다.

손병희는 북쪽 지방으로 피신하였다. 손병희가 북쪽 지방으로 간 이유는 그 지역이 상대적으로 동학농민혁명의 참여가 덜했기에 관의 추적이 느슨하기도 했고, 해월 최시형으로부터 부여받은 동학의 불씨를 퍼뜨리고자 하는 의도가 있었기 때문이었다. 실제로 동학은 다시금 북쪽 지방에서부터 부활하여 상당한 교세를 형성하기 시작하였다. 그러나 1900년에 들어서 손병희의 최측근인 손천민과 또 다른 최고 지도자인 서장옥이 체포되어 처형되었다. 이에 위기위식을 느낀 손병희의 행동은 매우 위축되었지만, 마침 국내에서 활발하게 활동하였던 독립협회와 만민공동회 등의 모습에 고무되어 문명개화의 필요성을 절감하고 외유를 결심하였다.

처음에 미국으로 떠나려 했던 손병희는 곡절 끝에 일본에서 약 4년간 체류하면서 크게 자각을 하였다. 그러고는 그 영향을 국내에 파급하기 위하여 정부에 수차례에 걸쳐 정책 건의서를 제출하였고 국내의 동학도들을 대상으로 갑진개화혁신운동을 전개하였다. 단발흑의운동으로 대표되는 이 운동은 크게 성공하여 국내의 수많은 민중들에게 개화의 의식을 확산시켰다. 그러나 일본의 침략에 굴복한 이용구 등 진보회의 배신으로 인하여 동학의 이미지는 하루아침에 실추되었고 손병희는 큰 결심을 하지 않을 수 없었다.

1905년 12월 1일 《제국신문》에 동학을 천도교로 개칭하는 이른바 대고천하를 하면서 다시 역사의 전면에 부각된 손병희는 본격적인 문명개화운동을 전개하였다. 동학을 근대적인 종교인 천도교로 변화시켰고 언론출판운동을 통한 의식 고양과 의식 개혁을 진행하였으며, 학교운영을 통한 교육입국의 기치를 높이 세운 것이다. 그러나 1910년 일본에 의한 강제병탄으로 천도교는 또 다른 시련을 맞았다. 천도교는 이 시련 앞에 굴하지 않고 기미년에 이르러 전국적으로 300만 교도를 형성할 정도로 전성기를 맞이하였다. 이는 전적으로 손병희의 리더십과 일제의 압제에 굴하지않고 천도교에서 대안적 희망을 찾은 민중들의 열망 때문이었다.

1919년의 3·1독립혁명은 이러한 민중의 열망이 분출된 돌파구였다. 전국적으로 200만 명 이상의 인원이 참여하였고 해외 각지에서도 한국인이 있는 곳이라면 장소를 불문하고 한국의 자주독립을 주장하였다. 그중에서도 가장 치열한 만세시위가 전개된 곳이 경기도 수원 지역이었다. 그만큼 일제의 혹독한 보복을 당한 지역도 수원 지역이었다. 왜 수원 지역에서는 만세시위가 격렬하게 전개되었는가. 당시 수원 지역의 천도교는 어떠하였기에 그것이 가능하였으며 동학과 천도교의 전파는 어떻게 이루어졌는가를 분석해 보는 것은 동학 연구자들의 과제이다. 본 연구는 동학에서 천도교로의 변화 과정과 특히 경기도 지역의 동학 천도교 전파 그리고 수원 지역의

3 · 1독립혁명을 규명해 보고자 한다.

2. 동학에서 천도교로

손병희의 이북 지방에서의 동학 포교가 그리 수월한 것은 아니었지만 그에게는 선택의 여지가 없었을 것이다. 즉 그는 동학교문의 재기여부와 존폐의 위기 극복을 혁명의 결과로 황폐화한 남쪽의 재건보다도 새로운 북쪽에서 찾아야만 했다. 그 당시 북쪽 지역은 중국과 국경선이 맞닿아 있어 일찍부터 대중 무역이 성했으며 선진문물도 가장 먼저 들어왔다. 이를 기반으로 경제적 자립과 정신적 자각을 거듭하던 계층 즉, 근대적 개혁을 갈구하던 반봉건적 성향의 신흥 지주, 상인 및 자작농이 다수 형성된 지역이기도 했다. 손병희는 이들을 동학을 재건하는 기반으로 삼고 이북 지역에서 포교를 시작했다.[1] 꾸준한 포교의 결과 북부 지역의 교세는 1900-1905년간에 급속히 성장하였다.[2]

북쪽 지역에서도 평안도에서의 포덕이 크게 성하였다. 그것은 평안도의 지리적 위치상 개화운동의 영향을 크게 받을 수 있었고, 토지가 척박하여 지주와 소작인 사이의 토지 갈등이 적었다는, 즉 봉건적 요소가 상대적으로 적었다는 사회경제적 요인이 있었기 때문이다. 이러한 지역적 배경과 분위기는 동학의 반봉건적이고도 평등주의적인 이념의 전파를 수월하게 하는 가장 큰 요인이 되었다. 임운길 전 천도교 교령의 증언[3]은 이것을 확인해 준다.

그러나 이러한 이북 지역에서의 성공적인 재기에도 불구하고 손병희에 대한 추적이 계속되자 그는 외유를 결심하고 일본에서 약 4년간 머문다. 그가 적국 일본에 있는 동안에 본 선진 일본 사회의 개화된 모습과 일본인의 문명개화 의식에 충격을 받고 국내에도 이러한 개화 의식을 도입해야 할 필요성을 절감한다. 먼저 정부에 여러 정책 건의서를 제출하였으나 모두 거절당하자 손병희는 동학도들만의 개화운동을 전개하였다. 그것이 갑진개화혁신운동이고 민회운동이었다.

민회운동은 이전의 독립협회가 주관하였다가 사라진 만민공동회의 발전된 형태였다. 즉 만민공동회가 다수의 민중이 모인 일회성 집회의 성격이 강했다면 손병희가 추진한 민회운동은 일회성이 아닌 꾸준한 준비를 통해 지속적인 운동이 가능한 민 중심의 자발적인 운동이었다. 일본에서 손병희가 명령한 민회는 대동회로 시작하였다가 중립회로 그리고 규모가 확대되면서 전국적인 조직인 진보회로 귀결되었다. 진보회라는 이름을 사용할 정도로 당시의 동학은 진보적 입장을 대변하는 전국적인 조직이었다.[4]

진보회는 단발흑의운동으로 대변되는 갑진개화혁신운동의 최전선에 서 있었다. 당시 20여만 명에 이르는 동학도들이 일거에 모두 단발을 하고 흑의를 착용하였다. 진보회는 이를 세계 문명에 참여하는 표준이요 또한 단결을 굳게 하여 회원의 심지를 일치케 하는 것이라고 하였다.[5] 이러한 민회운동을 통한 근대화 운동은 정부에 동학의 실체가 드러나게 함으로써 또다시 탄압의 빌미를 제공했지만 한번 불붙은 동학도들의 열기는 쉽게 꺾이지 않았다. 그러나 진보회 중심의 민회운동이 동학 조직과 함께 전국적인 규모로 확대되는 가운데 이용구의 배신으로 인한 일진회와의 결합은 동학 전체에 큰 타격을 주었다. 급기야 동학은 친일 단체라는 오명을 쓸 지경에 처해졌다.

손병희는 단안을 내려야 했고 급기야 1905년 12월 1일 자《제국신문》에 천도교 대도주 손병희의 명의로 대고천하하는 광고를 실음으로써 본격적인 천도교 시대가 개막되었다.[6] 이것은 근대사에 커다란 족적을 남긴 동학이 천도교로 개칭되었음을 만천하에 알리는 공고였다. 이것은 또한 종교성보다는 운동단체적 성격이 훨씬 강했던 동학이 천도교라는 종교로 전환되었음을 의미했다. 한편 천도교가 이제 본격적으로 민족종교로서의 역할 즉, 근대화 운동에 앞장 서는 것을 다짐하는 선언이기도 했다.

동학을 천도교로 개명한 사실은 동학경전인 『동경대전』 「논학문」에 있는 '도즉천도 학즉동학(道卽天道 學卽東學)'이라는 구절에서 출처하고 있다. 나아가 동학의 천도교 개칭은 다음의 의미를 부여할 수 있다.

첫째로 동학이라는 이름의 좋지 않은 이미지--동학혁명의 선례로 인한 반란 집단이라는 부정적 이미지와 일진회의 친일 행위에서 비롯된 반민족적 이미지 등--를 씻어 버리고 일진회에 교도들을 효과적으로 수습할 수 있다는 것.

둘째로 신앙의 자유는 세계적 통례이기 때문에 동학을 천도교라는 정식 종교 명칭으로 바꿈으로써 국금의 대상에서 벗어나 창도 이후 그토록 바랐던 자유신앙의 길(현도)을 통해 근대적 종교로 발전시킬 수 있다는 것.

셋째로 포교와 신앙의 자유 토대 위에서 당당히, 그리고 비교적 용이하게 구국 및 문화운동을 전개할 수 있다는 것. 특히 천도교가 순수 종교단체로서 사회변혁의 이념운동적 성격을 포기하는 것이 아니라 교정일치와 성신쌍전의 기본 입장을 견지하면서 사회변혁을 지혜롭게 추구한다는 것이다. 비록 천도교로 개칭하더라도 동학 창립 이래로 천도교의 보국안민과 포덕천하, 광제창생의 대원칙은 변함이 없었기 때문이다.

1906년 1월에 귀국한 손병희는 이듬해 2월 10일에는 종령 제5호로 천도교대헌을 공포하고 동월 16일에 천도교중앙총부를 설치, 시무식을 가짐으로써 천도교 시대의 막을 열었다.[7] 대헌을 봉하여 모든 권한을 대도주 중심으로 만들어 대도주인 손병희 체제의 종단으로 만들었다. 이는 그동안 손병희를 배신하고 전횡을 일삼던 이용구 일파를 제거하고[8] 공백이 생긴 지도부를 강력한 리더십으로 수습하고자 하는 그의 의도에 따른 것이었다고.

이처럼 초기의 천도교로의 변화와 함께 개혁을 추구하고자 했던 손병희의 의도를 뒷받침해 준 세력은 주로 일본 외유를 통해 형성된 신지식인 계층이었다. 당시 교단 지도부의 인적 구성은 다음과 같았다. 첫째, 손병희가 일본에 외유하던 시절에 망명객으로 일본에 체류하던 개화파 인사들로 천도교 개신의 주도 세력을 형성했던 권동진, 양한묵, 오세창 등 문명파 혹은 개화파 인사들이다. 둘째, 정치 성향이 강해, 그만큼 일제와의 관계가 중심적이었던 일진회 세력인 이용구, 송병준 등 일진회파로 이들은 출교되기 이전까지는 가장 강력한 세력이었다. 셋째, 오랜 감옥 생활 끝에 석방된 김연국을 중심으로 하는 보수파다. 손병희는 이들 중 일진회파를 정리하였고 대헌을 통하여 보수파[9]마저 정리하여, 권력의 중심에 문명파 혹은 개화파 또는 외유파라고 할 수 있는 권동진, 오세창, 양한묵 등의 인사들을 포진시킴으로써 손병희의 지도력을 관철시킬 수 있는 인적 지배 구조를 구축했다고 할 수 있다. 이들에 의하여 천도교는 근대적 종교로 전환된다.

대헌에 입각하여 천도교는 서울에 천도교중앙총부를 두고 중앙총부 아래에는 전국 각지에 72개의 대교구를 두고 대교구의 교령을 원직과 주직으로 구분하여 72명을 선출하였는데, 원직에는 교장, 집강, 대정, 중정, 교령의 육임이 있고, 주직에는 현기사장, 진리과장 겸 우봉도, 좌봉도, 고문과원, 이문관관장, 서적원, 서응원, 교섭원 등이 있었다.[10] 손병희는 1908년 1월 18일 박인호에게 대도주를 이양한 후 실질적인 교주로서의 역할을 하였다.[11]

이러한 교구제적인 편제는 첫째, 근대적 종교의 틀을 갖추기 위한 천도교의 노력으로서 과거 동학 시대의 전근대적인 운영 체계에서 탈퇴하여 근대적 조직과 근대적 교회행정으로 교당을 운영해 나가고자 하는 것이었고, 둘째, 동학 시대의 두목이나 접주에 해당하는 연비를 중앙총부의 교직으로 흡수하여 시일성화회를 중심으로 하는 연비를 교단 활동의 공식적인 단위로 확보하고,[12] 셋째, 천도교대헌과 종령을 통해서 교단 지도부의 리더십이 신앙인 대중과 의사소통할 수 있는 통로를 확보하며, 넷째, 성미(교인신분금)를 수납하고 이를 중앙총부로 결집시켜 재정적 안정을 도모하려는 중첩적인 목적이 있었다고 할 수 있다. 이로써 천도교는 근대적 종교로서의 조직과 운영 체계를 구비했다.

조직 완비와 함께 근대적 종교로서의 의미가 있는 의례와 의식의 현대화도 추진하였다. 특히 천도교 의례와 의식의 상징인 오관은 1909년 구체화되었다. 주문, 청수, 시일, 성미, 기도의 다섯 가지 의식인 오관의식은 천도교 도인들이 실행해 오던 종교의식인데 중앙총부의 명으로 오관종규실행세칙이 발표되면서 일반 교인들에게 절대 실행이 요구되었다.[13] 그중에서도 성미의 문제는 교단의 재원 문제와 직결되었는데, 천도교 초기에는 축출된 일진회원들이 종단 재정의 대부분을 가지고 출교됨으로써 일시적인 위기에 빠졌다. 이 위기를 극복하고 천도교단의 재정 건정성을 확보한 계기가 성미제의 완성이었다.[14]

한편 천도교는 문화운동을 통해 외연을 확대했다. 일본의 개화된 선진 모습에 충격을 받은 손병희는 국내에서도 이와 같은 의식 개혁이 급선무임을 깨달았다. 그래서 귀국과 동시에 손병희가 추진한 일도 전 민족의 의식 고양을 위한 범민중적인 계몽과 교육사업이었고,『만세보(萬歲報)』와《대한민보(大韓民報)》의 창간과『천도교회월보』의 창간 역시 이와 같은 인식에서 출발하였다. 그리고 1906년 2월 박문사 설치 이후 보문관, 창신사, 보성사, 보성관, 창신관, 보문사, 박문관, 개벽사, 조선농민사 등 출판사업도 힘께 진행하였는데, 이는 전적으로 민중의 계몽과 관련이 있었다.

천도교의 육영사업 역시 활발하게 전개되었다. 영세한 환경에서 운영되던 학교들에 손병희는 직접 지원금을 보내 주었다. 지원금을 받은 학교는 대략 50여 개교에 이르렀다. 그러나 사학의 경영난은 1910년의 한일합병 이후 더욱 가중되어 갔다. 이에 천도교는 학교의 신규 설립보다 경영난에 허덕이는 기설 학교를 인수 경영하기로 교육사업의 방향을 돌리지 않을 수 없었다.

당시 천도교는 보성학원과 동덕여학교를 인수 경영하였다. 보성학원의 경우, 이미 천도교에서 매월 보조금을 지급하고 있었으나 가중되는 경영 압박으로 폐쇄 위기에 처하게 되자, 학교 측의 요구에 따라 1910년 12월 21일 경영인수계약을 체결, 보성학원이 안고 있던 부채 3만 원을 정리하고[15] 정식으로 경영권을 인수했다. 그 후 일제는 사립학교에 대한 탄압을 가중시켜 이듬해인 1911년 8월에 조선교육령을 발포하고, 동년 10월 사립학교령을 개정했으며, 다시 1915년에는 개정사립학교규칙을 만들어 민족사학에 대한 탄압을 강화해 갔다.[16] 그러나 천도교가 운영하는 보성학원은 이러한 강압에도 불구하고 착실히 성장하여 한국 사학의 명문으로 육성되어 갔다.[17]

동덕여학교(당시는 동덕여자의숙)의 경우, 1908년에 조동식이 설립한 후 경영난에 부딪치게 되자 처음에 손병희는 1909년 11월부터 매월 10원의 보조금을 지급했다.[18] 그뿐만 아니라 첫 달인 11월에는 특별기부금 100원을 희사하기도 했다.[19] 1910년 12월에는 다시 동교에 매월 70원을 증액 보조하기로 하는 한편, 관훈동에 있는 천도교 소유의 대지 209평과 32간 와옥까지 기부하여 셋방살이 신세를 면하게 했다.[20] 그래도 가중되는 경영난을 면할 길 없던 동교는 1914년 12월 27일 천도교대도주 박인호 명의로 설립자를 선임, 동년 3월 30일에 변경인가를 받음으로써 천도교가 정식으로 인수 경영케 되었다.[21] 그 후 사학에 대한 일제의 탄압으로 1910년 1,227개교였던 사립학교가 1918년에는 461개교로 격감[22]하는 가운데서도 동덕여학교는 168평의 2층 양옥 교사를 신축하고(1915년 9월) 1918년에 개교 10주년 기념식을 갖는 등 꾸준히 발전을 보여 왔다. 이러한 대외 활동을 통해 천도교는 점차 외연을 확대하여 과거 동학 시대의 이상에 조금씩 근접해 갔다.

3. 천도교의 3·1혁명 준비

1910년대 들어 천도교도의 숫자는 일본 측의 기록으로도 3백만에 이른다고 기록될 정도로 불어났다.[23] 따라서 일제는 천도교 세력을 단순한 종교 세력이 아닌 정치 세력으로 간주해 경무국 관할하에 두어 동향을 예의 주시했다.[24] 1910년 천도교월보사 간부진이 한일합방에 반대하는 편지를 각국 영사에게 돌려 구속된 사건이 있었고, 그 이듬해에는 데라우치 총독이 손병희를 직접 불러 천도교의 성미제를 트집 잡아 협박과 회유를 하기도 하는 등 천도교는 일제 기간 내내 총독부의 주요 감시 대상인 민족운동 집단이었다.[25]

천도교는 1919년 3·1혁명에서 타 종단에 자금을 지원하고 기밀 연락을 하는 등 주도적 임무를 수행하고, 내부로부터 싹터 성장한 민족의식에 따라 민중을 이끌면서 구국종교로서 민족운동의 전면에 나섰다. 천도교의 이러한 거족적 민중운동은 3·1혁명 이전인 1910년 9월 말부터 동학의 보국안민적 구국 이념에 따라 이미 천도교 중진 사이에서 시작되었다. 천도교에서는 동학혁명을 계승하여 구국적 신앙에 입각한 대중봉기운동을 1919년 3월 1일까지 근 10년간 준비하였던 것이다. 특히 우이동 봉황각을 설립한 후 손병희는 꾸준히 시역의 인재들을 불러모아 교육시켰다. 장차 빈드시 쓰일 때가 있을 것이라는 선구자적 혜안 준비였다. 이 외에도 1911년의 대한제국민

력회, 1912년의 민족문화수호운동본부, 1914년의 천도구국단 결성[26] 등은 천도교가 지속적으로 독립운동을 추진했음을 보여준다.

또한 제1차 세계대전이 막바지에 이른 1916년부터 이미 천도교도들을 동원해 독립만세시위의 민중봉기를 일으킬 것을 교주 손병희에게 요청하는 신도가 있었다.[27] 이때 손병희는 이에 응답하지 않았다. 1917년에도 같은 압력이 밑으로부터 올라왔다. 이러한 움직임들은 당시 독일이 승세에 있었기 때문에 연합국에 가담한 일본의 패전을 대전제로 한 것이었다.

당시 조선인들은 제1차 세계대전에서 독일이 승리하기를 바랐다. 구축국인 독일이 승리하고 일본이 가담한 연합국이 패전하면 한국 독립에 유리한 국제 정세가 조성되리라고 기대하였던 것이다. 실제로 제1차 세계대전에서 독일이 승승장구하자 조선민족 사이에서는 독일이 승전하는 경우의 국제 정세의 변동을 포착하려고 하는 움직임이 대두되었다. 그것이 1917년 겨울에 임규를 통해 천도교와 선이 닿은 김시학이 발의한 독립운동안이었다.[28] 이 안은 우선 천도교·기독교·유림의 3종단을 연합하고, 사회계에서 이상재·송진우·우치민 등과 구관료계에서 윤용구·한규설·박영효·김윤식 등을 연합해 1만 명이 서명한 독립청원서를 독일 수뇌부에 제출하고 거족적 독립운동을 일으킨다는 것이었다. 이 안은 여러 사람의 찬동을 얻었고, 손병희도 찬성하여 급진전된 것으로 보인다.[29] 그러나 이 계획은 일본이 패전국으로 세계대전이 종결될 것을 전제로 한 것인데, 1918년 연합국이 승리하여 일본이 승전국의 일원이 되자 중단되고 말았다.

교단 핵심 지도자들이 끊임없는 직접적 독립운동 방법론을 수용치 않던 손병희에게 1918년은 안팎으로 새로운 전기가 이루어진 시기였다. 즉, 밖으로는 그해 1월에 제1차 세계대전의 종전에 따른 윌슨 미대통령의 평화안 14개조가 발표되었다. 식민지 국가의 입장에서는 민족자결주의 원칙과 국제

연맹 결성이라는 문제에 주목해 이때를 민족운동의 최적기로 판단할 수 있었다. 더욱이 1918년에는 해외로 망명한 독립지사들의 독립운동이 가시화되었다.[30]

1917년 상해의 신규식, 조소앙 등은 조선사회당을 만들어 스톡홀름에 있는 만국사회당대회에 참가를 신청해 놓았고, 같은 해에 이미 만주의 독립지사들을 중심으로 대동단결선언이 유포되었으며, 이듬해 말에는 최초의 독립선언서인 무오독립선언서가 발표되었다. 그리고 적의 심장부인 동경에서 벌어진 1919년의 2·8독립선언은 손병희의 결심을 확고하게 해 주었다.

1919년 1월 상순 재일 유학생들이 본국에 파견한 송계백이 서울에 도착하여 그의 선배인 중앙학교 교사 현상윤을 찾아가서 일본 유학생들이 작성한 독립선언문 초안을 보였다. 현상윤은 흥분하여 역시 중앙학교 교장인 송진우와 그의 친우인 최남선에게 보이고, 그의 은사인 보성학교 교장 최린에게 송계백을 데리고 가서 독립선언문을 보였다. 최린도 역시 흥분을 누르지 못하였다. 현상윤은 다음과 같이 회상했다.

> 최린 씨는 천도교가 움직인다 할지라도 천도교만으로는 힘이 약하니 널리 사회지명지사를 규합할 필요가 있다고 주장하였다. 그러므로 나는 최남선 씨를 내방하야 찬동을 구하였다. 그러나 최 씨 역시 최초에는 자중론을 주장하셨다. 그런데 그 때에 마침 동경 유학생들이 1919년 2월 8일에 독립선언을 하기로 하고 그 밀사로 송계백 군이 경성으로 나와 나를 내견하고 모자 내피 속에 넣어 가지고 온 선언서의 초본을 뵈여주었다. 나는 이것을 가지고 최남선·송진우 양씨에게 윤시(輪示)하였다. 그리한즉 이것을 본 최남선 씨는 심기일전하야 운동에 참가할 것을 쾌락(快諾)하였다. 나는 다시 이것을 가지고 최린 씨에게 보인즉 최 씨는 다시 권·오 양씨와 손병희 씨에게 보였

다.[31]

일본 유학생들이 독립선언을 할 계획이라는 사실과 그들의 독립선언서를 본 것은 그때까지 단지 논의 단계에 있던 천도교와 중앙학교의 독립운동 논의를 급진전시켰다. 최린은 권동진, 오세창 등에게 일본 유학생들의 독립선언서를 보이고 그들의 독립선언 계획을 알려 이들도 국내에서 독립운동을 일으킬 것을 적극적으로 주장하였다.

권동진, 오세창, 최린 등은 독립운동을 일으키는 데 대하여 천도교 교주 손병희의 허락을 구하기 위해 1월 20일경 손병희를 찾아갔다. 천도교는 당시 잘 짜여진 강력한 중앙집권적 위계질서를 확립하고 있었으므로 교주 손병희의 허락 여부는 매우 중요한 것이었다. 손병희는 독립운동을 일으키자는 3인의 제의에, "형들에게 이미 여사한 기획이 있다면 나는 하등의 이의가 있을 수 없다. 반드시 신명을 걸고 조국을 위해 노력하겠다."[32]고 응답하였다. 또한 손병희는 일본 유학생들의 독립선언 계획에 대하여도 "젊은 학생들이 이같이 의거를 감행하려 하는 이때에 우리 선배들로서는 좌시할 수 없다."[33]고 응답하였다.

손병희가 이와 같이 3·1혁명 제의에 적극적으로 찬의를 표한 것은 그가 동학의 혁명적 전통으로 보아 천도교가 독립운동을 일으켜야 한다는 압력을 밑으로부터 받아 왔고, 그 스스로도 오랫동안 독립운동의 기회를 기다리고 있었기 때문이었다. 이를테면 손병희는 이미 1912년부터 우이동 봉황각에서 전국 지도자급 인사 483명에게 교육을 시켜 왔는데 모두 이때를 위한 준비였다고 할 수 있다. 연성수련을 명목으로 전국의 지도급 인사들을 모아 총 7차례에 걸쳐서 49일간 수련시켰는데 그 내용은 민족의식의 고양이었다. 이들이 수련을 마치고 돌아가서 한 행동은 천도교 포교였지만, 대부분

민중들을 대상으로 한 철저한 민족의식 교육이었다. 특히 몇몇은 서당 등을 개설해 계몽운동에 진력하였다.

이날(1919년 1월 20일경)의 회합을 기해 천도교는 본격적으로 3·1혁명 준비를 시작했다. 이 무렵 손병희·권동진·오세창·최린 등 천도교는 그들이 일으킬 독립운동에 대하여 다음의 세 가지 원칙을 합의하였다.[34]

    ① 독립운동은 대중화하여야 할 것.
    ② 독립운동은 일원화하여야 할 것.
    ③ 독립운동의 방법은 비폭력으로 할 것.

이것은 3·1독립혁명의 원칙을 천도교에서 결정한 중대한 합의였다. 또한 이날 손병희는 이상의 독립운동의 구체적 방법과 진행을 권동진·오세창·최린·정광조 등에게 일임하였다.[35] 천도교는 다시 권동진·오세창은 천도교 내부의 일을 맡고, 최린은 천도교와 외부와의 관계를 맡기로 합의했다. 이러한 과정을 거쳐 천도교는 사회 각 진영에 비밀리에 접촉하여 거사에 동참할 것을 호소했다. 특히 개신교의 감리교와 장로교 그리고 불교계에서는 적극적인 참여 의지를 보였고, 급기야 역사적인 3·1독립혁명은 종교 연합적 모습으로 등장할 수 있었다. 그 과정에서 천도교가 행한 노력과 희생은 상상 이상이었고, 전 교단이 일치단결해 참여하기로 결정한 이상 누구의 이의도 있을 수 없었다.

4. 수원 지역의 3·1혁명

1) 수원 지역의 동학 천도교의 전파

수원 지역에 동학이 포교된 것은 정확치는 않지만 동학 초기부터였음은 확실하다. 창도 초기 경주 지역을 중심으로 확대되던 동학은 1862년 12월 흥해에서 접을 조직하고 접주를 임명했는데, 김주서(金周瑞)를 대구·충청도와 경기도 일대의 접주로 임명한 것으로 보아[36] 이 무렵 경기도 지역에까지 동학이 포교되었음을 알 수 있다.

그러나 본격적으로 수원 지역에 동학이 전파된 것은 이보다 20여 년 후인 1880년경이었다.[37] 조선 말기의 수원 지역은 탐관오리들의 전횡에 항거하는 민중의 봉기가 끊이질 않을 정도로 깨인 백성들이 사는 곳이었다.[38] 수원 지역에 동학을 전래한 주요 인물은 서인주[39]와 안교선[40]이다. 특히 안교선은 호남 출신으로 1883년 최시형이 경주에서 『동경대전』을 간행할 때 윤상오와 같이 유사(有司)로 참여하였다.[41] 그는 1884년 2월경 수원을 비롯한 경기 지역에 동학을 포교하는 데 주도적 역할을 하였으며, 이 시기에 안승관과 김정현(김내현)이 그에게 입도하였다.[42] 이들은 수원 지역 동학 포교에 선도적인 역할을 하였다. 이후 1890년 서병학·장만수·이규식·김영근·나천강·신규식이 육임으로, 안승관은 경호대접주, 김정현은 경호대접사로, 임병승·백란수·나천강·신용구·나정완·이민도는 각각 접주로 임명되었다. 그리고 이들의 활동으로 수원 지역의 동학교인이 수만 명에 달할 정도로 교세가 크게 확장되었다.[43] 이로써 수원 지역의 동학은 비약적으로 발전하게 되었으며,[44] 대접주, 대접사, 접주, 육임 등 교단 조직을 갖추게 되었다.[45]

이러한 교세를 바탕으로 수원 지역의 동학은 1892년과 1893년의 교조신원운동에 적극 참여하였고, 특히 1893년 3월 10일 충북 보은군 장내리의 척왜양창의운동에는 신용구와 이민도의 주선으로 수천 명이 참가하였다.[46] 그러나 관변 측 기록인 「취어」에는 수원과 용인의 동학교인 3백여 명,[47] 수원접이라는 자들과 그 밖의 무리들 1천여 명,[48] 수원접 840여 명[49] 등으로 나타나고 있다. 교단 측과 관변 측의 기록이 상당한 차이를 보이고 있으나 보은 교조신원운동에 참여한 수원 지역의 동학교인은 청주영장이 보고한 840여 명으로 보인다.[50]

이후 수원 지역의 동학은 1894년 동학혁명에도 적극 참여하였다. 당시 기호대접주 안승관과 기호대접사 김정현 등이 지휘한 수원 지역의 동학조직은 5천여 명에 이르는 막강한 병력을 갖추고 있었으며, 수원부를 점령할 정도로 기세를 올렸지만 곧 패퇴하고 말았다. 수원의 동학군을 지휘한 안승관과 김정현은 피체되어 서울로 압송된 후 남벌원에서 효수되었고,[51] 수원성에서 체포된 김원팔도 효수[52]되었다.

이후 수원 지역은 안성 출신의 김한식,[53] 남양 지역은 백낙렬[54] 등이 동학 포교를 담당하였다. 천도교로 변모된 이후에도 이들의 노력은 계속되어 점차 그 세력을 회복하였다. 수촌리의 백낙렬은 삼괴 지역,[55] 김성렬은 팔탄면 고주리, 이병기는 팔탄면 노하리의 포교 책임자로 활동하였으며,[56] 1910년에는 수촌리를 비롯하여 독정리 · 어은리 · 장안리 · 화산리 · 이화리 · 덕목리 · 고주리 · 매향리 등 8개의 전교실을 설치할 정도로 교세가 회복되었다.[57] 특히 남양교구는 1909년 8월 전국에서 성미 납부 성적이 가장 우수하여 1등에, 수원교구는 2등에 선정될 정도였다.[58] 1914년 천도교단은 전국적으로 대교구를 설치하였는데 당시 수원교구는 대교구로 지정되었다.[59] 당시 수원대교구 산하에는 수원군교구, 진위군교구, 시흥군교구, 부천군교구, 인천부교구, 강화군교구, 용인군교구, 안성군교구, 광주군교구, 수원군남양교구 등이 소속되어 있었다.[60] 이처럼 1910년대 중반에 수원 지역은 매우 탄탄한 조직을 갖추고 있었다.

이러한 수원 지역민들의 천도교 활동은 이후 3·1혁명의 기반이 되었다. 특히 손병희가 주도한 우이동 봉황각의 수련에 참여한 지도자급 인사 483명 중 수원 지역의 참여자는 이종석·정도영·김정담·이규식·이민도·한세교·김홍열·김창식 등이다.[61] 이들이 3·1운동 당시 앞장서서 교인들을 지도하였음은 당연하다. 한편 3·1혁명이 일어나기 직전 중앙대교당 건축비를 명목으로 독립운동자금을 모금할 때 수원 지역 교인들이 적극 참여하였는데, 그중에서도 백낙렬, 김홍열 등은 많은 금액을 내어놓았다.[62]

2) 수원 지역의 3·1혁명과 천도교[63]

수원 지역의 3·1만세시위는 같은 날에 시내에서 있었지만, 본격적인 시위는 서울보다 보름 정도 늦은 3월 중순부터 격렬하게 전개되어 4월 중순까지 이어졌다. 3월 16일 수원면 서장대와 연무대의 만세시위를 필두로 3월 21일의 동탄면 구오산리의 만세시위, 3월 23일 수원면 서호의 만세시위, 3월 25일 수원면 청년 학생 및 노동자의 만세시위, 3월 28일 만세시위와 29일 수원기생조합의 만세시위, 3월 25일 성호면 천도교인과 보통학교 졸업자의 만세시위, 3월 29일 성호면 오산 장날의 만세시위, 3월 26일의 송산면 만세시위, 3월 29일 송산면 사강리 장날의 만세시위, 동일 양감면의 횃불시위, 동일 태장면과 안용면의 만세시위, 3월 31일 향남면 팔탄면의 발안 장날 만세시위, 4월 3일 우정면 장안면의 만세시위 등 20여 차례에 걸쳐 만세운동이 전개되었다.[64] 이중 천도교인이 주도하거나 참여하였던 만세운동은 우정면, 장안면, 향남면, 팔탄면, 동탄면, 성호면 등지에서 전개되었다.

수원 지역 3·1혁명의 특징은 초기에는 천도교와 기독교가 중심이 되어 전개되었으나 시간이 지남에 따라 천도교가 만세운동의 중심으로 자리잡게 되었다는 것이다.[65] 초기에는 감리교 신자인 김세환이 경기 남부와 충청 일부를 책임지면서 만세운동을 독려하였고, 이와 동시에 천도교에서는 서울에서 이병헌[66]이 북수동 수원교구에 내려와 논의하면서 본격적으로 만세운동을 전개하였다. 그러나 수원 지역은 중앙과 달리 유림과의 연대도 활발한 곳이었다. 특히 김흥렬은 팔탄면 유학자 이정근과 연락을 취해 만세시위를 준비하였는데 양 세력은 우정면, 장안면, 향남면, 팔탄면 만세운동을 주도하였다. 구한말의 한학자인 이정근은 을사보호조약 이후 궁내부 주사직을 버리고 낙향하여 팔탄면, 향남면, 우정면, 장안면, 정남면, 봉담면, 남양면 등 7개면에 서당을 설립하고 후학을 양성하고 있었다.[67] 그가 운영하였던 서당은 만세운동을 준비하거나 전개하는데 중요한 거점이 되었다. 특히 3월 31일 발안만세운동에서 제자들을 조직적으로 동원하였으며, 자신도 희생되었다. 이처럼 수원 지역은 중앙의 기독교, 불교와의 연대와는 달리 유림과의 연대도 활발했던 특징이 있었다.

수원 지역의 3·1만세시위를 구체적으로 기술해 보면 다음과 같다. 먼저 수원면(현 수원 시내)에서는 3월 1일 화홍문 방화수류정(용두각) 부근에서 수백 명이 만세를 부르기 시작하면서 3·1혁명이 시작되었다.[68] 이날의 시위는 김세환을 중심으로 김노적, 박선태, 임순남, 최문순, 이종상, 김석호, 김병갑, 이희경, 신용준, 이선경 등 지역 엘리트인 교사 및 학생 기독교도가 중심이 되어 벌어졌다. 김세환은 기독교 측 대표로 민족대표 48인 중의 한 명이었으며 삼일여학교 교사로 재직하고 있었고, 김노적도 수원상업강습소 교사로 학생들을 지도하며 이끌었던 인물이다. 박선태 외의 사람들은 모두 20세 안팎의 젊은 청년학생들이다. 김세환은 일경에게 체포된 후 신문조서에서 떳떳하게 독립운동에 가담한 사실을 밝혔다. 그는 독립운동에 가담하여 선언서를 각지에 배포했으며, 독립운동의 방법으로 독립의 의사를 발표하는 것이 세계의 대세로 강화회의에서도 조선의 독립을 승인해 줄 것으로 믿었고, 또한 일본도 당연히 그것을 받아들일 것으로 생각했었다.[69] 김세환은 또한 남양의 동석기 목사와 오산의 김광식과도 독립운동에 대해 협의한 일이 있다.[70] 김세환은 민족대표 48인 중의 한 사람이었기 때문에 3월 1일에는 경성에 올라가 있었다. 수원면의 3월 1일의 시위는 김세환의 지시로 김노적, 박선태의 주도 아래 학생층이 중심이 되어 서울과 동시에 시작한 만세운동이었다.[71]

그러나 수원 지역에서의 본격적인 시위는 천도교 수원교구에 내려온 이병헌이 서울의 상황을 설명하고 수원에서도 천도교인을 모두 동원하여 대대적인 만세운동을 전개하기로 하면서 준비되었다. 3월 16일 장날을 이용하여 만세시위가 다시 시작되었고, 팔달산 서장대와 동문 안 연무대에 수백 명이 모여 만세를 부르면서 시가지 종로를 통과하였다. 그러던 중 시위 군중들은 일본 경찰과 소방대, 헌병에 의해 강제해산을 당했고, 주동자가 붙잡혀 갔다. 그러자 시내에서는 체포된 사람들의 석방을 요구하며 철시투쟁을 벌여, 체포되었던 사람들이 석방되었다.[72] 이때의 시위는 수원 읍내에 거주하는 상인들이 주축이 되었다. 일본인들에게 직접적으로 상권을 침탈당한 상인들의 피해의식은 매우 컸으며, 그것이 적극적인 저항으로 나타난 것이다.

3월 16일 시내의 만세시위에 참가한 후, 이날 밤 북수리 수원교구에서 이병헌과 교구장 김인태, 이문원(理文員) 안정옥, 전제원(典制員) 김정담, 강도원(講道員) 나천강, 순회교사(巡廻敎師) 이성구·안종린, 전교사(傳敎師) 홍종각·안종환 등 주요 교역자들이 모여 만세시위와 독립운동비 모금 등 구체적인 계획을 마련하였다.[73] 그리고 이에 앞서 수원교구의 교인들은 천도교 교조인 손병희가 독립운동의 주모자로 일경에 피체되었다는 소식을 듣고 4월 5일 서울로 올라가 구출하려는 비밀 계획을 세우기도 하였다.[74]

교구에서 만세시위를 준비한다는 소식을 정탐한 일제 측의 소방대와 일본인은 소방용 갈고리와 괭이 등을 들고 교구에 난입하여 교인들을 마구 구타하였다. 이 사건으로 김정담·김정모·안종환·안종린·홍종각·김상근·이병헌 등이 중경상을 입었다.[75]

3월 23일 수원역 부근의 서호에서는 700명이 시위를 벌이다가 일본 경찰과 헌병대 및 소방대의 제지를 받고 해산했다.[76] 3월 25일 장날에 다시 청년학생이 주도가 되어 학생과 노동자 약 20명이 시장에서 만세를 불렀고, 시위를 주동한 10명이 붙잡혀 갔다. 이후 주민들은 3월 28일까지 시내 곳곳에서 20~30명씩 모여 산발적으로 만세를 불렀다.

3월 29일에는 기생 30여 명이 건강검사를 받으러 가던 도중 자혜의원 앞에서 만세를 부르기도 했다. 이 시위는 기생 김향화의 주도하에 이루어졌다. 그리고 야간에는 상인과 노동자 등이 합세하여 곳곳에서 만세를 불렀고 일본인 상점에 투석하여 창유리를 파괴하였다.[77]

수원면의 만세운동은 교사와 학생들의 주도로 이루었고, 일제의 농장에서 착취당하던 소작농들의 만세운동도 벌어졌다. 또한 일제에게 상권을 침탈당한 수원 읍내의 상인들도 적극적으로 투쟁하였다. 여기에 일부 노동자들은 물론 기생들까지도 적극적으로 만세운동에 참여했다.[78]

그러나 3·1만세시위가 가장 치열하게 전개된 지역은 수원의 중심부를 벗어난 지역이었다. 특히 시 외곽에 주로 포진되어 있던 천도교인 중심의 시위로 처음에는 시내에서 전개되던 시위가 차츰 외곽으로 확산되는 형태를 띠었다. 그 중심은 남양 지역이었다. 이처럼 수원 지역 3·1운동은 수원 도심부에서 외곽 지역으로 확대되면서 더욱 격렬해졌고 그 규모도 점차 커져 갔다.

남양 지역에서 처음으로 천도교인이 만세운동을 전개한 곳은 동탄면 구오산리였다. 구오산리 만세운동은 박두병·김재천·김진성 등이 만세운동을 계획하여 인근 촌락의 유지, 기독교인과 연락을 취하면서 이동식으로 만세운동을 전개하였다. 이들은 오산 장날을 이용하여 밤늦게까지 횃불을 들고 조직적으로 만세운동을 한 뒤 천도교전교실 앞에서 해산하였다. 이로 인해 천도교 간부와 교인들이 용인수비대에 끌려가 고문을 당했으며 전교실은 폐쇄되었다.[79]

두 번째의 만세운동은 성호면 오산면을 중심으로 전개되었다. 서울과 수원에서 만세운동이 전개되었다는 소식을 들은 오산 주민들은 천도교인과 함께 3월 14일에 시위를 전개하려 했으나 일제의 경계와 준비의 미흡으로 연기되었다.[80] 그러나 이때 준비하였던 만세운동은 열흘 정도 늦은 3월 25일에 천도교인과 보통학교 졸업생을 중심으로 전개되었다. 이들은 일본인이 경영하는 금융조합과 일본인 가옥을 파괴하였다.[81] 이어 3월 29일 장날을 기해 유진홍, 이성구, 김정윤, 안낙순, 모영철 등의 주도로 만세운동을 전개하고 관공서를 습격하였다.[82]

세 번째로 벌어진 만세운동은 발안리였다. 발안리의 만세운동은 3월 31일[83] 장날을 이용하여 전개되었다. 안정옥과 김흥렬, 팔탄면 가재리의 유학자 이정근이 중심이 된 이날 시위에서는 천도교인과 기독교인, 이정근의 제자들, 그리고 장날에 모인 주민 등 1천여 명이 참여한 가운데 만세를 불렀으며 일경은 이를 제지하고 해산시키려 하였다. 그러나 만세를 부르던 군중들이 이에 저항하고 계속 시위를 하자 일경이 시위 행렬을 향해 발포하여 2, 3명이 희생되고 해산하였다.[84]

네 번째로 벌어진 만세운동은 수원 지역에서 가장 크고 격렬하게 전개되었던 4월 3일의 우정면과 장안면의 만세시위운동이다. 이날 수촌리의 천도교 지도자인 백낙렬은 이봉구·정순영·홍수광 등과 같이 집집마다 돌면서 교인과 주민들을 모아 장안면사무소와 우정면사무소를 습격하고 방화하였다. 장안면사무소로 몰려간 시위대는 면장 김현묵에게 시위에 동참할 것과 시위의 선두에 설 것을 종용하면서 면장에게 태극기를 들게 하고 일부는 쌍봉산으로 향했고, 나머지는 면사무소를 부수고 면사무소의 집기와 서류를 꺼내와 불태우고 태극기를 흔들면서 독립만세를 외쳤다. 이어 2천여 명의 시위 참가자들은 화수리 주재소를 향해 행진했는데, 주재소에 있던 일본인 순사 가와바타(川端豊太郎)가 밖으로 나와 군중들에게 권총을 발사하여 시위자 중 1명이 사망하고 2명이 부상당하는 일이 일어났다. 이에 격분한 시위 군중들은 주재소를 습격하여 가와바타 순사를 처단하고 주재소를 불태워 버렸다.[85]

그 밖에도 의왕면 고천리에서 기독교인·천도교인·농민 800여 명이 평화적인 시위를 벌였다. 시위 군중들은 지지대고개에서 횃불을 높이 들어 수원 읍내까지 비치도록 하고 만세를 부르며 주재소와 면사무소를 습격했는데, 수비대가 발포하여 해산당하고 말았다. 이날 46명이 체포되어 즉결처분으로 태형을 받았다. 반월면에서도 기독교인·천도교인·농민 600여 명이 평화시위를 벌였으며, 동탄면에서는 천도교인 박두병·김재천과 기독교인들이 서로 연락하면서 게릴라식 만세시위를 전개하기도 했다.[86] 음덕면과 마도면, 비봉면에서도 천도교인과 기독교인이 연합하여 만세시위를 전개하기도 하였다.[87] 특히 박하원[88]과 정대성[89]은 일시 구금되었다가 석방되었다. 한편 백낙렬은 만세시위가 끝난 후 일제의 보복을 대비하여 주민을 대피시키는 데도 앞장섰다. 그는 "이제 수비대가 온다. 오면 총으로 사살한다. 어떻게 당할지 모른다. 그렇다면 남산에 웅거하자."라고 하며 사강리 남산으

로 주민들을 집결시키기도 했다.[90]

3) 3·1혁명에 대한 일제의 보복

우정면과 장안면에서 만세시위가 지속화·폭력화되자 일제는 강력한 진압을 위해 일본군을 동원했다. 이미 3월 31일 발안장 시위가 있은 직후 일제는 경기도 장관과 수원군수에게 군대 지원을 요청하였다. 특히 일제는 가와바타 순사가 참살되는 격렬한 시위는 천도교가 주동하였다고 판단하고 천도교 전교실을 비롯하여 집집마다 수색하는 한편 방화를 자행하였다.

일제는 가와바타 순사가 참살된 다음날 수비대 1개 소대 병력을 동원해 화수리를 완전히 포위하고 피하지 못한 채 남아 있던 주민들에게 총을 난사하여 참혹한 보복성 탄압을 저질렀다. 거의 모든 집들이 불태워졌고, 만세시위를 주도했던 사람들이 체포 투옥되었다. 수촌리의 수촌교회 역시 수비대에 의해 불태워졌다.

이 과정에서 체포된 기독교인은 주로 수촌리에 거주하며 수촌교회에 다니던 교인들이었는데, 차인범, 김응식, 김덕삼, 김종학, 김며우, 김교철, 박경모 등이었다. 18세의 나이에도 만세시위에 적극 참여하여 10년의 형을 받은 차인범은 심한 고문을 이기지 못하고 결국 옥중에서 순국하였다.[91]

이때 체포된 사람 가운데 김교철은 당시 남양교회를 제외한 수촌교회와 제암교회를 담임한 전도사였다. 그는 수촌리에 상주하면서 제암교회까지 목회를 나가고 있었는데, 3·1운동이 일어나자 당시 제암교회 권사이며 제암리 이장인 안종후 권사와 홍원식 권사에게 제암교회의 관리를 맡기고 자신은 행정구역이 다르므로 따로 수촌리 교인과 동민을 지휘하여 장안 우정면 만세시위 운동에 적극 참여했던 것이다. 그는 이때 체포되어 3년형을 받고 만기 출감하였다.[92]

이처럼 화수리부터 시작된 일본군 보복 만행은 수촌리·한각리·조암리·석포리·장안리·어은리·멱우리·사곡리·고온리·덕정리·독정리·사랑리·화산리·운평리·원안리·젱마리·고주리·이화리 등 우정면, 장안면, 팔탄면, 향남면 등 전체 마을에 걸쳐 자행되었으며, 이 만행으로 가옥 1백여 채가 불에 탔고 사상자가 20여 명 생겼고, 40여 명이 투옥되었으며 주민 500여 명이 고문과 폭행을 당했다. 그중 가장 큰 피해를 본 지역이 제암리와 고주리였다. 발안의 시위가 대규모적으로 격렬하게 전개되었음에도 불구하고 다른 지역과 달리 주모자들 검거에 실패한 아리타 중위는 발안시위의 주도자들인 제암리 종교인들을 토벌하기로 결정하고 행동에 나섰다. 이것이 바로 3·1운동 중 가장 참혹하고 비극적인 사건으로 불리게 된 '제암리와 고주리 학살 사건'의 시작이었다.

제20사단 39여단 78연대 소속 아리타(有田) 중위가 이끄는 1개 소대는 4월 4일부터 4월 13일까지 모든 마을에 보복 행위를 자행한 후 제암리에 보복의 손길을 뻗쳤다. 4월 15일 오후 2시 반경 아리타 중위는 제암리를 완전히 포위한 후 한 사람도 밖으로 나가지 못하게 하였다. 이어 '할 말이 있으므로 교회로 전원 다 모이라'고 시달하였다. 주민들은 김학교의 집에 숨어 있던 이병헌에게 통역을 부탁하였으나 이병헌은 자신도 거거될 상황이라 하는 수 없이 거절하고 뒷산에 숨어서 동태를 파악하였다. 이에 주민들은 교회로 모였으며 수비대는 교회 정문에서 총을 세워 놓고 사람 키를 비교한 다음 하나 둘씩 들여보낸 후 문을 닫아 버렸다. 그리고 곧바로 석유를 뿌린 후 방화를 하였다.[93] 이중 홍순진은 밖으로 나오다가 총에 희생되었고, 노경태는 구사일생으로 탈출하여 목숨을 구할 수 있었다.[94] 이날 교회에서 참살당한 주민들은 대부분 천도교와 기독교인으로 일반적으로 23명이라 하고 있다.[95] 그러나 최근의 연구는 37명으로 확인하고 있다.[96] 당시의 학살 상황을 정한

경은 「한국의 사정」에서 다음과 같이 기록했다.

제20사단 39여단 78연대 소속 아리타 중위가 이끄는 1개 소대는 4월 4일
부터 4월 13일까지 모든 마을을 보복한 후 제암리에 보복의 손길을 뻗쳤다.
4월 15일 오후 2시 반경 아리타 중위는 제암리를 완전히 포위한 후 한 사람
"목요일인 4월 15일 낮 몇 명의 군인들이 마을로 들어와 강연이 있을 터이니
모든 남자 기독교 신자와 천도교 교인들을 모두 교회로 집합하라고 알렸다.
29명의 남자들이 교회에 가서 안에 들어앉아 무슨 일이 있을 것인가 하고 웅
성거리고 있었다. 그들은 종이 창문 틈으로 군인들이 교회를 완전히 포위하
고 불을 지르고 있다는 사실을 알아냈다. 대부분의 한국인들이 죽거나 심
하게 다쳤을 때에도 일본군인들은 이미 불길에 싸인 교회 건물에 계속 불을
붙였다. 그 속에 있던 사람들은 탈출을 기도했지만 칼에 찔리거나 총에 맞
아 죽었다. 교회 밖에는 이같이 탈출하려다 목숨을 잃은 6구의 시체가 흩어
져 있었다. 남편이 교회에 불려 갔는데 총소리가 나자 놀란 두 명의 부녀자
가 남편에게 무슨 일이 일어난 것이 아닌가 하고 달려와 군인들의 틈을 비집
고 교회로 접근하려 하자 그들을 무참하게 죽여버렸다. 19세의 젊은 부인은
칼에 찔려 숨지고 40세를 넘는 다른 한 여자는 총살당했다. 그들은 모두 기
독교 신자였다. 군인들은 그런 다음 온 마을에 불을 지르고 어디론지 사라져
버렸다.[97]

또한 제암리 사건과 관련해서 수원 지역 감리사였던 노블 선교사는 그해
의 연회에서 제암교회에 대해 다음과 같이 보고했다.

제암교회에서 일경에게 피살된 이가 23인이나 됨으로써 오늘날까지 찬배

하는 이들은 어떤 예측하지 못한 일을 당할까 두려워하는 중에 있습니다. 그 구역 내의 교인 334명 중에 173인은 살해되었거나 옥에 갇혔고 또는 도망하였습니다. 제암 지역에 있는 교인들은 이런 예측치 못한 일을 당하여 악형과 총검의 위험을 보았으나 신앙심이 더욱 돈독하여 가며 하나님을 더욱 의지하면서 말하기를 죽음은 언제든지 올 것이나 우리를 위해 대신 죽으신 주 예수께 끝까지 충성하겠다고 하였습니다. 불신자들은 항상 권하기를 예배당에 가지 말라 일병이 또 올까 두렵다 함으로 이것이 어렵습니다.[98]

제암리교회를 불태운 일제는 제암리 집집마다 돌면서 방화를 하여 33채 가옥 중 2채만 남기고 천도교전교실을 포함하여 31채가 불타 버렸다.[99]

제암리교회에서 주민들을 참살한 아리타는 곧바로 향남면 고주리로 향하였다. 고주리는 제암리에서 불과 10분 거리밖에 안되는 가까운 마을이었다. 그곳에는 백낙렬과 함께 이번 만세운동을 지휘한 김흥렬이 거주하고 있었기 때문이다. 당시 고주리 주민들은 제암리의 참변을 보고 대부분 산속으로 피신한 후였다. 김흥렬은 의암 손병희의 절친한 동료로 화성지역 천도교 최고 지도자였다. 그러나 발안장날 만세시위를 주도했던 김흥렬 일가는 '그놈들도 사람인데 죄없는 사람을 함부로 죽이지는 못하겠지' 하는 생각으로 온 가족이 피신하지 않고 그대로 집에 있었다.

수비대는 유일하게 남아 있던 김흥렬의 집으로 들이닥쳐 김흥렬을 비롯 집안에 있던 김흥렬의 동생 김성렬·김세열과 조카들인 김주업·김주남·김흥복 등 일가족 6명을 포박해서 집 뒤의 언덕으로 끌고 갔다. 순사보인 조희창이 김흥렬에게 백낙렬의 행방을 추궁하였다.[100] 김흥렬이 대답을 하지 않고 오히려 일제의 주구가 된 조희창을 꾸짖고 얼굴에 침을 뱉자 흥분한 조희창이 칼로 김흥렬을 치고 곧이어 일본 수비대들이 나머지 가족 5명을 칼로 난자했다. 그래도 분을 이지 못했는지 김흥렬 가족을 짚단과 나무로 덮어 놓고 석유를 뿌린 후 생화장을 했다.[101] 당시 상황을 이병헌은 다음과 같이 기록하였다.

> 그 隣洞(고죽골) 天道教人 金興烈 氏 집으로 가서 金聖烈, 金世烈, 金周男, 金周業, 金興福 等 六人을 逮捕하여 結縛하여 놓고 짚단과 나무로 덮어 놓고서 石油를 뿌리고 또 生火葬을 하였다.[102]

당시 희생된 김주업은 결혼한 지 겨우 3일 된 새신랑이었고 충격을 받은 부인 한씨는 참상 3일 만에 죽고 말았다. 그리고 통정대부의 벼슬을 했던 김흥렬의 부친도 87세의 나이에 사랑방에서 병환 중에 소식을 듣고는 한 달간 식음을 전폐하다 사망하고 말았다. 고주리에서 희생된 사람은 이렇게 해서 모두 8명이다.

제암리 학살사건은 철저한 탄압으로 하마터면 묻힐 뻔 했으나, 사건 직후 현장을 방문한 스코필드와 노블 등 외국인 선교사와 커티스 미 영사의 노력으로 사건 진상이 외부로 알려졌다. 이런 상황은 국제사회에서 일본 측을 곤혹스럽게 만드는 큰 사건으로 확산되었다. 특히 선교사들 가운데 언더우드, 스코필드 등은 여러 차례 현장을 방문하여 사실 파악과 부상자 치료와 난민 구호에 적극 참여했으며, 영국의 대리영사와 노블을 비롯한 감리교 선교사들이 현장을 답사하고 현장 증언을 담은 보고서를 작성하여 본국으로 보내 세계 여론과 세계 교회에 그 진상을 알리는 데 노력했다.[103]

5. 결론

동학이 추구한 이상사회는 인내천이 실현되는 사람이 사람답게 대접받는 사회였다. 그것의 실현을 위한 흐름은 창도주인 수운 최제우부터 해월 최시형 그리고 의암 손병희 시대까지를 일관되게 이어졌다. 동학농민혁명의 어려움을 극복하고 이후 근대적 종교 형태인 천도교로 변화되면서도 동학은 변함없이 자신의 목표를 향하여 전진하였다.

특히 천도교로 변화된 이후 이론적으로 정립하는 과정에서 그것은 교정쌍전론으로 정리되었다. 교와 정은 함께 발전되어야 한다는 논리인 교전쌍전론은 천도교를 종교적 이상에 머무는 것이 아니라 높은 대사회성의 실천을 위해 오히려 종교 활용하기를 서슴지 않는다는 전통이 되었다. 그랬기에 동학 천도교 시대를 관통하면서 그 엄청난 희생을 치르고도 자신들의 이상사회를 향한 발걸음을 멈추지 않았던 것이다.

3·1혁명의 최전선에 섰던 천도교는 수원 지역에서도 마찬가지 역할을 했다. 수원 지역은 나름의 특성이 있었다. 어느 지역 못지않게 가렴주구에 시달렸던 풍부한 농수산물의 집결지였기에 일찍부터 저항의식이 남달랐던 지역이었다. 또한 교육열이 높아 타 지역을 능가하는 교육기관이 많았던 곳이었기에 그만큼 지식인도 많았다. 따라서 앞선 교육을 통해 지역 조직이 상대적으로 잘 형성되어 있었고 그 중심에는 종교계가 있었다, 그리고 의암 손병희가 주도한 봉황각의 수련에도 다수의 수원 지역 천도교인들이 일찍부터 참석하여 민족의식을 고취하였다.

이러한 배경이 있는 수원 지역은 어느 지역보다도 시위가 격렬했던 지역이었으며, 다른 지역에서는 발견되기 어려운 천도교, 개신교 그리고 유림 세력의 연합이 이루어진 현장이기도 하다. 또한 농민과 상민, 노동자, 학생 그리고 심지어는 기생들까지 시위에 참여하는 전 민중주의적인 시위를 전개한 지역이기도 하다. 그만큼 일찍부터 다양한 세력이 공존하였고 무엇보다도 깨인 사람들이 많이 거주했던 지역이라는 특성이 3·1혁명을 가장 격렬하게 그리고 심지어는 공격적으로 만들었다고 볼 수 있다.

특히 서울에서의 만세시위에 참여하였던 천도교인 백낙렬과 김흥렬 그리고 이병헌 등은 고향으로 돌아와 전 주민이 참여하는 만세시위를 전개하기로 계획하고 이를 위해 구장회의와 면사무소와 주재소 방화반, 순사 살해반을 편성하는 등 매우 주도면밀하게 계획하여 추진하였다. 즉 천도교가 주도한 시위는 전 주민을 동원해 만세시위를 하는 데 머무는 것이 아니라 간악한 일본 압제의 상징인 주재소와 면사무소를 방화하고 순사를 참살하는 등 적극적이고 공격적인 시위로 진행되었다는 것이다. 당시 수원 지역의 시위가 면 단위에서 전개되어도 1-2천 명이 모일 정도였다는 것은 그만큼의 토대가 있었기에 가능했던 것이다. 그에 따른 일제의 보복 행위도 다른 지역에서는 찾아보기 힘들 정도로 가혹했다. 정조 시대 그의 개혁정치로 만들어진 도시 수원에서 가장 개혁적인 동학 천도교가 한때 가장 활발한 활동을 하였다는 것은 남다른 의미가 있다. 무엇보다도 정조가 꿈꾼 세상이 동학 천도교가 꿈꾼 세상과 크게 다르지 않다면 그 함의를 생각해 볼 필요가 있다. 화합과 개혁, 그리고 사람을 하늘처럼 대하는 세상이 그것일 것이기 때문이다.

1894년
경기도 지역의 변란 상황과
동학농민군 진압 과정

신 영 우_ 충북대학교 명예교수

1. 머리말

1894년 9월 중순 전봉준 장군의 재봉기 결정에 따라 대규모의 동학농민 군이 전라도 전주 북쪽의 삼례역 일대에 집결하였다. 삼례에 집결한 동학농 민군은 인근 각 군현의 관아에 소장된 무기를 탈취해 왔고, 사창의 세곡을 운반해서 군량으로 사용하였다. 삼례 집결군은 주로 전라도의 남접 계통이 중심이었고, 이들이 장악한 지역에서는 관아가 전혀 기능을 하지 못했다.

동학교주 해월 최시형은 남접농민군의 재봉기에 호응해서 9월 18일 기포 령을 내렸다. 이에 따라 전국의 동학 조직이 즉각 봉기해서 무장 활동을 시 작하였다. 동학대도소가 위치한 보은에는 인근 경상도 지역과 충청도 북부 지역 그리고 경기도와 강원도에서 수만 명의 북접농민군이 모여들었다. 충 청도 보은과 영동·청산·옥천·황간 등에 있던 집결지는 관아가 통제하지 못하는 지역이 되었다.

1차봉기에 비해 2차봉기는 기포 지역이 크게 확대되었다. 1차봉기는 전 라도와 충청도 일부 군현에서 일어났지만, 2차봉기는 전라도와 충청도 전역 을 비롯해서 경상도와 강원도 그리고 경기도와 황해도로 확대되었다. 1894 년 8월에 들어와서 일본공사관은 삼남 동학도의 활동을 정탐하면서 외무대 신 김윤식에게 서울에 동학도가 잠입했다는 정보와 함께 엄중히 경비하라 는 경고를 보냈다. 8월 12일 천안에서 일본인 6명이 동학도들에게 피살되는 사건이 벌어져서 일본공사관 순사가 파견되었으나 동학 세력의 방해로 관아가 조사를 돕지 않아 성과 없이 돌아갔다.

2차봉기는 남접이든 북접이든 일본 세력의 축출이 목표인 것을 일본공사관이 잘 알고 있었다. 충주의 동학도들은 병참부의 인부 모집을 방해하였고, 8월 29일(양력 9월 28일)에는 경상도 문경에서 일본군이 동학농민군과 첫 번째 전투를 벌였다. 히로시마대본영은 8월 하순부터 동학도를 진압할 군대 파견을 계획하고 시모노세키 수비를 맡던 후비보병 제19대대를 증파하였다.

9월 하순, 죽산과 안성을 비롯하여 광주와 여주 등 경기도 군현에서도 동학 조직이 무장봉기하였다. 경기도 남부 군현까지 동학농민군이 무장봉기하는 사태가 보고되자 정부는 긴급히 조치를 취하지 않을 수 없었다. 정부는 동학농민군이 읍내에 들어와도 막지 못한 죽산과 안성의 지방관을 파직시켰다. 그리고 경군 지휘관을 지방관에 겸임시켜서 병대를 이끌고 가도록 하였다. 관직과 군직을 겸임시키는 방식으로 안정시키도록 한 것이다.

경기도 남부 군현은 전라도와 충청도나 상황이 동일하였다. 정부는 일본군이 경복궁을 점령하고 내정간섭을 자행하고, 또 청일전쟁이 국내에서 벌어지던 와중에서도, 동학농민군의 서울 진입을 막는 문제가 가장 큰 현안이었다. 경기감사는 경내 각 군현의 지방관을 지휘해서 관치 질서를 지켜야 했다. 하지만 자료가 없기 때문에 그 실상에 관해서는 잘 알 수가 없다.[1]

이 논문의 목적은 1894년 경기도의 청일전쟁 상황과 동학농민군 진압 과정을 살펴보는 것이다.[2]

경기도는 청일전쟁 직전 일본군이 정보장교를 보내서 청국군 동정을 정탐하던 주요 지역이었다. 인천을 통해 서울로 침투하던 통로 역할을 하였고, 경기도 연안은 일본군 정탐선이 수시로 오가던 지역이었다. 또한 동학

교단이 기포령을 내린 9월 18일 이후 경기도에서도 동학농민군이 대규모로 봉기하였다.

지금까지 경기도에서 동학농민군이 봉기한 상황에 관해서는 알려진 것이 많지 않다. 경기도 군현에서 정부에 보고한 문서 중 일부만『고종실록』등에 수록되어 전해졌고,『동학란기록』에 수록된 자료만 알고 있을 뿐이다. 최근 활용되는 양호도순무영의 공문서집인『갑오군정실기』에도 경기도 관련 자료는 빠진 것이 많아 보인다. 이 글에서는 주로 자료를 소개하는 식으로 경기도 지역의 1894년 상황과 동학농민군의 진압 과정을 정리하려고 한다.

2. 청일전쟁과 경기도 남부 군현

1) 풍도전투와 경기도 연안 군현

1890년대에 들어와서 나라가 직면한 내우외환은 경기도에 직접 영향을 미쳤다. 가장 큰 외환은 일본과 관련한 문제였다. 1880년대 중반부터 강화

도조약에 따라 경기도 여러 군현이 일본인에게 출입이 개방되었다.[3] 인천항을 기준으로 일본인이 자유롭게 다닐 수 있는 남쪽 한계가 남양·수원·용인·광주였고, 동쪽 한계가 서울 동쪽 중랑포(中浪浦)였다. 그리고 서북 한계가 파주·교하·통진·강화였으며, 서남 한계가 영종·대부·소부의 각 섬이었다.

강화도조약은 조선 연안의 연해·도서·암초를 측량하도록 허가해서 그 위치와 수심 등을 표시한 해도뿐 아니라 지지(地誌)까지 만들 수 있게 하였다. 그런 까닭에 일본인이 들어와서 남해안과 충청도 연안 그리고 경기도 연안을 샅샅이 조사해도 막을 수 없었다. 일본군 참모본부는 수시로 정보장교를 보내서 경기도 전역의 정밀한 군용지도를 만들었다.[4]

일본 정부가 서울의 관문인 인천에 영사를 파견한 해가 1882년이었다.[5] 첫 영사가 부산 주재 영사였던 곤도 마스키(近藤眞鋤, 1839~1892)였다. 인천 영사관은 이후 인천항에 빈번히 들어와 정박했던 일본군함을 배경으로 조선 내부의 정보를 탐지하는 거점 역할을 하였다.

인천에 들어온 일본상인들도 일본영사관의 비호 아래 조선 관헌의 통제를 받지 않았다. 이들은 경기도와 충청도 연해 지역을 다니면서 미곡 등을 사들이기도 했고, 인천에 개설한 상점에서 수입 상품을 팔기도 했다. 이런 상인들이 조선 내부의 실태를 탐지하는 정보원 역할을 하였다.

강화도조약을 전후해서 조선 정탐을 맡은 일본군 정보장교들은 참모본부의 정예 요원들이었다. 1882년 임오군란과 1884년 갑신정변 때 청국군에게 밀려 조선에서 후퇴한 뒤에는 청국에 정보장교가 많이 파견되었다. 이들은 베이징과 톈진, 또는 상하이와 광저우에 장기 체류하면서 군사정보를 탐지하였다. 청일전쟁 전후 일본군 참모본부에서 정보장교들을 파견하고 정보 분석을 지휘했던 인물이 참모차장 가와카미 소로쿠(川上操六, 1848~1899)

중장이었다. 그 휘하에서 수많은 정보장교들이 활약하면서 개전 준비를 구체화하였다.[6]

조선에서는 서울은 물론 인천이 주요 정탐 지역이었다. 인천은 개항 이후 청국 일본 영국 프랑스 독일 러시아 등 외국의 함정이 들어와서 정박하던 항구인 동시에 진입 통로가 되었다. 일본은 인천항에 조차지 외에 군사 거점을 확보하려고 시도하였다. 그래서 1890년 11월 일본 대리공사가 된 곤도 마스키가 인천 월미도를 조차하기에 이른다. 월미도 4,900평 부지의 저탄소는 해군 함정이 전용하였다.[7]

청국 북양함대 소속 함정들도 인천에 수시로 들어왔다.[8] 양무운동을 추진하면서 독일과 영국 등에서 건조한 군함이 위안스카이(袁世凱, 1859~1916)가 내정간섭을 자행한 무력 배경이었다. 1894년 2월 일본에 망명했던 김옥균이 상하이에서 암살된 후 그 시신도 청국 전함 제원함(濟遠艦) 편으로 인천에 들어왔다. 1894년 봄 전라도 군산으로 출진한 양호초토사 홍계훈이 지휘한 장위영 병력도 청국 전함 평원함(平遠艦)을 타고 갔다.

민씨 정권은 청국군을 빌려서 동학농민군을 진압하려고 했고, 이런 방안을 부추긴 것은 청국군의 위력을 과장한 위안스카이였다. 외국군 개입의 위험성을 들어 대신들이 반대했지만 고종은 민씨 정권의 핵심인 민영준을 통해 청국군 파병을 요청하였다. 북양대신 이홍장이 6월 4일 조선 출병을 명령한 이후 조선 사태는 국제화되었다.

일본 정부는 1893년 5월에 만든 「전시 대본영 조례」에 따라 1894년 6월 5일 육군 참모본부와 해군 군령부를 통합한 대본영을 설치하였다.[9] 그리고 육군 제5사단이 주둔한 히로시마로 대본영을 이전하였다.

6월 8일부터 12일까지 톈진 다구항(大沽港)에서 출발한 청국의 군대는 아산만에 도착했다. 북양함대의 함정이 호송한 수송선이 수심이 깊은 아산만에 정박하면 조선 연안에서 징발한 작은 배에 병력을 태워 백석포에 상륙시켰다.[10] 일본군 정보장교들은 6월 25일 청국군 약 2,800명이 아산에 도착한 사실을 히로시마대본영에 실시간으로 보고했다.

일본 총리 이토 히로부미가 제5사단 혼성제9여단의 파병을 명령한 날은 6월 7일이었다. 이보다 앞서 일본공사 오토리 게이스케(大鳥圭介)와 함께 해군 육전대 430명이 서울에 들어왔다. 6월 16일 무사시함(武藏艦)이 호위한 수송선 2척이 월미도 앞바다에 정박해서 혼성제9여단 선발대 2,500명을 말 218마리와 각종 군수물자와 함께 상륙시켰다.[11] 일본군은 서울까지 5리마다 병참부를 설치하고, 인천에 속속 후속부대를 상륙시켜서 서울로 들어갔다. 인천은 일본영사관과 일본군 병참부, 그리고 월미도의 해군 함정의 교두보가 되었다.

동학농민군 지도자 전봉준은 외국군이 들어오자 양호초토사 홍계훈과 화약을 맺고 6월 11일 전주성에서 물러났다.[12] 전주성이 회복된 후 아산의 청국군은 목표를 상실한 채 상륙지 부근에 머물렀다. 조선 정부는 일본군 퇴거를 강력히 요청하였으나 일본은 청국과 내정개혁을 공동 진행하자고 제안하면서 거부하였다. 청국이 동조하지 않자 일본군은 군사행동에 나섰다. 6월 21일 새벽 서울 사대문의 출입을 막고 경복궁을 기습하여 점령하였다. 경군 병영도 기습해서 무기를 탈취하였다. 국왕과 왕비는 일본군의 인질이 되었다.

이 같은 사건을 실제 집행한 것은 일본군 참모본부의 정보장교들인 후쿠시마 야스마사(福島安正, 1852~1919) 중좌와 우에하라 유사쿠(上原勇作, 1856~1933) 소좌, 그리고 이주인 고로(伊集院五郎, 1852~1921) 해군소좌였다. 1892년부터 조선에서 니이로 도키스케(新納時亮, 1847~1914) 해군 소좌[13]와 아오키 노부즈미(青木宣純, 1859~1924) 대위는 이들과 협력하면서 정보를 수집하였다.

경기도 인천과 서울의 전신망을 일본군이 두절시켜 전신망을 통한 공무 연락이 중단되었다. 여러 군현에서 일본군 동향 보고가 올라왔다. 20일 광주에서 일본군이 군용전신소를 설치하는 작업이 목격되었다. 양근 남종면의 한강가 갈산리(葛山里)에 진을 치고 전신을 설치한다고 하였다.[14] 21일에는 일본군 200여 명이 임진강으로 북상해서 임진진(臨津陣) 뒷산 위에 진을 쳤다는 보고가 올라왔다.[15]

청국의 북양대신 이홍장은 무력 대처밖에 없다고 판단하였다. 청국 황제의 재가를 받은 후 북양함대와 수송선으로 아산에 증원병을 보내는 동시에 육군을 압록강을 건너 평양으로 집결시켰다. 인천에 파견된 일본 군함 야에야마함과 오시마함, 그리고 무사시함은 아산과 경기도 연안에서 청국 함정의 행선지를 탐지하고 아산에 상륙한 청국군의 동정을 조사하였다.

히로시마대본영이 7월 19일 연합함대 사령장관 이토 중장에게 내린 작전 명령 제1호는 개전 명령이었다.[16] 첫째는 조선 서해안 풍도 및 안면도 부근을 점거해서 해군 함대의 근거지로 삼고, 둘째는 증파 병력을 태우고 오는 청국 함대와 운송선을 파쇄하라는 명령이었다. 이 같은 공격 명령에 따라 제1유격대 소속 순양함 요시노(吉野)·나니와(浪速)·아키츠시마(秋津洲)가 아산만으로 북상하였다.

아산만 풍도는 덕적진(德積鎭) 첨사가 관할하는 섬으로 수원과 인접한 대부도의 서남쪽에 있었다.[17] 일본군 제1유격대는 풍도 부근에서 6월 23일 오전 7시 20분 청국 함정 2척을 발견하였다. 방호순양함 제원함(濟遠艦)과 어뢰순양함 광을함(廣乙艦)이 병력 수송 임무를 마치고, 후속으로 도착한 고승호(高陞號)와 조강함(操江艦)을 맞으려고 나온 것이었나. 일본 함정이 선제 포격을 가하였고, 제원함과 광을함도 7시 52분에 대응사격을 하였다.

3,000m 거리에서 벌어진 포격전은 기습 공격을 가한 일본 군함이 승리하였고, 제원함과 광을함은 포탄에 맞아 큰 피해를 입었다.

　풍도전투의 포격 소리는 인천항까지 들렸다. 일본군 타카치호함(高千穗艦)이 그 소리를 듣고 가세해 왔다. 제원함은 가까스로 빠져나와 청국으로 피신했지만 광을함은 남쪽으로 내려가 태안 연안에서 승선 장병 136명이 하선하고 선체를 불태웠다. 고승호를 호위해 온 조강함은 나포되었고 장병 79명은 포로가 되었다. 가장 큰 사건은 나니와함이 고승호를 격침한 것이다. 이 수송선 격침 사건은 국제문제가 되었다. 고승호는 군인 1,220명과 대포 12문을 적재하고 7월 23일 다구항을 출발한 영국 국적의 민간 상선이었다.[18] 나니와함의 함장 도고 헤이하치로(東鄉平八郎, 1848~1934) 대좌는 나포에 불응했다는 이유로 어뢰를 발사하고 포격을 가해 고승호를 침몰시켰다. 나니와함에서 내린 보트는 선장 등 서양인 4명을 구조했지만 바다에 빠진 청국군은 사격을 가해서 학살하였다.

　고승호가 피격된 정확한 지점은 풍도의 서남쪽에 있는 울도의 남쪽이었다. 울도까지 수영을 해서 온 병사들을 섬 주민들이 구조해서 그 사실을 덕적진 첨사에게 알렸다. 첨사 이수명(李守明)이 경기감영에 보고한 요지는 다음과 같다.[19]

　　이달 23일(양력 7월 25일) 사시(巳時, 오전 9시~11시)경 대국 병선 1척이 서해 먼바다에서 와서 충청도 태안 경계의 방리도(方里島) 앞바다를 향해 가고 있었다. 그때 일본 병선 5척이 수원 경계에서 풍도 앞바다로 연기를 뿜으며 와 대국 병선 1척을 방리도 부근에서 만났는데 배 5척이 일시에 포위하여 연달아 대포를 발사했다. 잠깐 사이에 대국 병선 한 척이 그대로 파쇄되어 침수됐다.

그날 저물 무렵 무수한 사람이 잠수하여 생명을 건졌다. 알몸으로 섬에 온 사람들이 마을로 들어와 음식을 요청하며 살려 달라고 해서 섬사람들이 일시에 구제하였다. 모두 147명이었다. 그래서 덕적진 안으로 데리고 왔다. 첨사는 놀라서 소를 잡고 술과 밥을 내어 먹였다.

이들은 옷을 걸친 것이 없는 알몸 상태였다. 부상자 6명은 기침을 하며 거의 죽게 된 상태라서 다방면으로 치료하였고 옷을 주어 입게 했다. 살아난 사람이 여러 섬에 더 있을 것이기 때문에 이들을 구조하기 위해 첨사가 당일 진도(陣島, 덕적도)를 떠났다.

경기도에서 통리교섭통상사무아문에 보낸 이 보고문은 상세한 사정을 전했다. 구조자가 147명에 불과했다면 무려 1,000명에 달하는 승선인원이 수장된 것이었다. 이 보고로 전쟁이 벌어진 것을 알았지만 경기감영과 정부는 어떠한 조치도 할 수 없었다. 경기감영은 일본 함정이나 청국 함정을 제어할 무력이 없었고, 국왕은 경복궁을 점거한 일본군에게 인질 상태로 있었다.

청일 간의 첫 해전인 풍도전투의 대포 소리가 인천까지 들렸다면 안산 남양 수원 등 연안 지역에서는 더욱 크게 들렸을 것이다. 당시 면천에 있던 김윤식은 '일본 병선이 청국 병선을 공격해서 수백 명이 전사했는데 이것이 청일 간 전쟁의 시작[20]이라고 일기에 썼다.

2) 일본군의 경기도 지역 정탐과 성환전투

청국군이 아산만으로 온다는 정보를 입수한 일본공사관은 6월 초에 공사관 소속인 오기하라 히데지로(荻原秀次郎, 1867~1928, 뒤에 太田秀次郎로 개명) 경부를 보내 조사를 시켰다. 수원 일대를 조사한 오기하라 경부는 복명서에

서 보고 들은 사실을 기록하였다.[21]

　청나라 병사의 동정을 살피라는 수원 지방 출장 명령이 있어 7월 6일(음력 6월 4일) 경성을 출발, 같은 날 수원에 도착했습니다. 수원에서 정탐하였으나 확실한 사실을 하나도 얻지 못하여 다음 날인 7일 진위현에 가서 정찰하였습니다. 그 현청에는 식량·연료·마초 등의 준비물은 있었으나 이것은 내가 떠나기 이전부터 준비하여 놓은 것으로 청나라 병사의 입경이 언제가 될지 확실하지 않았습니다.

　그렇지만 8일 아침 청국인 한 사람이 한인 기수(旗手) 2명과 함께 진위현에 왔는데, 그 현관(縣官)이 여사(旅舍)를 방문하였습니다. 그때의 이야기에 따르면, '이달 6일 섭대인(聶大人)이 전주에 갔는데 아마 오늘이나 내일 중에는 꼭 천안까지 돌아올 것이다. 그렇게 되어 곧 병사를 이끌고 입경할 형편이 되면 음식물을 준비해 줄 것을 현관에게 의뢰하였다'는 것을 탐문하였습니다.

　도중 청나라 병사가 성환역에 있는 것 같다는 풍설이 있었으므로 동행 중인 한인을 성환역에 파견하였습니다. 그랬더니 그 역에는 청국인 한 사람만이 있을 뿐으로 모두 공주에 집결해 있으며 그들 병사들은 천안까지 되돌아오게 될 것이라고 복명하였습니다. 기타 여행자들에게서 들은 바로도 천안에 청나라 병사가 주둔해 있는 것은 사실이고, 그 수는 2,000명 이내일 것이라는 것과 이와 같으면 아무래도 4~5일이 지나지 않고서는 입경의 사실이 확실하지 않을 것으로 추찰하였습니다.

　8일 진위를 출발하여 수원에서 일박하였습니다. 이 지방에서도 역시 이전부터 마을들에 명해서 음식물을 준비하고 있는 것을 알 수 있었습니다. 9일 수원을 출발하여 도중 과천에서도 정탐하였는 바, 수원·진위 등과 같이 각각 준비하고 있었으며 아직 일시는 확실하지 않은 실정이었습니다.

아직 아산에 청국군이 머물러 있을 때 수원과 성환 등지를 조사한 보고였다. 오기하라 경부는 전투가 벌어질 성환까지 조사해서 아직 청국인이 한 사람밖에 없다고 보고하였다. 성환은 경기도와 충청도의 경계에 있는 요충지로 언제나 붐비는 곳이었다.[22]

이보다 자세한 정보는 서울의 혼성제9여단에서 보낸 아리요시 마사카즈(有吉雅一) 중위가 수집하였다.[23] 세부 임무는 후쿠시마 야스마사 중좌가 지시했고, 정찰에 필요한 경비와 준비물 등은 일본공사관의 고쿠부 쇼타로(國分象太郎) 서기가 지급했다. 조선어를 배우러 온 유학생 사이토 히코지로(齋藤彦次郎)가 통역으로 동행하였다. 아리요시 중위의 정탐 준비는 철저했다. 출발 전인 5월 14일(양력 6월 14일)[24] 오토리 공사를 직접 만났고, 이날 밤 10시 후쿠시마 중좌를 만나는 자리에는 우에하라 유사쿠(上原勇作) 소좌도 동석하였다.[25]

아산 백석포에 상륙한 청국군은 전라도로 남하해야 했지만 이동하지 못했다. 그 이유는 두 가지였다. 하나는 이미 전주성에서 동학농민군이 물러나서 적대할 대상이 없어진 것이고, 다른 하나는 일본군이 조선에 들어와서 대결 상황이 조성된 것이었다. 출병 목적이 사라진 청국군은 아산 일대에 분산해서 머물러 있었다.

아리요시 중위가 일기식으로 작성한 「아산 부근 청국병 상황 정찰보고(牙山附近支那兵狀況偵察報告)」는 기행문을 덧붙여서 모두 76쪽이나 된다.[26] 그 내용을 요약하면 다음과 같다.

5월 13일(양력 6월 16일): 사근평에 도착하다. 이날 밤 수원부에서 숙박할 예정이다. 여관에서 청국 전보총국 병졸과 농숙했는데, 청국병은 인천 아산 공주 세 지역에 있다고 한다. 이날 지나온 도로는 대개 7~8m의 폭이다. 수원

남방에 왕실의 능(陵)이 있기 때문이다.

5월 14일(양력 6월 17일): 오전 4시에 일어나 5시 20분에 출발하다. 수원부의 둘레로 성곽이 있고 북문은 장안문, 남문은 팔달문이라 한다. 수원과 오산 사이 조선병 30명 가량 연이어 북상하다. 그들을 만나 물어보니 아산의 청국병은 2~3일 내 군함을 타고 인천으로 간다고 한다. 평택 1리 전에 청국 관리와 병정 3명(老前營 병정)이 북진하는 것을 만나다. 수원 이남에서는 청국병이 징발해서 계란 하나도 얻을 수가 없었다. 수원 남부의 도로는 3~5m 양질의 도로이나 포차(砲車) 통행에는 수선이 필요하다.

청국병 상황을 탐문한 내용은 "청국병 2,000명 또는 3,000명이 현재 아산에 있다. 음력 20일에는 아산을 출발해서 귀국한다고 한다."는 것이다.

5월 15일(양력 6월 18일): 오전 11시 아산에 도착, 청국군 보초병을 지나 마을에 들어갔다. "아산은 인가 100여 호의 작은 촌락이다. 3면이 산으로 둘러싸였고, 서북방에 평택 및 백석포로 가는 도로가 있다." "동북방 구릉 위에 장방형 천막(幕營) 수십 개가 보이고, 모두 깃발을 세웠다." "촌락 내에는 청국군이 가득하고 그 옆에 무기가 난잡하게 놓였으며, 왕래하는 병졸들은 긴 담뱃대와 부채를 손에 들었고, 무기를 휴대하지 않았다. 초병은 제방에서 앉아서 담배를 피우며 담소를 했다." "촌락 내에는 섭(葉) 장군과 영접사 이씨(李重夏)의 송덕목패(頌德木牌)를 세웠다. 이곳의 병력 수는 약 1,500~1,600명으로 개산(槪算)한다."

"아산 지역(支驛)에 숙박하며 간간이 들은 정보는 다음과 같다. 아산의 청국병은 3,000인, 말은 800두. 이 병력은 곧 전라도를 향해 진군할 것이다. (또는 본국으로 돌아갈 것이다.)"

"백석포를 관찰한 상황은 다음과 같다. 아산에서 24~5정(町, 약 2,600~2,700m) 거리. 아산에서 분견(分遣)한 4~50명이 숙박하며, 이들은 모두 병참 호위병으로 여기가 청국병의 물자 저적장(貯積場)으로 탄약과 군량이 객사의 헛간에 가득하다."

5월 16일(양력 6월 19일): 오전 9시 청국병 2명이 내 방에 찾아와 필담을 시도했는데, 잡담 사이에 청국병 수와 위치 등을 물었는데 거짓이 많다. " "3리를 걸어서 오후 1시 둔포 여사(旅舍)에 도착했다."

5월 17일(양력 6월 20일): 서울의 대대본부로 보고서를 보냈다. "성환역에 청국인 전신국을 가설하였다. 아산 부근 도로에 작은 집을 짓고 조선인 2명이 그 안에 있으면서 편지를 받아 성환역 전신국에 보내고 있다."

5월 20일(양력 6월 23일): "아산 천막 80장 및 객사에 숙영하는 청국병 수는 2,000여 명. 무의영(武毅營)과 연군친병(練軍親兵)이다." "대포는 구포(臼砲) 회선포(回旋砲, 속사포 종류) 가농(加農) 3종으로 상륙할 때 1문을 12명이 들고 100문 이상 아산으로 운반했다.

서울을 떠나서 수원과 평택과 아산에 이르기까지 경기도 남부를 종단하면서 정탐한 보고서는 간략하지만 당시의 사정을 잘 보여준다. 먼저 여단 병력의 행군로를 예상해서 도로와 하천, 읍내와 관청, 주택 규모와 방의 개수 등을 파악하였다. 또 대부대 행군과 전투 기간에 징발할 물자를 조사했는데 간장과 된장은 매우 불량하고, 땔감은 드물며, 야간에 등잔불에 쓸 기름과 석유도 없다고 했다. 군량과 탄약 등 군수물자를 운반할 우마(牛馬) 20~30마리 정도는 읍내 부근의 촌락에서 용이하게 징발할 수 있다고 하였다.

서울에서 전투가 벌어질 지역까지 가는 세 가지 노선은 이정표로 작성하였다. 동로(東路)는 서울 → 용인 → 양성 → 안성 → 직산 → 천안이었고, 중로(中路)는 서울 → 과천 → 수원 → 신위 → 싱환 → 친인이었다. 그리고 서로(西路)는 서울 → 시흥 → 안산 → 남양 → 아산 → 온양 → 천안이었다.

경기도 해당 군현은 일본군이 정탐하는 사실을 예상하지 못하였다. 보고서 어디에도 의심받는다는 표현이 나오지 않는다. 이것은 청국군도 마찬가지였다. 오히려 청국군 병사들이 군사정보를 말해 주는 정도였다. 일본과 전쟁을 벌일 것이라는 생각을 전혀 하지 않은 것 같다.

아산 일대에 있던 청국군은 영접사 이중하(李重夏)의 요청에 따라[27] 서울 방향으로 이동하였다. 이때 관리들은 경복궁을 점령한 일본군을 청국군이 축출할 것으로 생각했다. 그렇지만 서울에서 온 전보 때문에 북상을 중지하고 성환에 머물러야 했다. 전보로 전해 온 것은 서울에 있던 일본군이 남하한다는 정보였다.

아산만에서 벌어진 해전의 결과는 청국군을 위축시켰다. 태안에서 하선한 청국 수병들은 태안 관아에서 호송하여 성환에서 합류하였다. 청국군은 성환역 동쪽 고지인 월봉산에 장방형 진지를 쌓고 주둔하였다. 대홍리와 산정리까지 연이어 펼쳐진 작은 야산들에는 막영(幕營)들이 들어찼다. 청국군 지휘관 엽지초(葉志超, 1838~1901) 제독은 군사 500명을 이끌고 공주로 내려가 있었고, 성환은 섭사성(聶士成, 1836~1900)이 거느린 2,500명의 병력이 지켰다.

성환전투는 풍도해전 4일 뒤인 6월 28일에 벌어졌다. 일본군 혼성제9여단은 각 부대별로 서울을 떠나 남하하였다.[28] 서울과 인천, 그리고 임진강 방어를 위해 보낸 지대를 제외한 15개 중대 3천여 병력과 기병 47기, 산포(山砲) 8문을 보유한 포병 등의 중간 집합지가 수원이었다. 여단장 오시마 요시마사(大島義昌, 1850~1926) 소장은 기병 척후대가 파악한 첩보를 토대로 성환의 청국군 주력 4영을 공격하기로 결정하고 좌익대와 우익대로 나누어 안성천을 건너 청국군 진지를 양면에서 협공하였다.

혼성제9여단 참모 나가오카 가이시(長岡外史, 1858~1933) 소좌는 안성천 너

머로 월봉산이 건너다보이는 평택의 소사 일대에 도착한 후 6~7km 떨어진 청국 진용을 살펴보고 다음과 같이 기록했다.[29]

안성천에서 성환까지 푸른 벼가 넓게 펼쳐진 평야의 건너편에 소나무숲이 울창한 작은 산지의 북쪽으로 신축된 장방형 청국군의 진지들이 있었다. 장방형은 세계의 축성술에서 아직 볼 수 없는 새로운 모양이었다. 이 보루에는 수없는 군기가 꽂혀 있어 볼만했다. 큰 것은 2칸에 달했고 작은 것도 1칸 반 이하는 없었다. 깃발에는 붉은 바탕에 큰 글자로 '葉' '聶' '馮' 등을 하얗게 써 놓았다.

성환전투는 치열했지만 일본군의 승리로 끝이 났다.[30] 21연대장 다케다 히데노부(武田秀山) 중좌가 지휘하는 우익대와 11연대장 니시지마 스케요시(西島助義) 중좌가 지휘하는 좌익대가 좌우 측면에서 공격해서 들어가고, 중앙에서는 포병대가 원거리 포격을 가하였다. 개전 5시간만에 승패가 결정되었다. 협공을 막지 못한 청국군은 진지를 버리고 백석포와 아산읍 방면으로 후퇴하였다. 성환과 아산의 청국군 군수물자는 대포 4문을 포함해서 산과 같다고 오시마 여단장이 참모본부에 보고하였다.[31] 청국군은 사방으로 흩어져 남하하다가 공주로 가서 재집결하였다. 그 과정을 청국군과 함께 있던 영접관 이중하가 정부에 긴급히 보고하였다.[32]

새벽부터 성환에 머물러 있는 섭사성의 진영은 일본군과 접전하여 서로 많은 자들이 죽고 다쳤습니다. 마침내 중과부적으로 통령 섭사성의 군대들이 천안으로 물러갔고, 이어서 제독 섭지초도 일시에 떠나 공주를 향하여 물러났습니다. … 공주에 도착하여 대진은 잠시 주둔하였고, 통령 섭사성과 통령 강자강은 부병들을 거느리고 공주 광정현을 지켰습니다.

　일본군이 행군해 간 경기도와 충청도의 군현은 갑자기 전란 사태를 맞았다. 청일 양국이 동원한 병력이 약 6,000명이었다. 이들이 행군하거나 진영을 구축해서 포진하자 놀란 주민들은 사방으로 피신하였다. 경기도 여러 군현에서 침략군인 일본군의 실체를 직접 목격하게 된 것이 성환전투였다. 서울에서 동원한 짐꾼 2,000명은 일본군에게 협조를 거부하고 대거 도망하였다. 전투에 지장이 있을 정도로 병참 지원이 어렵게 되자 6월 25일(양력 7월 27일) 제21연대 3대대장 고시 마사쓰나(古志正綱) 소좌가 서울 근교에서 자살하는 사건이 일어났다.[33] 일본군은 조선 관리들을 강요해서 경기도 행군로 인근의 주민들을 강제 동원해서 군수물자를 운반하도록 했다.

　성환전투는 내륙에서 처음으로 근대식 포격전을 전개한 전투였다. 일본군 포병대가 선택한 포대는 평택 신정리 동쪽 고지에 위치하였다. 여기서 안성천을 건너 월봉산 방향으로 포격을 가하자 청국병 막영은 일거에 궤멸되었다. 이러한 포 사격은 주민들이 처음 보는 광경이었다. 신식 무라타 소총으로 무장한 일본군이 막영 가까이 다가가서 근접 전투를 벌이자 청국군이 대응하지 못하고 패산하고 말았다. 일본군은 아산 백석포에 쌓여 있던 청국군의 군수물자를 노획해서 해로를 통해 서울로 가져갔다. 서울에서는 조선의 관료들을 참석시켜 개선식을 거행하였다.

3. 경기도 지역의 동학 세력과 1차봉기 시기의 상황

　1894년 6월 하순 이후 경군이 무력해진 가운데 양반 관료들은 속수무책이었다. 서울 도성의 사태는 즉각 전국에 전해져서 모르는 사람이 없었다.

일본군이 서울에 진주한 사실과 6월 21일 사대문을 장악하고 경복궁을 기습한 사건은 전국에 큰 충격을 주었다. 일본 신문이 보도한 기사는 당시 사정을 생생히 전해 준다.[34]

> 일본군이 서울 성내에서 행군하고 있던 6월 23일(음력 5월 20일)경부터 이고 지고 하여 난을 피하는 사람이 길을 잇고 부유한 집안 또는 귀인의 가족들은 이미 8, 9할까지 시골로 달아났다.
>
> 7월 23일(음력 6월 21일)을 맞이하자 하늘에 울려 퍼지는 포성에 잠을 깬 한인 수만 명은 일시에 당황하여 도망 다닌다. 토민이 도망가는 참상은 차마 눈을 뜨고 볼 수 없는 상태이다.

서울 인근 경기도 양근의 분원(分院)에서 사기그릇을 궁궐과 관청 등에 납품하던 공인(貢人) 지규식(池圭植)도 생생한 당시의 사정을 일기에 남겼다.[35]

> 오늘 날이 채 밝기도 전에 일병 몇 천 명이 광화문 밖을 막고 진을 치고 궁성을 포위하였다. 총포 소리가 천지를 진동하는데 뜻밖에 생긴 변이라 어찌할 바를 몰랐다. 급히 도망할 길을 찾아서 종로에 나가니, 이미 전동 골목어귀를 막고 진을 쳤다. 갈라진 좁은 길을 따라 사동에 이르렀으나, 역시 골목어귀에 진을 쳤고 동관(東關) 이현(李峴) 등지도 에워싸고 진을 쳐서 틈새를 따라 수구문에 이르러 간신히 빠져나왔다.

당시 작성한 일본의 공식 문서들은 처음부터 경복궁 기습작전을 왜곡하였다. 경복궁 근처를 행군하던 일본군이 광화문 수비병의 충격을 빙고 대응해서 벌어진 우발적 사건이었다고 했다.[36] 이 일기 내용은 그 같은 일본문서가 사실이 아닌 것을 확실히 보여준다. 또한 "도성 안의 백성들은 남녀노소의 곡성이 땅을 진동하고 노인을 부축하고 어린아이를 이끌고서 성문을 나서는 참혹한 형상은 이루 말로 형용하기 어렵다."고 하였다. 일본군은 도성 안으로 구원병이 들어오는 것을 막았다. "사대문을 지키고서 나가는 사람은 내보내게 하고 들어가는 사람은 비록 어린아이라도 허락하지 않았다."라고 한 것이다.

성환전투의 피해는 경기도 일대에 직접 미쳤다. 김윤식은 유배가 풀려서 서울로 가는 길에 성환전투의 피난민을 만난 상황을 전해 주었다.[37]

> 7월 1일. 점심 때 발안리 40리에 이르렀는데 길에는 피난하는 사녀(士女)가 그치지 않았다. 모두 당진 면천에 간다고 하였다. 대개 일본군이 아산에서 공파(攻破)하여 청국군은 군대를 돌려 서울로 가려고 해서 수원대로(水原大路)는 연락부절이었고 작폐가 매우 많아 행인들은 대로를 피하였다.

4월에 직임을 맡은 경기감사 홍순형(洪淳馨)도 불과 두 달만에 경복궁을 기습당하는 사태에 직면했다. 경기감사는 왕실 보위의 책임이 있는 직임이었지만 대처할 방도가 없었다. 이런 사태가 온 책임은 경군 병영을 지휘하는 장신(將臣)이 져야 했다. 그러나 군사력의 격차가 엄연해서 장신도 어찌할 수 없는 상황이었다.

20여 년간 국정을 독점해 온 여흥 민씨 척족 세력의 핵심이면서 탐관오리의 상징인 민영준(閔泳駿, 1852~1935)은 유배시켰지만 혼란 속에 제대로 실행되지 못하였다. 동학농민군은 봉기 원인을 제시하면서 원성의 대상인 이들 척족세력을 척결 대상으로 지목하였다. 일본군이 경복궁을 점령하고 3일 후인 6월 24일 경기감사 홍순형은 왕대비전에 별입직하라는 왕명을 받았

다.[38]

　경기감사 홍순형은 왕대비전에 별입직(別入直)하고, 독판내무부사 민영환(閔泳煥)과 검교직제학 이준용(李埈鎔)은 중궁전에 별입직하고, 독판내무부사 민영소(閔泳韶)는 빈궁(嬪宮)에 별입직하라고 명하였다.

　왕대비는 헌종의 계비 명헌왕후 홍씨(1831~1903)였고, 경기감사 홍순형은 명헌왕후의 친정 조카였다.[39] 왕대비가 홍순형의 집으로 피신했다는 말도 있었다.[40] 홍순형에게 궁궐로 들어오라는 왕명은 경복궁에 들어온 일본군 병력이 경회루 옆에 주둔하면서 위협을 가하자 친정 조카에게 왕대비전에 들어와 안심을 시키도록 한 조치였다.

　중궁은 명성황후 민비(1851~1895)였고, 빈궁은 세자비인 순명효황후 민씨(1872~1904)였다. 척족인 민영환과 20대 중반으로 홍선대원군의 적손인 이준용(1870~1917)도 입궐하도록 했고, 정부의 중요 직책인 내무독판을 맡았던 민영소(1852~1917)도 들어와서 세자빈을 지키도록 했다. 1894년 6월 하순의 전례 없는 상황에서 서울 도성에 있는 고위 관리들이 할 수 있는 일은 없었다. 나라가 위기에 처했어도 군사력의 뒷받침을 받지 못한 관료는 무력한 존재였을 뿐이었다.

　이 시기에 경기도에서 적극 위기에 대응한 세력은 동학 조직이었다. 1880년대 말에 형성된 경기도의 동학 세력은 강력하였다.[41] 1894년까지 군현별로 동학에 들어간 인물들과 입도한 해를 살펴보면 다음과 같다.[42]

　驪州: 洪秉箕(1892), 林淳灝(1893), 朴源均(1894), 李順化(1894), 辛明甫(1894), 宋爽鎭(1894), 林東豪(1893), 林性春(1894), 林學已(1893), 李貞敎(1893), 李良汝

(1893), 金鍾泰(1893), 鄭福伊(1894)

利川: 李容九(1890), 權重天(1894), 金龍植(1894), 金永夏(1893), 閔泳祚(1893), 金孟欽(1893), 林性鳳, 黃河成, 金鍾泰, 閔性鎬, 閔泳祚, 許涓, 洪淳德, 金龍植, 劉明熙, 金明鉉, 金大濟, 金泳夏, 宋爽鎭, 金孟欽, 安鎭國, 林云先, 李貞敎, 林性春, 林仲先, 林明漢, 權鍾錫, 李良汝, 朴秉俊, 安根秀, 朴秉元. 高在學(高應海)

廣州: 韓槿會(1892), 韓九會(1892), 洪鍾秀(1892), 李鍾勳(1893), 金正潤(1894). 延淳達, 延甲辰, 金文達, 朴仁學, 李永五, 金基淵, 金富萬, 金桂甫, 李正雨, 韓槿會, 韓九會, 金敎贊, 金日熙, 金晶熙, 金敎善, 白永根, 金慶熙, 金連益, 洪在吉, 洪鍾秀, 金敎福, 金正澗, 南宮欐, 黃敬達, 黃秀景, 崔顯模, 洪淳亨, 金敎永, 李龍震, 金敎成, 崔龍雲

振威(平澤): 盧秉奎(1894), 李敏益(1889), 李承曄(1890), 李圭成(1891), 李麟秀, 高文柱, 安領植, 張仁秀, 朴仁勳

始興: 金永淳(1893), 辛在元(1894)

水原: 李鉉植(1892), 羅崐(1889), 羅天綱(1889), 洪在範, 洪鍾珏, 李秉仁, 丁朱亨, 金昌植, 丁大成, 尹敎興, 朴宗遠, 朴容華, 朴容駿, 朴容日, 朴寅遠, 朴商益, 林仲模, 金學敎, 宋亨浩, 李圭植, 崔基連, 李元善, 張基煥, 張泳寬, 張漢秀, 禹顯時, 金濟乙, 尹敎興, 崔鎭協, 韓世敎

仁川: 安季植(1891)

동학도들의 명단과 활동 군현이 일치하는 것은 아니다. 동학은 인맥으로 연결되었기 때문에 대접주의 포 조직이 여러 군현에 걸쳐 활동하는 사례가 많았다. 그래서 안성포가 안성뿐 아니라 인근 죽산이나 충청도 진천에서 활동하기도 했고, 수원포가 광주나 용인 또는 충청도 평택에서 활동하는 경우도 있었다. 특정 군현의 이름이 나온다고 해서 그 포가 해당 군현 사람들로

만 구성되었다고 할 수는 없다. 그렇지만 대접주가 주로 활동하던 군현에서 거주하는 사람들이 많이 가세하였다.

경기도의 동학 세력을 잘 보여주는 것이 보은 장내리집회에 참여한 규모이다.[43] 수원·용인·양주·여주·안산·이천·안성·죽산·광주 등지에서 장내리집회에 온 동학도의 수가 2,660여 명이라고 하였다. 무엇보다 수원접이 840여 명으로 많았다고 한 것이 주목된다. 이 정도의 인원이 충청도 남부의 보은까지 먼 거리를 가서 집회에 참여했다면 수원포의 세력은 매우 컸을 것이기 때문이다. 1893년 4월 초에는 서울 가까운 지역에서도 동학도가 활동한다는 말이 전해졌다. 한강을 통해 도성을 쉽게 왕래하던 양근에서도 "시끄럽게 떠드는 동학 소문은 아침저녁으로 바뀌져서 믿을 수 없다."[44]고 하였다.

장내리집회 이후 경기도로 돌아온 동학도들이 심한 해를 받지 않자 동학에 들어오는 사람들이 크게 늘어났다. 1894년 전라도에서 일어난 동학농민군의 봉기 소식과 서울에서 전해진 일본군의 경복궁 점령 소식은 동학 세력을 더욱 급속히 확장시켰다. 광주의 이종훈(李鍾勳)이 쓴 1893년의 기록[45]과 여주의 임동호(林東豪)가 쓴 1894년의 기록[46]으로 당시의 사정을 알 수 있다.

계사년(癸巳年, 1893) 정월 17일에 동학에 입도하여 참가하게 되었다. 그러나 지목이 크게 일어나서 사방으로 몸을 피하여 숨어 다니다가, 3월 어느 날에 충청도 보은군 장내리가 팔도의 대도회(大都會)가 되었다는 이야기를 듣고, 집의 동생인 종필(鍾珌)을 여주군 이포(梨浦)에 보내 말 두 필을 사 가지고 오게 하였다. 사 온 말에 상평통보 200냥을 싣고 보은 장내리로 내려갔다. 말 두 필과 엽전 200냥을 의암 선생께 바치고 십여 일 동안 미물게 되었다. 이때 경기편의장의 임무로 그 직을 맡아 보게 되었다.

동 34년 계사 4월 20일에 입교(入敎)하다(傳敎人 林學善). 동년 5월에 내왕 60리되던 이천 소양산 소찰(小刹)에 주경(晝耕)하면서 야간에 내왕하며 연성 공부 월여를 하다. 동년에 집강 교직으로 시무 종사하다. 동 35년에 교장직 으로 시무하다. 동년 8월에 일야(一夜)에 700인까지 전교하다."

장내리집회 시기인 1893년 4월에 입도한 임동호는 동학 조직의 집강으로 활동하였고, 다음해인 1894년에는 교장으로 일했다. 여름이 되면서 동학에 들어오는 사람이 더욱 많아졌다. 8월에는 "하룻밤에 700명까지 전교했다." 고 술회했다.[47] 이런 기록은 8월 이후 경기도 군현들도 전라도와 충청도나 다름없었던 사실을 전해준다. 8월에는 남종면의 분원에서 일하는 도자기 공인에게도 입도를 권유했다는 기록이 있다.[48]

1894년 8월에는 경기도의 동학도들이 봉기를 준비하면서 적극적으로 포교 활동을 했다. 이때 부각된 동학 지도자들이 양근은 신재준(辛載俊), 지평은 전태열(全泰悅)과 이재연(李在淵), 광주는 이종훈(李鍾勳)과 염세환(廉世煥)이었고, 양지는 고재당(高在棠), 여주는 홍병기(洪秉箕)와 신수집(辛壽集), 이천은 김규석(金奎錫) 전창진(全昌鑛) 이근풍(李根豊) 등이었다. 경기도의 동부 군현인 지평에는 강원도 홍천의 동학 조직이 들어와서 세력을 넓혔다.[49]

8월은 전국의 동학 조직에서 봉기를 준비하던 시기였다. 경기도의 여러 군현에서도 무기를 확보하고 돈과 곡식을 수집하였다. 경기도의 많은 동학 도들은 일본군의 전투력을 잘 알고 있었다. 과천과 수원 등지에서는 풍도전 투와 성환전투 과정에서 일본군의 대규모 행군을 보기도 했고, 여주와 이천 그리고 광주에서는 일본군 병참부를 따라 수많은 일본군이 오가는 것을 목 격하였다. 그러한 일본군을 축출하기 위해 봉기를 준비했던 것이다.

8월 23일 천안에서 일어난 일본인 6명의 살해 사건을 조사하기 위해 파견된 일본공사관 순사의 보고에 의하면 '현재 공주·죽산 기타 각 군에서는 동학도의 행패가 심하고 더욱이 무기를 탈취하려는 낌새가 보이므로 각처의 무기고를 모두 봉쇄하여 이를 굳게 지키고 있는 실정'이라고 하였다.[50] 경기도에서도 경복궁 침범 2개월만에 동학 조직이 무장봉기를 준비하면서 관아의 무기까지 탈취하려는 움직임을 보였다는 것이다. 또 천안 군민 10명 가운데 8, 9명은 동학당에 가담하고 있고 더욱더 성대해지는 경향이 있다고 했는데 이것은 인근 경기도의 안성과 죽산 등지에서도 동일했을 것이다.

전 고성부사 오횡묵이 9월 중순 용인의 주막 비립가점(碑立街店)에서 당시 사정을 잘 전하고 있다.[51] '등짐 진 사람이나, 머리에 이고 가는 사람이나, 밭을 가는 사람이나, 나무하는 사람'이 늘 동학 주문을 외우고 다녔는데 동학을 사교로 금지했던 지방관에게도 그런 소리가 자연스럽게 들렸다고 했다. 경기도 죽산과 용인에서도 경상도나 충청도처럼 농민들이 동학에 대거 가세해서 활동하고 있었던 사실을 알려 주고 있다.

이러한 동학도들의 집단 활동을 관아에서 제어하지 못했다. 오히려 지방관도 동학도들에게 피해를 입을 것을 두려워하고 있었다. 일본군 병참부가 있던 광주 송파에서도 동학도들이 활동한다는 소식이 전해졌다. 송파 일대는 광주 관아 대신 일본공사관의 순사들이 파견되어 확인하였다. 일본 순사의 복명서가 당시 상황을 전해 준다.[52]

1894년 9월 26일(음력 8월 27일). 송파 지방에 동학당이 모인다는 풍설이 있으므로 사실 여부를 정탐하라는 명령을 받고 그날로 그 곳에 출장하여 정탐하였습니다. 그곳에는 물론 그 근방 마을에도 동학당이 모이는 사실이 전혀 없었다고 합니다. 하기야 몇 사람을 목격하기는 하였으나 그들이 동학당이라고 단정하기란 쉬운 일이 아닙니다. 혹 몇 사람의 당인(黨人)이 들어왔었는지도 알 수 없는 일입니다. 이곳에는 병참사령부도 설치되어 있고, 더욱이 일본 군대의 통행도 잦으므로 많은 인원의 동학당이 모이는 일은 결코 없을 것입니다.

일본 순사들에게 송파 주민은 협조하지 않았던 것 같다. 그래서 송파에는 동학도 다수가 모이는 일이 없을 것이고, 동학의 이름을 빌려서 금전을 약탈한 사건이 잘못 전해진 것이라고 추정하고 있다.

경기도 남부 군현의 동학 조직은 충청도 북부 군현까지 인맥이 연결되어 있었다. 평택과 직산처럼 경기도와 접경한 지역뿐 아니라 천안과 목천 등지까지 서로 협력하는 모습을 볼 수 있다. 이러한 관계는 가을 재봉기가 일어날 때 잘 드러났다.

4. 경기도의 갑오년 재봉기와 진압 상황

1) 경기도의 갑오년 재봉기 상황

경기감사 홍순형은 부임 4개월도 채 안 되어 광주유수(廣州留守)로 자리를 옮겼다. 그리고 8월 19일 새 경기감사로 한성판윤과 예조판서 등 고위직을 역임한 신헌구(申獻求, 1823~1902)가 선임되었다. 경기감사 신헌구는 8월 하순부터 무장봉기를 본격적으로 준비하는 경기도 동학도들의 활동을 막는 일부터 시작해야 했다. 그리고 9월 하순 동학 교단의 기포령 이후 경기도 여러 군현에서 무장봉기한 동학농민군을 진압하는 책임을 맡게 되었다.[53]

그러나 경기감영은 독자적인 무력이 없었다. 경내 군현에서 보고가 올라오면 정부에 알려서 대처하는 방법밖에 없었다. 수원과 광주 유수도 외지로 파견할 군대가 없었고, 강화도의 진무영(鎭撫營 또는 沁營)만 병력 파견이 가능하였다. 경기감영은 정부의 대책에 따라 관하 군현에 지시만 할 뿐이었다. 8월부터 전국에서 조성된 긴박한 분위기는 점차 경기도에도 영향을 미쳐왔다.

전라도의 동학농민군이 2차봉기를 시작하기 전에 일본군이 대응하고 나섰다. 일본군 병참부가 설치된 경상도에서 일어난 사태였다. 예천 일대의 동학농민군이 대규모로 집결해서 태봉병참부를 위협하자 충주에 있던 공병대 제6대대 제1중대를 보내서 공격을 가했다.[54] 동학농민군이 예천에서 부농에게 강제로 돈과 곡식을 걷는 중에 민보군에게 체포되어 11명이 생매장되자 읍내 점거를 시도하여 공방전이 벌어졌고, 이때 집결지를 정탐하던 태봉병참부 부관 다케노우치 대위가 죽는 사건이 일어났다. 그러자 8월 29일 일본군이 예천 동학의 근거지인 소야 인근에서 동학농민군을 기습하였다. 일본군이 동학농민군과 교전한 첫 번째 전투가 이 석문전투였다.

9월 하순 이노우에 가오루(井上馨, 1836~1915)가 전권공사(日本特命全權公使)로 부임하였다.[55] 우마야하라 쓰토무(馬屋原務本) 소좌가 지휘하는 제5사단 소속 후비보병 독립제18대대까지 호위와 서울 주둔 등의 임무를 맡겨 함께 보냈다.[56] 후비보병 제18대대는 경성수비대(京城守備隊)라고 불렀지만 경기도와 충청도 그리고 강원도에서 동학농민군이 활동하면 수시로 진압 임무를 띤 소대나 중대 병력을 파견하였다.

일본 정부의 실권자인 내무대신에서 격하되어 부임한 이노우에 공사는 내정간섭은 물론 동학농민군 진압에서 최고 현지 책임자의 역할을 하였다. 히로시마대본영도 후비보병 제19대대를 증파해서 동학농민군을 진압하기로 결정했다. 이 후비보병 제19대대가 경기도 일대의 동학농민군 거점을 공격하게 된다.

경기도에서 기포령 이전에 동학농민군이 읍내에 들어와 관치 질서가 무너진 군현이 안성과 죽산이었다.[57] 9월 10일 관아가 점거된 보고를 받은 즉시 군국기무처는 긴급히 진압군을 파견하기로 결정하였다.[58] 이때 진압군을 파견하는 형식이 특별했다. 장위영과 경리청 영관을 안성군수와 죽산부사로 임명하고, 군직(軍職)을 겸하도록 해서 예하 병정과 함께 임지로 가되 두 지휘관이 서로 긴밀히 연락하며 동학농민군을 진압하게 한 것이다.[59]

> 비도(匪徒)가 기전(畿甸)의 죽산·안성까지 침범하기에 이르렀으니 죽산과
> 안성 (지방관)을 모두 교체하여 기량이 있는 사람을 가려 차출한 뒤 군대를 거
> 느리고 가도록 재가를 받았는데, 죽산부사 장위영 영관 이두황(李斗璜)과 안
> 성군수 경리청 영관 성하영(成夏泳)을 임명하여 각기 거느리고 있는 병정을
> 인솔해 곧 내려가 서로 기맥을 통해 토벌하도록 하였다.

죽산부사에는 부영관 이두황을 임명했고, 안성군수에는 부영관 성하영을 임명했다. 이두황은 다음 날인 9월 11일 장위영에서 1개 중대 병정만 뽑아서 즉각 출발하여 신원(新院)에 머물며 열흘 동안 정비한 뒤에 9월 21일 용인으로 행군하였다.[60] 이두황은 용인에서 숙영하면서 직곡(直谷)에 있는 접주 이용익(李用翊)의 집을 둘러싸고 동도 14명을 붙잡았다. 또 김량(金良)에 있는 이삼준(李三俊)의 집을 포위하여 6명을 붙잡았다. 이들 20명을 양지에 가서 문초하여 이용익은 염주와 주문이 현장에서 장물로 발각되었는데, 그의 조카와 함께 미혹되어 늙어서도 오히려 그치지 않았다. 정용전(鄭用全)은 스스로 호접(湖接)에 투신한 지 수년이 지났다. 이주영(李周英)은 계문(戒文)을 깊이 간직하고 있어 광혹(狂惑)이 더욱 심하였고, 이삼준은 다년간에 걸쳐 광혹이 골수에까지 스며들었다는 것을 조사한 후 대로에서 포살하였다.[61] 이두황이 지휘하는 장위병이 용인과 양지 두 군현에 진입해서 동하 접

주 등을 체포해서 처형한 것은 경기도 남부에서 처음 동학농민군을 제어한 조치였다.

죽산부사 이두황이 이끌고 간 병대는 무려 600명이었다. 그렇지만 죽산에 들어간 뒤에는 읍내에 머물러 있으면서 인근 군현으로 나아가 동학농민군을 제어하지 않았다. 그런 실정을 일본인 어학생(語學生)으로 충청도와 전라도에서 정탐 활동을 해 온 다카시마 고하치(高嶋吾八)가 일본공사관에 보고하였다. 일본공사 이노우에 가오루는 외무대신 김윤식에게 그 사실을 전하면서 비난을 했다.[62]

죽산 부근에 있는 동비(東匪)들은 지금도 그 출몰이 무상하며 그곳에 있는 귀국 병정들은 부내에서만 지키고 있고 감히 앞으로 나아가 초토하지 못하고 있는 형편이라고 합니다. 본사(本使)가 이 일을 생각해 볼 때, 귀 정부가 처음 군대를 파견한 것은 본래 비도들을 초멸하는 데 목적이 있었지만, 지금 그 부사는 600여 명이나 되는 대병을 갖고도 초토에 나서지 않고 그 비도로 하여금 멋대로 날뛰게 하여 폭력을 마음대로 펴게 하고 있습니다.

그리고 일본군 장교가 훈련시킨 교도중대를 파견할 것이니 일본군 장교에게 지휘권을 넘겨주도록 했다.

내일 우리 시라키(白木) 육군 보병 중위와 미야모토(宮本) 육군 보병 소위를 파견하여 우리 부대보다 앞서서 혹은 뒤에 출발한 귀국의 행진 각 대와 서로 모여 초토에 나서라는 명령을 내릴 것이니, 귀 정부는 이런 사유로 행진 각 대상 및 언로의 시방관에게 칙령을 내리되, 전진과 후퇴(後退)를 조절할 때 모두 우리 사관의 지휘를 따르도록 하고 아울러 귀 사관과 병사들에게 칙령을 내려 이 말을 준수토록 하십시오. 만일 이 명령을 준수하지 않고 혹 겁내어 후퇴하거나 도피하는 사람이 있으면 즉시 군법으로 다스릴 것입니다.

조선 정부는 교도중대뿐 아니라 경군 병대도 중위와 소위 계급의 일본군 장교가 명령을 내리면 따르도록 하였다. 이는 뒤에 증파되어 온 후비보병 제19대대의 대대장 미나미 고시로(南小四郎) 소좌에게 경군 전체의 지휘권을 넘겨주는 명분이 되었다.

안성군수 성하영은 경리청 병대를 이끌고 임지에 부임하여 경내의 동학 농민군을 추적하였다. 안성의 동학 지도자는 유구서였다.[63] 이때 유구서와 함께 김학여 등을 체포해서 처형하였다.[64]

9월 본군의 동도 우두머리인 유구서(兪九西) 등 11명이 마을에서 총과 칼을 탈취한 것은 물론이고, 양반과 상민을 결박하여 때리면서 그들의 당으로 들어오도록 핍박하고, 군기고를 부수고 조총 129자루·환도(還刀) 41자루·창 50자루·화약 80근·탄환 3,000개·화승(火繩) 40타래·기죽(旗竹) 12개·행고(行鼓)·겸창(鎌鎗) 4개를 모두 훔쳐갔습니다.

본군의 동도 우두머리인 유구서를 밀탐하여 잡았으며, 목촌면 보체(保體)에 사는 김학여(金學汝)·진천에 사는 김금용(金今用) 2인은 동도로서 우리 병정의 수효를 탐문하다가 본 읍의 백성에게 잡혔습니다. 여러 차례 자세히 캐어묻자, 이들은 조금도 틀림없다고 승복하였습니다. 그래서 이들 유구서·김학여·김금용 등 3인은 9월 27일 여러 백성들을 크게 모아 놓고 먼저 사형에 처하였습니다.

정부는 경군을 안성과 죽산에 파견한 이후 호위부장 신정희(申正熙)를 도순무사로 선임하고 동학농민군 진압 기구로 양호도순무영을 설치하였다. 의정부에서 이러한 논의를 20일에 시작하여 22일에 국왕의 재가를 받았다. 그리고 24일 중군에는 경무사 허진(許璡)을 선임하고, 종사관에는 전 교리 황장연(黃章淵)과 시강 정인표(鄭寅杓)를 임명해서 진용을 갖추었다. 양호도순무영은 무기와 군량 등 군수물자 확보 없이 급히 설치한 기구였다.[65]

도순무사 신정희는 도순무영 직제를 정하고 경군 각 병영에서 인원을 선발하였다. 순찰사(巡察使) 이하를 전적으로 통제하는 권한을 부여받은 도순무사는 경기감사 · 충청감사 · 전라감사 · 경상감사 · 황해감사 · 강원감사에게 군사 문제는 도순무영의 지시를 받도록 하라는 관문을 보냈다.[66]

9월 26일 가장 먼저 경기감사 신헌구의 보고가 올라왔다. 맹영재(孟英在)가 지휘한 지평 민보군의 활약을 전해 온 것이었다.[67] 이 보고는 도순무영은 물론 정부를 고무시킨 내용으로서 이후 진압 방침에 커다란 영향을 주게 되었다.

동도 수백 명이 홍천의 팔봉(八峯)과 필곡(筆谷) 등에 접(接)을 설치하여, 겁략하고 잔학을 저지르는 폐해가 이르지 않는 곳이 없기 때문에, 지평현의 관포군(官砲軍) 20명과 사포수(私砲手) 300여 명 모두에게 그들을 막아서 지키도록 명령을 내렸습니다. 또한 상동면에 사는 전 감역 맹영재를 부약장(副約長)으로 삼고 방편을 세워서 지키도록 하였습니다. 9월 12일에 맹영재가 관포군과 사포군으로 이루어진 100여 명을 거느리고 홍천에 도달하여 변복하고 유인하였습니다. 먼저 그들 무리인 김철원(金鐵原) 등 10명을 사로잡았는데, 7명은 타일러서 풀어 주었고, 김철원 등 3녕은 오히려 향도로 삼아 곤비로 팔봉으로 향하였습니다. 그들의 우두머리인 고석주(高錫柱) · 이희일(李熙一) ·

신창희(申昌熹) 3명을 사로잡아서, 고석주는 그 자리에서 참수하고, 이와 신 두 놈은 총을 쏘아 죽였습니다. 또 총이나 돌을 맞아 죽은 자가 5명입니다. 나머지 무리들은 사방으로 흩어졌으며, 그들이 버린 창 58자루는 군고(軍庫)에 수납하였습니다. 이들 비류들이 창궐하는 시기에 방어하는 것을 배로 늘려 단속하였고, 포군이 사용할 군량과 반찬을 약환과 함께 별도로 조치하여 나누어주라고 했습니다. 군량과 반찬은 경기감영에서 차례로 도와주고, 약환은 지평현의 것을 사용하되, 방략을 마련하여 토벌하여 쓸어 없애도록 엄하게 명했습니다.

9월 말은 삼남은 물론 경기도와 강원도에서 구원병 요청이 빗발치던 때였다.[68] 경기감사 신헌구가 지평현감 안욱상의 보고문을 전재한 이 보고서는 민보군 운영 방안까지 말하고 있다.

첫째, 민보군 결성 문제였다. 동학농민군의 재봉기에 대처해서 양호도순무영을 설치한 시기에 정부와 도순무영은 전혀 대책을 세우지 못했다. 정부는 전국에 걸친 동학농민군을 진압할 무력이 없었다. 경군을 선발해서 파견했지만 곧 일본군 후비보병 제19대대장에게 지휘권을 넘겨주어서 무기와 탄약 그리고 군량 등을 보내 주는 지원 기관의 역할에 그쳐야 했다. 그때 지평에서 활약한 민보군 보고가 올라오자 주목하게 되었다.

둘째, 민보군의 구성 문제였다. 지평민보군은 관포군과 사포군으로 이루어졌다. 관포군은 20명뿐으로 당시의 상황에서 보면 유명무실했고, 사포군을 300명이나 모집해서 민보군의 주력이 되었다.

셋째, 민보군의 운영 경비 문제였다. 가장 시급한 것이 300여 민보군이 먹을 군량과 화승총의 약환이었다. 경기감사 신헌구는 군량과 반찬은 경기감영에서 지원하도록 했고, 약환은 지평관아에 보관된 것을 사용하게 했다.

넷째, 민보군의 지휘자와 군권 부여 문제였다. 지평민보군을 결성하고 지휘한 인물은 전 감역 맹영재였다. 현감이 약장(約長)으로 공권력으로 뒷받침하고, 맹영재는 부약장으로 민보군을 지휘하였다. 부약장 맹영재는 현감의 지휘권을 넘겨받아 민보군을 이끌었다. 따라서 동학농민군 지도자를 체포해서 포살하거나 협종자(脅從者)를 훈방하는 권한은 군권을 부여받은 지휘자에게 있었다. 경기감사 신헌구는 지평민보군과 그 지휘자에게 포상하도록 건의해서 군권을 공인하였다.

도순무영은 맹영재뿐 아니라 민보군 지도자에게 군권을 부여하는 방침을 정하였다. 그리고 소모사 소모관 조방장 별군관 등에 임명하도록 국왕에게 건의해서 윤허를 받았다. 이에 따라 경기도에서는 맹영재와 안성 죽산 등지에서 민보군을 이끌었던 정기봉(鄭基鳳)을 기전소모관(畿甸召募官)에 임명했다.[69]

소모사와 소모관 등을 임명해서 민보군 결성을 적극 권장하는 방침은 계속 이어졌다.[70] 군권을 부여한 대상도 민보군 지도자만이 아니었다. 각도의 현직 지방관을 선별해서 소모사 등으로 임명하였고, 적임자가 없는 지역은 전직 관리를 지명해서 임명하였다.[71] 이러한 조치는 군사력을 갖지 못한 정부가 할 수 있는 유력한 방법이었다.

지평민보군 지도자 맹영재는 특별히 우대하였다. 정부는 9월 29일 소모관 맹영재로 하여금 지평현감을 겸임하여 민보군을 이끌도록 하였다. 그리고 지평현의 경계는 물론 도의 경계를 넘어 강원도나 충청도에서도 활동할 수 있도록 했다. 도순무영에서 내린 다음과 같은 전령을 보면 그 신뢰도를 알 수 있다.[72]

기전소모관은 그 임무가 매우 중요하다. 지금 이후부터 만일 비적(匪賊)을 쳐서 물리치는 일로 충청도 산골이나 강원도 등지를 왕래할 때, 경계를 넘어가는 것에 구애받지 말고 그때그때 편리하고 마땅한 것에 따라 일을 할 수 있게 하도록 하는 내용으로 경기감영에 비밀 관문(關文)을 보낸 후에 전령을 보냈으니, 도착하는 즉시 거리낌 없이 거행함이 마땅하다.

경기감사 신헌구는 도순무영의 지시대로 관하 각 군현에 공문을 보내서 동학농민군의 활동을 금지시키라는 지시를 잇달아 내렸다.[73] 그러면서 안성군수를 파직시키도록 정부에 건의하였다.[74] 안성에서 동학농민군이 집결해서 무기를 탈취하고 재화를 빼앗아 갔는데 군수가 아직 부임조차 하지 않았다는 것이 이유였다. 이에 따라 도순무영 별군관에 선임된 경리청 부영관 홍운섭(洪運燮)이 후임 안성군수로 임명되었다. 홍운섭은 10월 5일 안성으로 직행하였다.[75]

이때 파직된 성하영은 청주성을 구원하라는 명령을 받고 거느리던 병대를 그대로 이끌고 진천 방향으로 행군하여 신임 군수에게 인계할 수 없었다. 가장 먼저 청주성에 도착한 성하영의 공을 인정한 청주병사 이장회는 "중망을 얻고 있으며 재주가 쓸 만하다."면서 성하영을 재임명하도록 건의하였다.[76] 정부는 이 건의를 받아들여 동학농민군이 지방관을 살해해서 공관상태였던 충청도 서산군수에 임명하였다.[77]

경기도 남부 지역은 동학 교단이 기포령을 내린 이후 격동하는 모습을 보였다. 여러 군현에서 봉기한 동학농민군을 관아가 제어할 수 없었고, 그런 사실은 서울에 즉각 전해졌다. 일본공사관은 경기도 상황을 이천과 가흥병참부에 조사하도록 지시하였다. 이천병참부는 9월 20일 이천 갈산리와 활산 등지에서 32명을 체포하였고, 가흥병참부는 8명을 체포하였다. 이들 중 10명은 9월 26일 총살하였다.[78]

이천부사 남정기(南廷綺)의 보고에서 "본읍(利川)에 남아 있는 일본병은 9월 20일 밤에 동도 32명을 본읍의 갈산리(葛山里)와 활산(活山) 등지에서 잡아 진중에 단단히 가두었고, 또한 충주의 병참에서 잡아서 이른 자가 8명인데, 30명은 각각 귀화하라는 뜻으로 신칙하여 풀어 주었으며, 10명은 9월 26일 술시(戌時)에 총으로 쏘아 죽였습니다."라고 하였습니다.

이뿐이 아니었다. 홍천의 동학도들을 제압한 맹영재의 지평민보군은 경기도 남부 여주의 동학 근거지를 기습하였다. 여주에서 벌어진 상황을 보면 당시의 사정을 알 수 있다.[79]

9월 22일에 맹 감역이란 사람이 포군(捕軍) 4백여 명을 거느리고 동도인(東道人)을 총살하면서 본리(本里)에 침략함으로 음성 무극시로 일반 도인 수만 명이 집회함에 참가하야 10여 일을 머물다.

지평민보군이 여주 수계면의 신지리에 있는 대접주 임학선의 거점에 들어왔던 것이다. 민보군이 들이닥치자 신지리의 동학농민군은 반격할 생각도 하지 못하고 피할 수밖에 없었다. 여주를 떠나 몰려간 곳은 충주 외서촌에 있는 황산[80]과 인근 무극 장터였다. 대접주 손병희의 충의포에 속했던 이용구(李容九)[81]의 근거지 황산은 여주뿐 아니라 안성 등 경기도 남부 군현에서 봉기한 동학농민군의 집결지가 되었다.

경기도 음죽의 동학농민군은 9월 25일 읍내에 들어와 관아의 무기고를 부수고 무기를 탈취해서 광혜원에 집결하였다. 음죽은 이미 8월 말에 일본 공사관에서 일본군 가흥병참부에 동학도들의 활동을 조사시킨 곳이었다.[82] 경기감사 신헌구는 음죽현감 김종원(金鍾遠)의 보고를 즉각 도순무영에 올

렸다.[83]

　　근일 비류들이 죽산의 광혜원·충주의 황산·무극장(無極場) 등지에 많은
사람들을 불러 모으고 있어서, 모인 무리들이 수십만이 될 정도입니다.－9월
25일 유시(酉時)에 동도 수천 명이 각각 총과 창 및 환도를 가지고 관사를 둘
러싸고 군기고를 부수고 남은 군물(軍物)은 모두 빼앗아갔는데, 서리와 장교
10여 명이 그들을 막다가 맞아 죽을 지경에 이르렀습니다.

　'수십만'이라는 수는 과장된 것이지만 경기도 남부 군현에게 광혜원의 음
죽 동학농민군과 황산집결군이 보여준 위협을 나타낸다. 광혜원의 음죽 동
학농민군은 충주 황산의 동학농민군과 함께 경군의 주요 추적 대상이 되었
다. 도순무영에서는 경기도에서 동원 가능한 병력을 모두 황산에 보내 협력
하여 '물리치고 사로잡으라'고 명령을 내렸다.[84] 9월 28일 먼저 기전소모관
맹영재의 지평민보군을 파견하였고, 다음에는 죽산부사 이두황과 안성군수
성하영이 거느린 경군 장위영과 경리청 병대를 급파시켰다. 이때 충청병영
에는 파병 지시를 할 수 없었다. 청주성을 공격한 동학농민군을 겨우 막아
낸 직후였고, 아직 사방에서 청주성을 포위한 상태였기 때문이었다.
　하지만 이 같은 화급한 지시도 즉각 시행되지 못했다. 무엇보다 황산과
함께 광혜원에 집결한 동학농민군이 매우 많다는 소문으로 위축되었던 까
닭이다. 9월 26일 음죽현감이 보낸 공문으로 음죽 사건을 전해 들었지만 죽
산부사 이두황은 읍내에 머물러 있으면서 장위영 병대를 출동시키지 않았
다. 안성과 이천의 동학농민군은 9월 29일 충청도 진천의 관아에 들어가서
무기를 빼앗고, 구만리로 가서 집결하였다.[85]
　도순무영은 10월 6일 죽산부사 이두황에게 호된 질책을 하면서 "먼저 광

혜원을 해결하되, 적과 마주쳐서 명을 따르지 않는 자는 목을 베도록 하라."
고 지시하였다. 죽산군수 이두황과 안성군수 성하영은 전령을 보내 함께 집
결지로 출진했지만 그 사이에 광혜원과 황산에 집결한 동학농민군은 괴산
을 거쳐 보은으로 떠났다.

2) 경군 병대와 일본군의 경기도 동학농민군 제압

이두황이 이끄는 장위병은 10월 10일 경기도 경계를 넘어서 충청도 진천
과 음성으로 들어갔다. 장위병은 죽산에서나 행군 도중에 동학 근거지를 수
색하여 동학농민군을 체포해서 처형하였다. 성하영과 홍운섭의 경리청 병
대도 안성 일대의 동학 근거지를 수색하였고, 맹영재의 지평민보군도 여주
와 죽산의 동학 거점을 기습하였다. 경기도 남부의 동학농민군은 더이상 근
거지에서 활동할 수 없었다. 이두황의 장위병은 경기도 군현만이 아니라 충
청도로 행군해서도 경기도의 동학농민군을 체포하면 즉각 처형하였다.[86]

경기도 동학농민군의 체포 및 처형 기록(9월~10월)

일자	지휘관 및 병대	군현	동학농민군 체포 및 처형자
9월 22일	이두황 - 장위영	용인	총살: 이용익(李用益)·정용전(鄭用全)·이주영(李周英)·이삼준(李三俊)
9월 24일	맹영재 - 지평민보군	여주	총살: 임학선(林學先)의 부 임황록(林黃祿)·김화춘(金化春)·장흥(長興) 접주·홍순룡(洪順龍)의 모, 곤장: 안순옥(安順玉), 체포: 지사준(池士俊)의 처
9월 26일	일본군 이천병참부	이천	체포: 32명, 총살: 10명
9월 27일	성하영 - 경리청	안성	효수: 유구서(兪九西) 김학여(金學汝) / 진천 김금용(金今用)
10월 1일	이두황 - 장위영	음죽	처형: 박만업(朴萬業)
10월 3일	이두황 - 장위영	죽산	처형: 우성칠(禹成七)
10월 4일	허진 - 순무영 홍운섭 - 경리청	수원 안성	효수: 김내현(金鼐鉉)·안승관(安承寬) 효수: 병억(朴秉億)·민영훈(閔永勳)·인산옥(林尙玉)
10월 5일	이두황 - 장위영	죽산	처형: 박봉학(朴奉學)·이돈화(李敦化) / 주천 동도 5명 구류

일자	지휘관 및 병대	군현	동학농민군 체포 및 처형자
10월 13일	홍운섭 - 경리청	안성	효수: 임상옥(林尙玉)/ 직산 민영훈(閔泳勳)
10월 13일	맹영재 - 지평민보군	죽산	처형: 최제팔(崔齊八)
10월 14일	맹영재 - 지평민보군	죽산	처형: 성익(朴性益) · 이춘오(李春五) · 장태성(張太成)
10월 15일	이두황 - 장위영	이천	처형: 서수영(徐水榮) · 조인이(趙仁伊) · 원석만(元石萬) · 김석재(金石在)/보은에서 체포
	이두황 - 장위영	안성	처형: 박공선(朴公先)/ 보은에서 체포
10월 17일	후비보병 제19대대 동로군	이천	총살: 김기룡(金基龍)

죽산과 안성에 보낸 장위영과 경리청 병대는 경기도에서 봉기한 동학농민군을 진압하고 관아의 기능을 복구하기 위해 보낸 경군이었다. 하지만 당시 상황은 경기도에서만 활동할 수 있는 것이 아니었다. 경기도의 동학농민군이 도내뿐 아니라 충청도 군현에 가서도 활동을 했고, 광혜원과 황산 등지에 집결해 있었기 때문이었다. 이때 청주성에 구원병을 파견해 달라는 청주목사와 충청병사 그리고 충청감사의 급보가 전해졌다. 도순무영은 이미 출진해 있던 죽산과 안성의 장위영과 경리청 병대를 청주로 가게 했다.

10월에 들어와 도순무영은 별군관 이규태(李圭泰)를 선봉으로 임명하고 통위영과 교도소 병대를 파견하기로 결정했다.[87]

양호도순무영에서 아뢰기를, "본영 별군관(別軍官) 이규태를 선봉(先鋒)으로 차하(差下)하여 교도소(敎導所)의 병정 1중대와 통위영(統衛營)의 병정 2대를 거느리고 우선 청주, 공주 등 방면으로 떠나보냈으며, 대대(大隊) 군병을 거느린 중군(中軍)을 뒤따라 보낼 것입니다."라고 했다.

각 파견 병대를 통괄하는 지휘는 대대를 이끌고 출발할 예정인 중군 허진이 맡기로 했으나 이 계획은 이행되지 않았다.[88] 따라서 선봉 이규태가 출진 병대 전체를 지휘하도록 했다. 그러한 결정을 지휘받을 출진 병대의 영관인 죽산부사 이두황, 참령관 원세록, 안성군수 홍운섭, 영관 구상조에게 알렸다.[89] 선봉 이규태는 10월 10일 오후에 통위병과 교도중대를 거느리고 숭례문을 나와 일박하고, 그다음 날 과천에 도착해서 숙영하였다.[90]

선봉장 이규태가 통위영 영관 1명 대관 8명 병정 317명을 거느리고 수원에 도착한 날은 10월 12일이었다.[91] 그렇지만 바로 남하하지 못하고 18일까지 머물러 있어야 했다.[92] 이날 받은 도순무영의 전령은 이미 병영을 떠나 출진한 경군 병대에게 납득되지 않는 내용이었다.[93]

일본 군대가 내일 출발하려고 한다. 잠시 수원부에 머물러 있다가, 그 일행이 도착하기를 기다려서 서로 의논하여 노정을 확실히 정하여 아뢰도록 하라.

일본군이 수원에 도착할 때까지 기다려서 의논하여 행군 노정을 선정하라는 이 명령은 교도중대에도 전하도록 했다. 교도소 영관 이진호(李軫鎬)와 통위영 영관 장용진(張容鎭), 그리고 강화 중군 황헌주(黃憲周)에게는 다음과 같은 전령이 내려왔다.

일본 육군 보병 소좌 우마야하라(馬屋原)가 지금 바로 출발하였다. 잠시 화성부(華城府)에 주둔하였다가, 그들 행군이 도착하기를 기다려라. 진퇴를 조절하는 절차는 하나같이 해당 사관(仕官)의 지휘를 듣고 시행하라.

지난번 강화의 병정 2백 명을 이끌고 호서 등지로 나아가 지원하라는 내용으로 관문을 내려 신칙하였다. 그 사이 군내 행군은 과연 이느 지방으로 향하여 출발하였는가? 지금 일본 육군 보병 중위 일진(一陣)이 출발하여 비도들을 무찌르는 것을 도울 것이다. 그러니 일본군이 도착하는 곳에서는 진퇴를 조절하는 절차를 하나같이 해당 사관(仕官)의 지휘를 듣고 기회를 놓치지 않도록 하고, 서로 힘을 합쳐 상황 변화에 대처하되, 만일 조금이라도 가볍게 여기고 해당 사관의 명령을 따르지 않으면, 군대의 규율이 이보다 엄한 것이 없을 것이다.

선봉에게는 의논하라고 했지만 교도병과 통위병, 그리고 강화병에게는 일본군 장교의 지휘를 받도록 하고, 그 명령을 따르지 않으면 군율을 적용한다고 하였다. 서울 수비대장인 후비보병 독립제18대대장 우마야하라 쓰토무(馬屋原務本) 소좌는 교도중대를 감독하는 시라키 중위와 미야모토 소위에게 양지에 가서 정지하여 있으라는 명령을 보냈다. 후비보병 제19대대를 만나서 그 지휘관의 명령을 따라 행군하라는 지시였다.[94]

후비보병 제19대대장 미나미 고시로(南小四郎)에게 내린 훈령에 이 같은 사실이 들어 있다. '조선군 각 부대의 진퇴의 조절은 모두 우리 사관의 명령에 복종케 하며, 우리 군법을 지키게 해서, 만일 군법을 위배하는 자가 있으면 군율에 따라 처리하기로 조선 정부로부터 조선군 각 부대장에게 이미 시달되어 있으니, 3로로 이미 출발했거나 또는 장차 출발할 조선군의 진퇴에 대해서는 모두 우리 사관으로부터 지휘·명령을 받아야 될 것'이라는 것이다.[95] 10월 12일(양력 11월 9일)의 기록이다. 경기도 수원에서 행군을 멈춘 선봉 이규태와 통위영 병대는 일본군의 지휘를 받는 위치로 떨어졌다. 미나미 소좌가 이끄는 후비보병 제19대대 중로군 280명은 11월 15일 양지에서 교도중대 240명을 합류시켜서 직접 지휘하였다. 모두 520명에 달하는 병력이 되었다.[96]

교도중대장 이진호는 지휘권 문제를 도순무영에 확인하여 지침을 받았다. 제18대대장 우마야하라의 전령을 받아서 교도중대를 훈련시킨 시라키 중위의 지휘 감독을 받았는데 다시 미나미 소좌의 지휘를 받으라는 전령이 내려왔으니 명확히 해 달라고 요청한 것이었다. 도순무영은 '지난번 전령에 우마야하라의 이름은 착오가 있어 다시 전령을 보내니 도착하는 대로 일본 육군 대대장 미나미의 지휘를 따라 협의해서 진군하고, 원래 전령은 회수하여 올려 보내야 할 것'이라고 했다.[97]

일본군 후비보병 제19대대는 서로군 중로군 동로군 분진대로 나누어 세 갈래 길로 남하하였다. 이때 거쳐 간 경기도의 지역은 모두 7개 군현이었다. 서로군은 10월 17일 진위, 18일 양성을 지나갔고, 중로군은 10월 17일 용인, 18일 양지, 19~21일 죽산을 지나다.[98]

경기도 군현은 사전정보를 가지고 출발하는 일본군의 첫 번째 공세 지역이 되었다. 서로군과 동로군은 불과 2일, 중로군은 5일 동안 지나간 일정이었지만 해당 지역의 동학농민군에게는 마지막으로 치명상을 입었다. 각 분진대는 지대를 활용하였다. 다음은 중로군 지대에 관한 기록이다.[99]

일본군 대대가 오늘 신시(申時, 3시~5시)쯤 양지(陽智)에 도착해서 병사를 합치고, 일본군 제3중대 군조(軍曹) 1명과 병졸 10명, 교도중대 병졸 15명을 모아 정찰대를 만들었습니다. 내일 이천, 음죽, 장호원을 향해 가고, 모레 죽산에 이르러 대대와 합하려고 합니다. 일본군 제3중대 군조 1명과 병졸 5명, 교도중대 병졸 10명을 모아 척후대(斥堠隊)를 만들었고, 내일 진위로 출발할 것입니다.

중로군과 함께 행군하는 교도중대장 이진호는 지대의 척후대의 존재를 도순무영에 보고하였다. 일본군이 지대(支隊)로 부른 정찰대는 군조가 지휘하는 일본군 병졸 10명과 교도중대 병졸 15명으로 구성되어 모두 26명이었다. 또 일본군 군조가 지휘하는 척후대는 일본군 병졸 5명에 교도중대 병졸 10명을 더해 16명이었다. 지대는 특정 임무를 받고 분진대가 행군하는 좌우 지역으로 보내 수색을 했고, 척후대는 분진대의 행군에 앞서서 미리 정찰을 했다. 서로군의 지대는 양성에서는 평택으로 나갔고, 직산에서는 아산으로 보냈다. 중로군은 본대가 죽산에 머물러 있을 때 지대를 음성에 보내서 석성(石城)을 수색하도록 했다. 동로군은 장호원에서 가동(可洞)으로 지대를 보냈다.

각 분진대와 지대는 모두 사전 정보에 따라 거점 마을과 지목된 인물을 직접 찾아다니면서 체포하여 처형했다. 동학의 거점 마을과 지도자의 집도 불태워 버렸다. 그 결과 당시까지 각 군현의 포교가 들어가서 통제하지 못했던 동학의 근거지가 제거되었다. 한겨울 추위에 피신했던 동학농민군이 마을로 돌아와도 거처할 집이 없었고, 재기는 불가능하게 되었다.

경기도에서 봉기한 동학농민군 주력은 경군 장위영과 경리청 병대나 일본군 후비보병 제19대대를 경기도에서 직접 만나지 않았다. 경군과 일본군이 오기 전에 광혜원과 황산에 집결해 있었고, 곧 보은으로 이동했기 때문이었다.[100]

경군 병대와 일본군이 파견되면서 경기도 군현의 지방관과 민보군은 그동안 제어하지 못했던 동학농민군을 체포해서 처형하기 시작하였다. 경기 감사 신헌구는 각 군현에서 올라온 보고를 도순무영에 즉각 전하였다.[101]

11월 7일: 동도 접사 이원구(李源求)와 그의 형 이풍구(李豊求)를 처형

11월 7일: 양근의병소(楊根義兵所)에서 윤창근(尹昌根)과 윤복성(尹福星)을 처형

11월 7일: 여주의병소(驪州義兵所)에서 동도 한석용(韓錫龍)을 처형

11월 8일: 양근 소모소(召募所) 진사 서병승(徐丙升)과 유학(幼學) 유봉준(兪鳳濬)이 체포한 거괴 신재규(辛載奎), 정사원(鄭士原)을 총살

11월 11일: 양근 소모소 진사 서병승과 유학 유봉준이 유도(儒道)를 배반하고 재범한 이석병(李錫炳)을 총살

11월: 음죽 전 주부 이교원(李敎源), 교임(校任) 김학주(金鶴柱)가 보은 비괴 이기영(李基榮)을 체포

11월 21일: 양근 향장(鄕長) 유봉준(兪鳳濬)이 두물머리에서 잡은 동도 괴수 권여삼(權三汝)과 민노보(閔魯甫)를 처형

3) 1894년 수원 지역의 상황

서울 도성의 사방에 위치한 수원·광주·강화·개성은 도성과 왕실을 옹위하는 책임이 부여된 유수영 설치 지역이었다.[102] 1894년에 동학농민군 진압군을 보유한 유수부는 강화뿐이었다. 강화의 진무영(鎭撫營)은 신식무기로 무장한 훈련된 병대를 보유하여 전라도까지 진압군으로 파견되었으나 수원은 진압군을 보낼 만한 신식 무기로 무장한 군대가 없었다.

수원은 1793년 정조가 화성을 건설하면서 경기도와 별도의 행정구역인 유수부로 운영되었다.[103] 이때 서울의 장용영을 수원에도 설치하면서 도성 본영을 내영(內營)이라고 했고, 수원 병영을 외영(外營)이라 했다.[104] 외영은 용인·진위·안산·시흥·과천 등 5개 군현의 군총(軍摠)을 소속시켜서 운영해서 재정도 안정되었다.[105] 그렇지만 정조 사후인 1802년에 장용영 외영을 혁파하였고, 대신 총리영(總理營)을 두었으나 그 위상은 떨어졌다.[106]

수원유수의 군무를 보좌하는 정3품 중군(中軍)이 임명되어 총리영외 실무를 관장했지만, 1876년에 보유한 병장기를 보면 그 실상을 알 수 있다. 조총

1,200, 목궁 1,200, 화약통 97, 이약통 350, 환도 2,000, 쌍수도 48, 장창 200 등이었다.[107] 이러한 무기 보유 실태는 1894년에도 별다른 차이가 없는 것처럼 보인다.

청국군이 아산에 도착하던 6월 초순 동학도들이 수원에서 활동한 정보가 인천의 일본 영사관 보고서에 나온다.[108] 6월 13일 "동학당 5~6명이 변장을 하고 수원부에 출몰하였다."는 정보를 인천 영사 노세 다쓰고로(能勢辰五郎)가 오토리 공사에게 전했다. 수원에서 허가를 받고 장사를 하던 일본상인이 알려 온 정보였다.[109]

수원은 청일전쟁이 벌어지는 와중에서 유수부가 전혀 대응하지 못했다. 당시 수원 경내는 아산만 연안까지 포함되어 풍도전투의 포성이 직접 들려오는 지역이었다. 수원과 남양 그리고 안산의 어민들이 의존하던 생활 현장은 전투 해역이 되었고, 전라도와 충청도에서 해로로 올라가는 뱃길이 위태롭게 되었다. 서해안 연안 지역의 주민들에게 미친 피해가 적지 않았다.

성환전투는 수원에 직접 영향을 미쳤다. 수원은 일본군 혼성제9여단 병력이 행군하는 중간에 자리잡고 있다. 일본군은 행군로에 있는 군현에서 군량을 징발하였는데 수원은 행군로에서 경내 면적이 가장 넓고 가장 많이 세미를 거두는 지역이었다. 일본군은 수원에 들어와서 대가도 내지 않고 세미를 가져가서 군량으로 사용했다. 6월 24일에 일어난 사건이었다.[110]

운양 김윤식은 충청도 면천에서 유배 생활을 하며 전해 들었던 수원과 양근 사태를 다음과 같이 기록하였다.[111]

일본 군대가 기보(圻輔), 경기감사를 이리저리 끌며 수원(水原)으로 들어가 군기(軍器)를 모두 수거하였다. 수원에 있던 돈과 곡식은 모두 약취당하였다. 동쪽으로 양근(楊根) 연강(沿江) 지역까지 모두 주둔지를 설치하고 전선을 설치하였다.

경기감사 홍순형이 일본군에 끌려 다니면서 수원에 들어가서 무기를 빼앗겼다는 것은 다른 관찬 자료나 일본군 문서에는 나오지 않는다. 소문에 불과한 이야기일 수도 있다. 그렇지만 일본군이 수원유수부에서 세곡을 탈취한 사건은 사실이었다.

김윤식이 유배에서 풀려난 후 외무대신으로 일본공사의 외교 통로였던 9월 11일 수원유수부에서 공식 요청해 왔다. 일본군이 가져간 쌀값을 받아내 달라는 것이었다. 김윤식이 오토리 게이스케 일본공사에게 요청한 쌀값은 21,008냥이나 되었다.[112]

이때 수원에서 일본군이 상인 송만석(宋萬石)을 살해하는 사건이 벌어졌다. 오토리 공사가 무쓰 무네미쓰 외무대신에게 '풍속이 다르고 말이 통하지 않아 오해로 말미암아 일어난 사건'이라면서 '피해자가 일본군에게 저항하는 부적합한 행동 때문에 화를 초래했다.'고 보고하였다. 수원유수가 수원 상인 피살 사건을 항의하자 민심 악화를 우려한 오토리 일본공사는 피해자 유족에게 위로금을 주자고 제의했다. 이런 피살 사건은 충주와 서울에서도 일어났다. 그래서 충주 상인 이순일(李順日)과 서울 주민 김 씨의 유족에게 각기 은화 50원(円)을 지급하였다.[113] 오토리 공사가 보고한 날짜가 7월 24일(양력 8월 24일)인 것을 보면 조사와 검토 등을 급하게 처리했다.

당시 수원유수는 조병직(趙秉稷)[114]이었고, 중군은 서형순(徐珩淳)이었다. 1894년 4월에 부임한 중군 서형순은 경흥부사와 회령부사 그리고 무산부사 등을 역임한 유능한 무관[115]이었다. 9월 기포령 이후 수원에서도 수많은 동학농민군이 봉기에 참여하였다. 그 세력이 매우 커서 유수영에서 우려를 하였다. 수원에서 동학 조직을 이끌었던 지도자는 수원포(水原包) 대접주 김내현(金鼐鉉)과 안승관(安承寬)이었다. 이들이 봉기시킨 동학농민군이 수원유수영을 둘러싸고 있다고 표현될 만큼 호대한 세력을 과시하였다.

그러나 수원유수영의 집사(執事) 엄태영(嚴泰永)이 이끄는 아병(牙兵)에게 김내현과 안승관이 체포되었다. 『동학사』는 "안승관 김내현 등은 오천군을 거나리고 수원부에 잇서 남군(南軍) 오기를 기두루고 잇섯든 바 관병과 일병을 만나 여러 날을 두고 싸우다가 맛참내 패하였고"[116]라고 하였지만 수원에서 여러 날 동안 전투를 벌인 기록은 나오지 않는다. 수원 사정을 잘 알고 있는 집사가 유수영 병력을 이끌고 무장봉기한 초기에 수원 동학농민군의 거두를 붙잡아 온 것이다.

수많은 동학농민군을 이끌던 대접주가 수감되자 수원유수 조병직은 그 휘하의 동학농민군이 유수부를 들이치고 탈취해 가는 사태를 우려하게 되었다. 그래서 경군 파견을 호소하는 동시에 외무대신 김윤식에게 서한을 보내서 일본군을 응원부대로 보내 달라고 요청하였다. 일본공사관은 외무대신의 요청에 9월 27일 자로 회신을 해 왔다.[117]

"내일 새벽에 인천항에서 우리 병사 2분대를 파견시켜 안산으로 가게 할 것이니, 귀국에서 파견할 병사를 즉시 그곳으로 보내어 우리 병사와 만나도록 하게 하십시오." … 그 후 계속해서 보낸 전보의 내용에는, "우리 하라다(原田) 소위가 1소대를 인술하고 오늘 인천항에서 출발하였으므로 내일에는 과천현 군포장(軍浦場)에 도착하여 귀국 병사가 도착하기를 기다리게 될 것이므로, 귀국 병사를 즉시 그곳으로 보내어 서로 만날 수 있도록 하시기 바랍니다. 그리고 적당한 인원을 파견하여 미리 군량도 마련하고 초집(招集)할 역부(役夫)와 마필(馬匹)도 준비하셔야 할 것이며 아울러 우리 말을 통역할 수 있는 사람도 파견하여 양측이 의사를 전달하기에 편리하도록 하시기 바랍니다."

인천병참부에서 하라다 쓰네하치(原田常八) 소위가 지휘하는 1개 소대를 보내면서 경군 병대를 동행시키고 군량·인부·말과 통역까지 제공하라고 하였다. 그리고 숙사(宿舍) 주선도 책임지게 하였다.[118] 하라다 소위가 지휘하는 일본군 소대 49명은 충주 가흥병참부에서 충주와 청풍의 동학농민군이 군용전신선을 단절시켰다는 급보가 오자 충주로 직행하였다. 일본군과 히로시마대본영 간의 통신망 연결을 끊은 것은 뒤순 공격을 준비하는 일본군에게 타격이 되었던 것이다.

경리청 우참영관 구상조(具相祖)가 거느린 병정 2개 소대도 안성군수 홍운섭(洪運燮)을 후원하기 위해 내려가고 말았다.[119] 수원유수 조병직은 수원을 수비군이 없이 온통 비어 있는 성처럼 생각을 하였다. 그래서 인천에 있는 일본영사관에 군대를 보내 달라고 직접 요청하였다. 그 요청은 당시 영사 노세(能勢)가 일본에 가 있었기 때문에 대리였던 영사관보 나가타키 히사키치(永瀧久吉, 1866~1942)에게 전달되었다. 나가타키 영사관보는 일본공사관의 스기무라 서기관에게 9월 30일(양력 10월 28일) 자로 다음과 같은 전문을 보냈다.[120]

지난날 수원부로 파견한 병사는 가흥에 동학당이 봉기하였을 때 그 지역으로 출동시켰는데 수원부가 위급하다며 속히 군대를 보내라고 수원유수가 청구하여 옴. 이곳 병참감에게 청구하여 30명쯤 보내도 좋겠는지 곧 공사와 협의하여 회답하기 바람.

그러자 스기무라 서기관은 "수원으로 군대를 파견하는 일은 유수가 직접 귀관에게 청구할 성질의 건이 아니기 때문에 그의 청구에 응할 필요가 없음"이라는 답신을 보냈다. 천안에서 일본인 살해 사건을 조사하면서 수원을 거쳐 온 순사가 일본공사 이노우에 가오루에게 보고한 내용은 수원유수가 우려하는 말과 달랐다. "수원부의 부근 일대에 동비(東匪)들이 모이고 있다는 말을 듣고 그곳으로 가서 확실한 조사를 해 보니 바람과 그림자를 쫓듯 아무런 흔적이 없었다."는 것이었다.

수원유수영에 수감된 수원포 대접주 김내현은 재봉기 직후 경기도에서 체포한 동학농민군 최고위 지도자였다. 수원포의 수많은 동학농민군이 안성과 죽산처럼 수원성까지 들어와서 탈취하는 사태를 겁냈지만 이들은 '바람과 그림자를 쫓듯 아무런 흔적'을 남기지 않고 사라졌다고 하였다.

좌우포도청을 통합해서 신설한 서울의 경무청에서 김내현과 안승관을 이송해 갔다. 그 보고를 받은 의정부에서는 "경무청에 갇혀 있는 동학의 괴수 김내현·안승관을 곧바로 압송하여 순무영으로 올려 보내되, 중군이 강가에 나아가서 먼저 참수하고 나중에 아뢰도록 하라."고 지시하였다.[121] 그러자 도순무영 종사관 정인표(鄭寅杓)가 '중군에게 전령하여 내일 동트기 전 이른 새벽에 남벌원(南伐院)에서 먼저 참수하고 나중에 아뢰도록 할 것'이라고 보고하였다. 경무사 겸 도순무영 중군 허진(許璡)이 그 명에 따라 김내현과 안승관을 효수하였다. 도순무영의 편제가 정해지고 각 직임이 임명된 후 중군으로서 첫 번째 수행한 임무였다. 또한 도순무영이 동학농민군 지도자를 직접 처형한 첫 사례였다.

당시는 전국에서 동학농민군이 봉기하여 나라 전체가 소용돌이치고 있을 때였다. 김내현과 안승관의 처형 소식은 『관보』 등을 통해 각지에 알려졌다. 김홍집은 충청감사 박제순에게 보낸 편지에서 "이로써 경기도의 동학도들을 숙청할 수 있게 되었다"고 기대를 드러냈다.[122] 수원유수 조병직은 공을 세운 엄태영을 '위험을 무릅쓰고 포위를 뚫어 비도의 괴수를 잡아다 바쳤으니 대단히 가상'하다면서 지방의 변장(邊將) 자리에 임명해 주고, 병정

들도 넉넉히 시상해 달라고 요청하였다.[123]

김내현의 처형 이후에도 수원유수 조병직은 '동학농민군 잔당이 세력을 회복하여 많은 인원이 동부(同府)로 밀어닥칠 것'이라고 생각하여 일본군의 주둔을 강력히 희망하였다. 그렇지만 일본공사 이노우에 가오루는 "주둔을 필요로 할 정도는 아니었다."며 '침소봉대의 폐단'이라고 말하였다.[124] 수원 포의 동학농민군 조직은 전과 같은 격렬한 활동을 하고 있었다. 기전소모관 정기봉(鄭基鳳)의 첩보에 그 같은 사실이 잘 드러나 있다.[125]

> 비류 백난수(白蘭秀)가 목천 서근야미촌(西斤夜味村)에 살고 있는데, 본래 이름 있는 우두머리였습니다. 그런데 수원포 김내현이 죽은 후에, 그가 스스로 분한 마음을 풀겠다고 하여 남은 무리 수천 명을 모아 4,5대로 나누어 천안·직산·양성 3읍의 경계를 오고가면서, 동학을 저버리고 귀화한 약간의 백성을 다시 협박하고 강제하여, 낮에는 흩어졌다가 밤에는 모이도록 하였습니다. 그래서 이곳 백성들이 생업을 잃게 되었습니다. 그래서 모군(募軍) 백여 명을 이끌어 적당들을 몰아내고 흩어지게 하였으며, 백성들을 알아듣도록 타일렀습니다.

수원과 안성 사이의 양성은 물론 충청도의 천안과 직산에도 수원포 조직이 있었고, 대접주를 체포해서 처형한 뒤에도 '수천 명'이 3개의 군현 경계를 넘나들면서 활동했다는 보고였다.

10월 초순이 지난 이후에는 경군 병대와 일본군 후비보병 제19대대가 수원으로 행군해 오면서 사정이 달라졌다. 도순무영 선봉 이규태가 통위영 병대 327명을 지휘해서 10월 12일 수원에 도착해서 18일까지 머물렀다.[126] 동로군 중로군 서로군으로 나누어 남하하는 일본군 후비보병 제19대대가 경기도 남부 군현을 휩쓸고 내려갔다. 도순무영에서 연속해서 경군 병대에 군수물자를 지원하는 병대와 정세를 파악하기 위해 별군관을 수시로 보내면서 수원을 거쳐서 갔다. 수원 일대에서 활동하던 동학농민군이 더이상 활동할 수 없는 상황이었다.

수원유수영은 경군 파견 병대가 수원 경내를 지나갈 때 군량과 숙소 등을 마련해서 지원해주어야 했다. 일본군이 거쳐서 가도 지원해야 했다. 자주 지나가는 병대를 지원하는 일은 쉽지 않았다. 그러한 사례가 『갑오군정실기』에 여러 차례 나온다.

9월 27일 수원판관 이재근에게 전령함. 안성으로 통하는 길을 지원할 병정 2소대를 경리청의 영관 구상조가 거느리고 지금 막 출발하였으므로, 그들이 거쳐 가는 길에 2일 동안 수원부에서 머물 것이다. 그들에게 먹을 것과 땔감으로 사용할 풀(柴草) 및 말먹이로 쓸 풀(馬草) 등과 같은 것을 서로 도와서 미리 갖추어야 할 것을 조치하여 충분히 마련하고 기다려서, 때가 되어 제대로 제공하지 못하는 폐단이 없게 해야 할 것이다. 이는 막중한 것으로 부대가 행군하는 데 필요한 물자이므로 두려워하는 마음으로 거행하고 그에 대한 상황을 먼저 즉각 보고함이 마땅하다.

수원의 중군 서형순에게 전령함. 이번에 수원 경계 내에 있는 비류의 수괴가 이미 잡혔고, 나머지 무리들은 아직도 한곳에 많이 모여 있어서 다시 방자해질 염려가 있다. 경영(京營)의 대군을 지금 징발하였으니, 수원부의 서리와 장교는 정초군(精抄軍)과 함께 미리 단속하여 경군이 경계 지역에 바싹 다가오기를 기다려서 곧바로 접대하여 함께 힘을 모아 물리쳐 없애도록 할 것이며, 상황을 급히 보고함이 마땅하다.

순무선봉군의 행군은 10월 10일 서울을 떠날 것이므로, 지나가는 곳에서 계책을 세워 서로 도와야 할 것이다. 여러 절차는 미리 마련하여 갖추도록 하며, 군량과 말에게 먹일 콩은 미리 충분하게 준비하여 기다려서, 때가 되어 필요한 것이 모자라 잘못되는 폐해가 없도록 하되, 군대의 규율이 있으므로 두려워하는 마음으로 거행하는 것이 마땅하다.

안성군수 홍운섭이 첩보합니다. 군수가 이끄는 본영의 병정 2소대가 수원에 와서 주둔해 있습니다. 본영에서 병정 1소대에 명령하여 알린 것으로 인하여, 일본 군사와 함께 앞에서 이끌고 호서 지역으로 파송되었으며, 1소대만 거느리고 임지로 나아갔습니다.

수원에 들어온 선봉 이규태가 거느린 통위영은 기율이 잡혀 있지 않아 여러 문제를 일으켰다. 심지어 수원유수에게 금품을 요구하는 일도 있었다. 도순무사 신정희가 선봉 이규태를 엄하게 질책하는 전령을 보냈다.[127]

선봉장 이규태에게 전령을 보냄. 행군 시의 군율이 얼마나 엄중한데, 수원부에 머물 때 거느리고 있던 전배군(前排軍)들이 해당 영에서 폐단을 일으키고, 수원부사에게 금품을 요구하여 큰 물의를 일으켰다는 말을 들었다. 어찌하여 이와 같은 군율이 있는가? 이에 전령을 내리니 도착 즉시, 엄중하게 조사하여 사실을 밝혀내고 죄를 범한 병정을 붙잡아 형구를 채워 호송함으로써, 군율을 시행하도록 할 것이며, 이후 더 단단히 타일러 단속하여 다시는 아주 작은 것이라도 고을과 마을에 폐해를 끼치지 않도록 하라.

1894년 10월 14일 (인) 양호도순무사

도순무영은 11월 11일 의정부의 지시에 따라 수원유수영에 호남소모관 전동석(田東錫)의 민보군에게 무기를 지원하라는 관문을 보냈다. 총 200자루와 환도(環刀) 200자루, 그리고 탄환은 쓸 만큼 주라는 내용이었다. 소모관 전동석은 민보군 "500여 명 중에 군기(軍器)를 가진 자는 100명에 지나지 않는다."며 경기의 여러 군현 중 부평에 쓸 만한 무기가 있다고 했지만 도순무영은 수원유수영에서 받아 가라고 하였다.[128] 수원유수영이 줄 수 있는 것은 '조총 26자루, 환도 200자루, 연환(鉛丸) 5백 개, 화약 10근, 화약통 26개, 이약통(耳藥桶) 26개, 화승(火繩) 4타래'뿐이었다. 그래서 다시 선봉 이규태에게, 호남소모관 전동석에게 노획 무기 중에서 조총 200자루를 내어 주도록 전령을 보냈다.[129]

이러한 무기를 받은 전동석은 진위에 가서 탐문한 정보로 11월 19일 용인의 동학농민군 집결지를 기습하여 5명을 체포하였다. 이 중 차대연과 김왕인 두 사람은 도순무영의 지시에 따라 처형하였다.[130]

> 19일 자시(子時)에 용인의 비류들이 둔을 치고 있는 곳에 가서 비괴(匪魁) 차대연(車大淵)·김왕인(金王仁)·이영준(李英俊)·최경식(崔敬植)·강치구(姜致九) 다섯 놈을 생포하여 문초하였더니, 차대연은 "안성접주 정성택(鄭成宅)과 두어 달 동안 머물렀다가 지금 막 용인으로 진을 옮겨 이진(移陣)하여 이렇게 체포되었으니 죽어도 유감이 없습니다."라고 하였으며, 김왕인은 보고한 내용이 차적(車賊)과 다름이 없었습니다.

수원유수영은 도순무영 인근 군현에서 붙잡은 중요 동학농민군 지도자를 수감해서 공초를 받는 임무도 맡아야 했다. 도순무영 별군관 최일환(崔日煥)이 10월 18일 직산에서 체포한 동학농민군 지도자 황성도(黃聖道)를 수원유수영에 가두었다.[131]

10월 18일 밤에 직산(稷山) 거괴(巨魁) 김성범(金聖凡)·신일석(申日石)·황성도(黃聖道) 등 3명을 잡아 김성범과 신일석은 그 자리에서 쏘아 죽였고, 황성도는 수원 중영(中營)에 단단히 가두었습니다. 10월 22일에 다시 대괴(大魁) 이천녀(李千汝) 등을 사로잡아 그 집에서 총 17자루를 수색했는데, 그중에 9자루는 망가져서 쓸 수 없었고, 양창(洋鎗) 9자루·창 80자루·철환(鐵丸) 500개·환도 4자루·동학의 동경대전 판각 2권을 얻었습니다. 황성도(黃聖道)의 집에서는 대포탄환 11궤짝과 총 5자루를 획득해서 본진에 가져가서 바쳤습니다. … 수원 중영에 가둔 황성도는 사또께서 관문으로 지시해서 목을 베어 경계하는 것이 어떨지 모르겠습니다.

직산에서 체포한 이천녀의 집에서는 서양소총 9자루와 창 80자루 등을 확인해서 바로 처형하였고, 황성도는 대포탄환 11궤짝과 총 5자루를 찾아내서 몰수하면서 수원 중영에 가두었다. 도순무영은 황성도를 철저히 조사해서 공초를 받아 올리도록 수원 중군 서형순에게 전령을 보냈다.[132]

4) 경기도 군현의 진압군 군수 지원

고종이 호위부장 신정희를 양호도순무사에 임명하면서 내린 교서에서 강조한 것은 초안지방(招安之方)과 전곡지적(錢穀之積) 두 가지였다.[133] 초안지방은 무력으로 제압하여 동학농민군을 귀순시켜서 백성들을 생업에 안정하도록 하고, 전곡지적은 그에 앞서 진압군을 운용하는 군수전과 군수물자를 확보하라는 것이었다. 어느 것도 쉽게 해결할 수 있는 방안이 없었다. 일본군이 서울 도성을 점령한 상태였기 때문에 군사 활동도 일본군의 동의 없이 이루어질 수 없었다. 경군의 무기는 일본군이 6월 21일 경복궁을 기습할 때 병영을 기습해서 탈취해 간 까닭에 일부를 돌려받아 사용하고 있었다.

군수전과 군수미인 전곡의 확보도 정부의 재원으로 마련해서 지출할 수 있는 것이 아니었다. 지방 관아에서 먼저 취해 사용하고 세곡을 정부에 상납할 때 정산하는 형태로 처리해야 했다. 경군의 행군 노선에 위치한 군현이 군수 지원을 떠맡는 수밖에 없었다. 경군 병대의 행군 목적지와 길목이 된 경기도 군현이 가장 부담을 많이 졌고, 수원은 그 피해를 첫 번째로 보는 위치였다.

다음은 경리청 병대가 출진한 9월 27일 수원판관 이재근(李載覲)에게 내려온 전령이다. "군수물자 공급은 막중한 일이므로 군율을 범하지 않도록 하라."는 경고까지 추가한 이와 같은 전령은 같은 날 안성과 죽산에도 내려갔다.[134]

안성으로 가는 후원병정 2소대를 경리청 영관 구상조(具相祖)가 거느리고 지금 출발하였으므로 지나는 길에 수원부에서 2일을 머물 것이다. 음식 공궤를 책임지고 땔감과 말먹이 등을 미리 준비하고 기다려야 한다.

9월 30일에 정부는 경기도 지평에 이어 삼남에 소모사를 임명해서 민보군을 결성하도록 하였다. 소모사는 민보군을 자력으로 결성해서 무장을 하고, 민보군 운영에 필요한 돈과 곡식 등도 스스로 모금 모곡을 해서 충당해야 했다.[135] 하지만 서울의 병영에 주둔했던 경군 병대를 지방에 파견할 때는 지원책을 마련하지 않을 수 없었다. 도순무영은 이때 경기감사와 충청감사에게 관문을 보내서 출진 병대의 군수 지원을 지시하였다.[136]

지금 출진한 장교와 병사들이 여러 날 비바람에 노출되어 있어, 매우 근심스럽고, 군사들에게 먹을 것을 주어 위로하는 시기에 넉넉하게 주도록 결정하지 않을 수 없으니, 경영(京營)에서 수송하는 것은 곤란하기도 하고 지체되는 문제가 많을 것 같다. … 각각 출진한 곳에 조속히 갖추어 보낸 뒤, 어떠한 공전(公錢)과 공곡(公穀)을 회감(會減)하였다는 내용으로 의정부와 순무영에 매양 보고하고, 그것을 조처하여 나누어주되, 두려워하는 마음으로 거행하는 것이 마땅하다.

서울에서 군수전과 군수미를 수송하는 것이 지체되고 어려우니 현지에서 세금으로 수취한 공금과 공곡으로 제공하고 그 액수를 조세 상납할 때 감해서 정산하며, 그 내용은 의정부와 도순무영에 자세히 보고하라는 것이었다. 경군이 활동하는 도에서 감사 책임으로 군수물자를 제공하는 방식은 이후 진압군의 지원책이 되었다. 다음 날인 10월 1일에 도순무사는 경기감사와 충청감사에게 공문을 보내 이를 구체적으로 지시하였다.[137]

의정부에서 임금께 아뢰기를, "순무영이 방금 병사들을 징발하여 나누어 보냈으니 군량을 마련하지 않을 수 없습니다. 기호(畿湖)의 관찰사가 연로(沿路) 부근의 고을 가운데서 그 편의를 헤아려 모종(某種)의 공곡(公穀)과 공전(公錢) 중에서 계속 실어 보내게 하되, 필요한 수량을 순무영의 지시를 기다려서 응접하도록 하며, 각도 내의 수령 중에서 별도로 운량관(運糧官)을 정하여 속히 거행하도록 일체 삼현령으로 행회하는 것이 어떻겠습니까?"라고 하여 윤허를 받았다.

경군에게 들어가는 돈과 곡식을 경기감사와 충청감사가 행군로의 군현에 배정하고, 그 액수는 도순무영의 지시를 받고 징하라는 것이었다. 그리고 경기도와 충청도의 지방관 중에 운량관을 선정해서 신속히 거행하도록 하였다. 이 조치는 출진 병대의 지휘관인 죽산부사 이두황, 참령관 원세록, 영관 구상조, 영관 안성군수 성하영에게도 전령으로 알렸다.[138] 이제 '군량과 말에게 먹이로 줄 콩'은 경기감사와 충청감사가 실제의 수량대로 책임지고 운송해 주는 체제를 갖추게 된 것이다.

경기도의 운량관은 양성(陽城)현감 남계술(南啓述)이 맡았다. 남계술은 내직인 상의원과 장악원 주부, 그리고 의금부 도사와 사헌부 감찰 등을 역임해서 실무에 밝은 사람으로서 1894년 1월 양성현감에 부임하였다.[139] 양성은 용인, 안성, 진위에 인접한 군현으로 경군 병대가 남하하면서 거쳐 가는 위치에 있었다. 운량감관(運糧監官)에는 상주영장과 개성중군을 맡았던 박면동(朴勉東)이 임명되었다.[140]

경기도 운량관과 운량감관의 임무는 이규태의 선봉이 10월 12일 수원에 도착해서 17일 아침밥을 먹고 떠날 때까지 사용한 경비를 확보하는 것으로 시작했다.[141] 일본군 후비보병 제19대대의 남하를 기다리면서 머물렀을 때 들어간 경비였다.

10월 12일에 본진(本陣)이 수원에 주둔할 때에 군수 물자로 용인현에 돈 3,000냥과 쌀 40석을, 과천현에 돈 225냥 7전과 쌀 15석을 배정하였습니다. 쌀은 돈으로 환산해서 바치게 하자는 군영의 논의가 타당했습니다. 쌀을 돈으로 환산한 712냥과 3,225냥 7전을 합하면 모두 3,940냥 7푼인데, 수원에 머물 때와 진위 경계까지 사용한 비용은 3,440냥 7푼이 됩니다. 남은 돈 500냥 6전 3푼은 우선 남겨 두고, 바친 돈과 쌀 및 비용을 구별해서 성책하여 올립니다. 용인에 배정한 장작(長斫) 600단과 고초(藁草, 마른 풀) 200단은 숫자대로 가져왔기에 일본군에게 전부 주었습니다.

이를 보면 통위영 병대로 구성된 선봉진의 비용을 용인과 과천에 돈과 쌀로 내도록 분담시켰다. 쌀은 수송 등의 문제 때문에 돈으로 환산해서 내도록 했다. 추운 겨울에 접어들어 출진한 병대가 노천에서 고통스럽게 지낼 것을 걱정해서 도순무사 신정희가 별도의 경비를 보내기도 했다.[142]

싸움터에 나간 장사들이 여러 날 노천에서 비바람을 맞게 되었으니, 과연 춥고 고통스러우며 병이 없는가? 생각이 이에 이르자 걱정하는 마음을 그칠 수 없다. 각 진의 군량은 해당 도의 운량관이 책임지고 마련해야 하는데, 교도진(敎導陣)에게는 넉넉하지 못할 염려가 있다. 그래서 30일분의 식비 16,542냥을 별무사 배명춘(裵命春)에게 운반하도록 하였으므로, 수효대로 곧바로 해당 진이 주둔한 곳을 탐문하여 보내고, 상황을 빨리 보고하라. … 일본 은화(銀貨)가 10,000냥이며, 백동화(白銅貨)가 6,542냥이다.

여기서 주목되는 것은 1만 냥을 일본 은화로 보낸 것이다.[143] 당시 총리대신 김홍집과 궁내대신 이재면 등이 군사비를 보조하기 위해 모금해서 도순무영에 보낸 돈도 은화였다.[144] 경기도 군현은 일본군에게도 군수 지원을 해야 했다. 도순무영은 10월 18일 자로 일본군 후비보병 제19대대가 거치는 각 군현과 진영에 전령을 보내서 경군과 같이 공곡과 공전으로 지원해 주도록 한 것이다.[145]

초토(剿討)의 일로 일본군이 이번에 스스로 여비를 가지고 내려갔지만, 이르는 곳에서 혹 다른 물자를 청하면 곧 시행하라. 또한 여비가 부족할 염려가 없지 않으므로, 이에 전령이 도착하는 즉시 거쳐 가는 각 고을은 파원(派員)이 말하는 바에 따라서 먹을 것 및 말먹이와 땔감 등을 마련하여 주라. 필요한 물자는 어떠한 공곡·공전 중에서 실제로 사용한 것에 따라서, 해당 군관의 확인을 받은 후, 성책하여 보고하면, 회감(會減)하는 것이 마땅하다.

10월에 들어와서 경기도 경내는 관치 질서를 회복하고 있었다. 각 군현에서 활동하던 동학농민군 세력은 충청도 황산에 집결한 후 모두 보은으로 남하하였다. 도순무영은 10월 10일 영관 이규태(李圭泰)를 선봉으로 삼아 삼남으로 나아가 경군을 지휘하도록 했다. 장위영과 경리청 병대도 함께 남하시켰으며, 강화도의 심영 병대도 출진시켰다. 일본군 병참선로의 동학농민군 근거지는 병참부의 수비병이 위협하였고, 서울에 주둔하던 일본군 후비보병제18대대의 중대 병력도 동학농민군이 강력한 지역을 순회시켰다. 후비보병 제19대대는 동로 중로 서로 3대로 나누어 경기도 군현을 종단하면서 내려갔다. 행군로 주변의 동학 근거지는 불태워져서 마을이 폐허가 되었고, 붙잡힌 동학농민군 지도자는 총살되었다. 경기도의 동학농민군은 더이상 집단 활동이 불가능하였다.

5. 맺는 말

1894년은 격동의 해였다. 경기도는 커다란 사건이 벌어진 주요 무대가 되었고, 경기도의 여러 군현에서 살아온 농민들은 갖가지 감당하기 어려운 상황을 맞이했다. 동학농민군이 봉기한 후 인천에는 청국 군함과 일본 군함이 연이어 입항하였다. 양호초토사 홍계훈이 장위영 병대를 이끌고 군산으로 갈 때 창룡선·한양선과 함께 청국 군함 평원함(平遠艦)을 타고 갔다. 동학농민군 진압과 관련한 청국의 간여는 북양함대의 군함 지원으로 시작했던 것이다.

청국군이 6월 8일 아산만에 도착한 직후 경기도 일대는 청국과 일본이 정보 수집 경쟁을 펼치는 무대로 변했다. 일본군 혼성제9여단이 서울에 들어온 후 정보전은 일본이 압도하였다. 첫째, 일본 군함 치요다함(千代田艦) 마쓰시마함(松島艦) 야에야마함(八重山艦) 쓰쿠시함(筑紫艦)이 번갈아 연안을 다니면서 북양함대의 동정과 청국군 동향을 수집하였다. 둘째, 일본 공사관의 무관 등 상주 스파이들과 혼성제9여단과 같이 온 정예 정보장교들이 경기도와 충청도 일대를 정탐해 갔다. 그 중심이 정보장교의 전설로 불렸던 후쿠시마 야스마사(福島安正) 중좌였다. 셋째, 혼성제9여단 장교가 직접 서울에서 수원을 거쳐 아산까지 정보를 탐지해서 공격로를 파악하였다. 모든 정보는 히로시마대본영의 상석참모인 참모차장 가와카미 소로쿠(川上操六) 중장에게 집중되었다.

　11연대 소속 아리요시 마사카즈(有吉雅一) 중위는 수원에서 아산에 이르는 노선을 정탐한 후 서울에서 전투가 벌어질 지역으로 예상한 천안까지 도로와 하천 사정을 포함한 노선을 작성하여 보고하였다. 수원과 아산 일대에서 징발할 수 있는 우마와 인부를 비롯해 숙영지가 될 지역의 읍내와 주택, 그리고 장류와 땔감도 파악하였다. 풍도전투와 성환전투는 이러한 정보전이 선행된 후 벌어졌다.

　경기도의 동학 조직이 세력을 급속히 확대한 시기는 일본군이 경복궁을 점거해서 국왕과 왕비가 인질이 되었다는 소식이 들려온 이후였다. 경기도에서도 삼남 일대와 같이 동학 조직에 농민들이 대거 합세해 왔다. 경기도의 동학 조직은 풍도전투와 성환전투의 실상을 잘 알 수 있는 위치에 있었다. 일본군 혼성제9여단이 서울에서 남하하는 행군과 여주, 이천, 광주로 이어지는 일본군 병참부의 존재를 잘 알고 있던 지역이 경기도 군현이었다. 동학 교단이 기포령을 내린 직후 일본군의 근대 무기와 전투력을 파악하고 있었던 경기도의 동학농민군이 즉각 반일 봉기에 가세한 사실을 주목하지 않을 수 없다.

먼저 봉기한 죽산과 안성의 동학농민군은 죽산부사와 안성군수에 겸임한 경군 지휘관 이두황과 성하영이 병대를 거느리고 부임하면서 활동이 중단되었다. 경기도 동부 군현에서는 맹영재가 이끄는 지평민보군이 동학농민군을 압도하였다. 지평에 세력을 펼쳤던 강원도 홍천의 동학 거점을 평정한 지평민보군의 활약상은 정부가 민보군을 결성하도록 소모사에게 군권을 부여하는 방식을 채택하도록 하였다. 동학농민군 진압 기구로 설치한 양호도순무영은 첫 조치로 전국에 소모사를 임명하여 민보군이 스스로 관치질서를 회복하도록 하였다.

경군 장위영과 경리청, 그리고 지평민보군이 동학 거점을 공격하자 경기도 남부의 광주·죽산·안성·이천·여주·음죽 등지의 동학농민군은 충청도 충주의 황산과 진천의 광혜원에 집결하였다. 도순무영은 죽산과 안성의 장위영과 경리청, 그리고 지평민보군에게 황산과 광혜원 집결지를 공격하도록 지시했다. 이 시기에 청주성 공방전이 벌어져서 긴급 구원 요청이 전해지고, 황산과 광혜원에 집결했던 동학농민군이 보은으로 가자 장위영과 경리청 병대는 청주로 직행하였다.

도순무영이 통위영 영관 이규태를 선봉으로 임명하고 파견 병대를 지휘하도록 했으나 일본의 강요로 수원에서 후비보병 제19대대 대대장 미나미 고시로 소좌에게 지휘권을 넘겨야 했다. 일본군은 동로군 중로군 서로군 3개의 분진대로 경기도 수원·진위·양성·용인·양지·죽산·이천·장호원을 휩쓸고 지나갔다. 경군과 민보군 그리고 일본군이 동학 거점을 수색해서 체포한 지도자를 처형하자 경기도 남부 군현의 동학농민군은 기세가 크게 위축되었다. 수원유수영은 방어할 군대가 없기 때문에 경군 병대와 일본군이 주둔해 주기를 요청했으나 수원의 대접주 김내현이 체포되고 수원포 동학농민군이 흩어진 이후에는 더이상 위협받지 않았다.

정부는 진압군의 군수전과 군수미로 각 군현 관아의 공금과 공곡을 제공하도록 했다. 일본군에게도 지원하였다. 경기감사는 양성현감을 운량관으로 정해서 군수지원을 책임지도록 하였고, 경기도 군현에 분담해서 돈과 곡식을 내도록 하였다.

경기도에서 10월 초순 이후 동학농민군이 집단 활동을 할 수 없었다. 경군 장위영·경리청·통위영·교도중대·강화영이 출진하는 길목에 있었기 때문에 수시로 주요 거점을 수색해서 동학농민군 참여자를 체포해 갔다. 서울의 일본공사관 소속 순사들도 파견되어 동학농민군 집결지를 조사하였다. 일본군은 여주와 이천 그리고 광주를 잇는 병참망과 군용전신망을 지키는 수비군이 인근의 동학농민군을 공격하였다. 서울에 주둔한 후비보병 독립제18대대가 여러 지역에 파견될 때 거치는 지역도 경기도 군현이었다. 후비보병 제19대대가 남하할 때 가장 먼저 경기도 군현의 동학 거점이 초토화되는 피해를 입었다.

'광무양안'으로 본
수원 지역 농민들의
사회경제 기반

왕 현 종_ 연세대학교 교수

1. 머리말

경기도의 수부 수원의 발전은 18세기 말 정조의 화성 건설에서 시작되었
다. 조선 후기 실학자 반계 유형원은 당시 수원을 "북쪽 들 가운데 흐르는
내의 지세를 보고 생각하니, 지금의 읍치도 좋기는 하다. 그러나 북쪽 들은
하늘과 땅뿐만 아니라 산이 크게 굽고 땅이 태평하여 농경지가 깊고 넓으
며, 규모가 매우 크다. 성을 쌓아 읍치로 삼으면, 참으로 대번진(大藩鎭)이 될
수 있는 기상이다. 그 땅 내외에 가히 만호(萬戶)를 수용할 수 있을 것"이라
하였다.[1] 이러한 구상은 바로 정조에게 전수되었다. 1794년 1월 정조는 "이
땅은 본디 텅 빈 큰 들로서 인가가 겨우 5, 6호에 불과하였다. 그러나 지금은
1천여 호의 민호가 즐비한 도회가 될 것이나, 지리의 흥왕은 그 때가 있는
것"이라고 말한 바 있다.[2]

한편 1789년 『호구총수(戶口摠數)』의 기록을 보면, 수원의 인구는 이제 1
만 5천 호를 넘어섰으며, 인구수도 5만 7천 명을 넘어섰다. 그런데 남자의
인구에 비해 여자의 인구가 많다는 것이 특이하다. 이는 당시 일반적인 현
상으로서 조세, 군역, 요역과 같은 국역의 부담과 과도한 세금 부과를 기피
하기 위해 원호(元戶)의 범위 내에서 인구조사를 유지하려고 했기 때문으로
보인다. 수원의 읍지 이후 수원 유수부는 경기도 전체에서 정치적 행정적
중심지로 거점도시로 성장하였다. 이후 19세기 내내 수원의 인구와 경제 규

모는 꾸준히 늘어났다.[3]

그런데 19세기 말 조선국가의 폐단은 지난 한 세기 동안 누적된 것이었다. 당시 농민들은 정부의 각종 부세목에 시달리며 과중한 조세를 부담했고, 이에 편승하여 각아문의 아전, 서리들이 부족한 급료와 운영비를 메꾸기 위해 각종 비리를 저질렀다. 또한 농민들은 각종 부세와 부채로 말미암아 자기 토지를 잃어버리고 소작농으로 전락하거나 각종 둔전이나 역토에서 차지 경쟁에 내몰리는 등 농가경제의 곤란을 겪었다.

이에 대한 반발로 수원 지역의 농민들은 다른 지역 농민들과 마찬가지로 여러 차례 농민항쟁에 나섰다. 1889년 10월에 일어난 수원 성내 민란과, 이어 1891년 6월에 일어난 화산 현륭원의 원군들의 민란, 그리고 1894년 동학농민전쟁과 관련된 농민군의 봉기 활동이 그것이다. 지금까지 정조대의 화성 건설과 농업 진흥 도시로서 수원을 주목하면서 수원 일대의 농업 환경의 변화를 검토하는 연구가 주류를 이루었다.[4] 수원 일대 수리 시설의 확충과 농업 생산력의 발전, 시장경제의 발전에서는 상당한 연구를 축적한 반면, 그러한 정조의 조치가 당시 조선사회의 농민문제를 해결하는 것이 아니었던 것임에도 수원 지역의 농민·농가경제의 구조적인 사회문제로 다루지 못하는 경향이 있었다. 따라서 19세기 말 수원 지역의 농업 변화와 농민층 분화에 관한 연구는 거의 없는 상태이다.[5] 또한 수원 지역 농민의 봉기와 활동의 연구도 농가경제의 사례 연구와 긴밀하게 연관되지 못하였다.[6]

여기서는 대한제국기 1900년 양지아문의 양전과 광무양안을 통해서 수원 지역의 농민층의 농가경제와 농민층 분화 상황을 검토하려고 한다. 이는 1894년 농민전쟁을 이해하기 위한 사회경제적 연구 방법론을 모색한다는 의미가 있을 것이다.[7]

2. 대한제국의 양전 사업과 수원 지역 양안의 작성

1) 광무 양전과 수원군 양안의 기록 형태

19세기 후반 조선 사회에서 벌어진 토지 소유와 농업 생산을 둘러싼 계층 간의 갈등은 결국 1894년 동학농민혁명과 갑오개혁이라는 정치적 변혁을 초래하며 분출하였다. 당시 갑오개혁에서는 조세를 금납화하여 농민들의 조세부담을 크게 완화하고 상품경제의 발전을 도모하였다. 조세의 부과 명목은 종래 각종 봉건 부세의 항목과 합쳐져 지세(地稅)로 통합되었지만, 실제 부과의 기준이 되는 토지를 측량하거나 토지 소유자를 파악하는 양전 사업이 이루어지지 않았기 때문에 토지와 지세 제도의 개혁의 측면에서는 부분적인 개혁에 그쳤다.[8]

이후 대한제국 정부는 앞서 갑오개혁 때보다 전향적으로 토지제도의 개혁을 추진하였다. 조선 후기 숙종 말년인 1720년 경자양전 이후에 전국적인 양전이 실시되지 않았기 때문에 당시에는 전국적으로 결폐(結弊) 문제 등이 산적해 있었으므로 전국적인 양전이 필요하다고 보았다. 더구나 개항장을 중심으로 일본인들의 토지 침탈이 더욱 확대되었으므로 외국인의 토지 소유를 근절하는 동시에 근대적 토지 소유제를 수립해야 한다는 주장이 점차 거세졌다.[9]

1898년 대한제국 정부는 '구본신참(率舊章而參新規)'이라는 이념을 내세우며, 토지제도의 개혁에 착수하였다. 이는 신구의 제도를 새롭게 절충하고 개혁하려는 것을 말한다. 이 원칙이 양전 사업에도 적용되어 정부는 기존의 양전방식을 크게 변용하면서 토지제도의 개혁을 추진하기 시작했다.

그해 6월 대한제국의 광무정권(光武政權)은 '토지측량(土地測量)에 관한 청의서(請議書)'를 마련하였다. 여기에서는 측량의 대상을 농지의 비척이나 가옥의 규모를 조사할 뿐만 아니라 지질, 산림과 천택, 수풀과 해변, 도로에 이르기까지 광범위하게 설정했다. 즉, 전국 토지의 모든 항목을 빠짐없이 토지조사의 결과물인 양안(量案)에 담으려고 하였다.[10]

이런 대규모 양전을 실시하기로 결단을 내린 것은 고종(高宗) 황제 자신이었다. 고종은 일부 대신들의 반대를 무릅쓰고 양전을 담당할 기관으로 양지아문(量地衙門)을 설립하도록 하였다. 그렇지만 양전은 곧바로 실시되지 못했고 다음해로 미루어졌다. 1899년 4월 1일 양전 시행의 새로운 방침이 수록된 '양지아문 시행조례(施行條例)'를 반포하고 한성부지역부터 전국 모든 토지를 측량하기 시작하였다.[11]

1899년 6월 양지아문은 충청남도 아산군(牙山郡)에서 시범적인 양전을 실시했다. 아산군의 양전은 예상대로 크게 성공하였다. 이것은 전국적으로 양전을 확대 실시하는 계기가 되었다. 경기도의 경우, 아산군에서 양전을 담당했던 양무위원(量務委員) 4인 중 한 사람인 이종대(李鍾大)가 경기도의 양무감리로 승진 파견됨으로써 경기도 양전이 본격화되었다.

경기도 지역에서 최초 양전 실시 지역은 용인과 수원 지역이었다. 경기도 지역에서 지세의 폐단이 가장 심했던 지역부터 양전을 처음 실시했기 때문이었다. 그래서 수원군 양전은 1900년에 전체 39면에 걸쳐 실시되었다.[12]

〈표 1〉 수원군 각 면 양전 시행 현황

순서	책수	면명	자호	자호2	총호수	양전날짜	양전시작
1	제69 · 70책	북부(北部)	天	稱	54	19000207	신풍동(新豊洞)
2	제5 · 6책	남부(南部)	夜	愛	59	19000207	매향동(梅香洞)
3	제40 · 41 · 42책	장주(章洲)	育	女	48	19000215	구역촌서외가산곡 (舊驛村西外加山谷)
4	제57책	안녕(安寧)	慕	讚	37	19000214	곡반정일동(谷磻亭一洞)
5	제3 · 4책	문시(文市)	恙	盡	57		

순서	책수	면명	자호	자호2	총호수	양전날짜	양전시작
6	제28·29책	태촌(台村)	命	從	56	19000215	구봉리니천평(龜峰里泥川坪)
7	제9·10·20책	동북(東北)	政	友	51	19000215	당현리(堂峴里)
8	제21·22책	어탄(漁灘)	投	意	37		방교동(防橋洞)
9	제73책	청호(晴湖)	移	禽	36	19000214	분곡(焚谷)
10	제46·47책	초평(楚坪)	獸	墳	40	19000215	위포(圍浦)
11	제13·14책	정림(正林)	典	驅	34	19000221	덕동(德洞)
12	제7·8·19책	남곡(南谷)	穀	用	88		수곡대원(秀谷大員)
13	제1·2책	남(南)	軍	昆	36	19000304	칠야평(七夜坪)
14	제23책	상홀(床笏)	池	畝	27		청등동(靑登洞)
15	제66책	양간(楊澗)	我	理	32		시남곡(時南谷)
16	제58책	수북(水北)	鑑	幸	27	19000930	상용곡(上舂谷)
17	제63책	종덕(宗德)	卽	的	36		가산전평(佳山前坪)
18	제56책	오타(五朶)	歷	畏	41	19000316	동청평(東靑坪)
19	제17·18책	숙성(宿城)	屬	眠	46	19000229	주교동(舟橋洞)
20	제43책	토진(土津)	夕	嘗	30	19000316	토진삼동(土津三洞) 용천평(湧泉坪)
21	제11·12책	정룡(靑龍)	稽	盜	36	19000314	벌대리(浅垈里)
22	제50·51책	오정(梧井)	捕	義	41		사근평(沙斤坪)
23	제62책	광덕(廣德)	暉	眺	35	19000314	허청평(墟淸坪)
24	제61책	가사(佳士)	孤	兩金	57	19000317	복언평(洑堰坪)
25	제67·68책	현암(玄巖)	兩生	兩翔	31	19000807	서두호전평(西斗湖前坪)
26	제59·60책	포내(浦內)	兩龍	兩遐	49	19000330	일문곡(日文谷)
27	제71·72책	장안(長安)	兩邇	兩女	40		화도남평(花島南坪)
28	제30·31책	초장(草長)	兩慕	兩念	45		산은천전곡(山隱川前谷)
29	제24·27책	압정(鴨汀)	兩作	兩斯	61	19000327	만곶리(萬串里)
30	제37·38·39책	우정(雨井)	兩馨	兩隨	69	19000408	오동멱운리창촌전병산평원 (五洞覓雲里倉村前餠山坪員)
31	제64·65책	공향(貢鄕)	兩外	兩神	55	19000323	삼일암(三日岩)
32	제54·55책	팔탄(八灘)	兩疲	兩鼓	62	19000404	장지동전평(長芝洞前坪)
33	제34책	갈담(葛潭)	兩瑟	兩杜	28	19000415	충량리(忠良里)
34	제32·33책	삼봉(三峰)	兩稿	兩時	53	19000416	삼천병마동(三千兵馬洞)

순서	책수	면명	자호	자호2	총호수	양전날짜	양전시작
35	제48·49책	용복(龍伏)	兩阿	兩滅	45	19000406	해수동후평(海水洞後坪)
36	제52·53책	매곡(梅谷)	虢	赤	52		린치곡(鱗峙谷)
37	제15·16책	송동(松洞)	兩城	兩賞	39	19000314	숙곡(肅谷)
38	제35·36책	형석(荊石)	兩黜	兩譏	37	19000316	탑동전평(塔洞前坪)
39	제44·45책	일용(日用)	兩誡	兩遣	41	19000302	지지현(遲遲峴)

　현재 수원군 양안 자료는 서울대학교 규장각한국학연구원에 소장되어 있다.[13] 기존 규장각에서 정리한 양안 책자의 편차 목록은 원래 천자문 자호별 면의 순서가 매끄럽게 정리되지 못하고 혼란되어 있다. 이를 다시 정리하면 위의 표와 같이 정리해 볼 수 있다.

　수원군 39면의 편철 순서는 양전이 처음 시작된 북부면 신풍동 관찰부의 관사에서 시작된다. 첫 양전 날짜는 1900년 2월 7일로 기록되어 있다. 같은 날 남부면 매항동에서도 양전이 시작되었다. 이렇게 수원군 북부면과 남부면에서 시작되어 수원 지역 39면으로 확장되었다.

　앞의 표에서와 같이 각 면별 양안의 편철 과정에서 매긴 자호를 기준으로 해서 각 면별 양안의 순서를 재배열하였다. 각 면별 양전 시행 일자가 거의 동시 병행적으로 진행되었음에도 이를 각 면별로 천자문의 순서로 다시 배열한 것임을 확인할 수 있다.

　또한 『수원부지도』(1872)와 비교해 보면, 각 면의 순서는 인접 면을 따라 연속되어 역시 천자문의 자호순으로 정리되어 있음을 알 수 있다. 이는 각 면별로 각기 토지조사가 이루어지고 난 이후에 군에서 전체적으로 자호 순서를 정할 때 면과의 연속성을 지키면서 재배열하고 있음을 의미한다. 이러한 이유는 각 면별 경계와 경계 사이를 명확히 함과 동시에 자호의 연속성을 그대로 유지함으로써 수원군 전체의 지역 지도와 일치하도록 한 것으로 추측된다.

〈그림1〉 수원군 양안의 자호 순서(출전:『수원시사 5, 수원의 토지소유구조와 농업경영』제2부 제2장, 한말 수원의 광무양전 사업과 토지소유구조, 147쪽, 그림 자료)

우선 수원 지역의 농민 경제와 관련되어 주목되는 곳은 수원군 안녕면 지역이다. 이 지역의 광무양안에는 1900년 당시 화산동과 그 주변에 살았던 주민들의 생활 상태를 일정 정도 반영하여 기록되어 있다. 이 양안을 통해서 100년 전 화산동 사람들이 어느 정도의 토지를 소유하였는지, 그리고 어떤 사람은 지주로, 어떤 사람은 소작인으로 있었는지 알 수 있다.

2) 수원군 안녕면 지역의 농민 경제 상황

우선 양지아문에서 수행한 안녕면 양전 조사의 범위를 전체적으로 살펴보기로 하자. 다음 표는 당시 양전을 시행했던 지역의 일자와 딤딩 관리들인 지심인(指審人)들을 정리한 것이다.

〈표 2〉 수원군 안녕면 광무 양전 시행경로

순서	지역명	평명	지심인	시작 지점	날짜
1	谷磻亭一洞	谷磻亭坪	崔治根	慕자 1번	1900.2.14
2			鄭達好	慕자 43번	2.15
3			金永西	貞자 21번	2.16
4	野磻亭洞		朴永元	烈자 27번	2.17
5			朴永玄	男자 32번	2.18
6	谷磻亭		金永西	男자 100번	2.19
7			申萬得	效자 1번	2.14
8			金永西	效자 24번	2.15
9			崔醉根	才자 11번	2.16
10			申春五	良자 2번	2.17
11	大皇橋		李子云	知자 1번	2.18
12	中伏坪		李奉玄	知자 13번	2.19
13			全自云	必자 43번	2.21
14	黃鷄洞		申仁守	得자 31번	2.23
15	皇橋初境坪	禾束坪	柳順好	能자 1번	2.19
16		禾束坪	金先局	能자 31번	2.19
17		元塘坪	金承九	莫자 13번	2.21
18	元塘坪		朴彦禮	莫자 84번	2.22
19	元塘坪		朴彦禮	忘자 1번	2.22
20	間村	間村後坪	金先敬	罔자 1번	2.15
21			鄭喜成	罔자 47번	2.16
22			金德均	談자 71번	2.17
23			金春興	短자 1번	2.18
24	長芝洞		韓昌熙	靡자 38번	2.19
25			金擇玄	恃자 31번	2.2
26	店村		柳石春	己자 1번	2.21
27			李汝好	己자 60번	2.22
28			崔又參	己자 99번	2.23
29		深下坪	金洛如	使자 67번	2.23
30	深下坪		表章石	可자 24번	2.24
31	深下前坪		安敬心	覆자 15번	2.24
32	深下坪		金致水	覆자 34번	2.25
33			李君西	量자 13번	2.26

순서	지역명	평명	지심인	시작 지점	날짜
34	西鵲峴坪		李允京	悲자 1번	2.25
35	安寧里		李君西	悲자 85번	2.26
36	安寧里後坪		李允景	絲자 90번	2.25
37	培養坪		金善材	詩자 25번	2.27

우선 양전 일시는 대개 1900년 2월 14일부터 27일까지 2주일간 진행되었으며, 안녕면의 양전을 담당한 양전 관리들은 각 평에 거주하거나 사정을 잘 아는 지심인을 동원하여 측량에 종사하였다. 이들 지심인은 각기 40여 필지에서 200여 필지까지 다양하게 맡고 있었는데, 이들의 실제 해당 지역의 토지 소유 현황을 살펴보면, 크게 두 집단으로 나뉜다. 하나는 〈표 3〉의 좌측에 보이는 것처럼 하나의 필지라도 소유한 경우이다. 전체 32명의 지심인 중에서 15명이 여기에 해당되는데, 전자운(全自云)이나 박언례(朴彦禮), 신인수(申仁守)같이 10필지 이상 소유한 중규모의 지주가 있는 반면, 대부분은 1~2필지이거나 아니면 자기 이름의 소유지가 없는 이들이 17명이나 있다. 이처럼 지심인들은 해당 지역의 유세자라기보다는 일반 농민으로 지역 사정을 잘 알고 있는 이들 중에서 선택된 것으로 추정된다.

〈표 3〉 수원군 안녕면 지심인의 소유지 분포 상황(단위: 척, 속)

[개] 지심인 중 소유 필지가 있는 경우						[내] 지심인 중 소유 필지가 없는 경우		
순서	지심인	시작 지점	필지	척수	결부	순서	지심인	시작 지점
1	金先敬	罔자1번	1	9255	231	16	金永西	貞자21번,男자100번,效자24번
2	鄭喜成	罔자47번	1	2200	88	17	朴永元	烈자27번
3	韓昌熙	靡자38번	1	4046	101	18	朴永玄	男자32번
4	金擇玄	恃자31번	1	3404	187	19	申萬得	效자1번
5	鄭達好	慕자43번	2	3105	78	20	崔醉根	才자11번
6	金承九	莫자13번	2	6446	161	21	申春五	良자2번
7	柳石春	己자1번	2	5550	174	22	李奉玄	知자13번
8	崔治根	慕자1번	4	5888	147	23	柳順好	能자1번

9	金春興	短자1번	4	10119	276	24	金先局	能자31번
10	金德均	談자71번	6	9047	225	25	李汝好	己자60번
11	李子云	知자1번	7	14987	560	26	金洛如	使자67번
12	崔又參	己자99번	9	16539	566	27	表章石	可자24번
13	全自云	必자43번	10	17268	511	28	安敬心	覆자15번
14	朴彦禮	莫자84번, 忘자1번	11	24317	799	29	金致水	覆자34번
15	申仁守	得자31번	21	50807	1518	30	李君西	量자13번,悲자85번
						31	李允京 (李允景)	悲자1번,絲자90번
						32	金善材	詩자25번

　수원군 안녕면 각 리동별 토지측량 과정은 크게 세 단계로 이루어졌다. 첫째, 각 지방에서 면 단위로 실제 들에 나가 측량하고 관련 사항을 기록하는 단계이다. 초기 양전에서 작성되는 장부를 '야초(野草)'라 불렀다. 여기에는 각 필지별로 전답과 초가·와가의 구별, 배미의 기재, 양전 방향, 토지 형상, 사표(四標), 실적수(實積數), 등급, 결부수, 전답주 및 작인 등의 순서로 기록하였다. 최초의 양전 기록에서 해당 필지의 상세한 조사 내용의 정확성은 전체 양전과 양안 작성에 결정적으로 중요했다.

　그런데 이곳 수원군 안녕면 양전은 측량 과정에서 여러 가지 문제가 나타났던 것으로 보인다. 실제 양안의 기록 내용에서는 면적을 수정한다든지, 토지 등급을 수정하여 결부수를 늘리거나 축소하는 경우가 많았으며, 융릉과 건릉 소유 토지의 경우에는 아예 작인 이름을 기록하지 않은 필지가 많았다. 이 지역 양전의 또 다른 특징은 바로 융·건릉이나 관둔전 등이 다양하게 산재했다는 점이다.

<표 4> 안녕면 소재 전답 소유자 구분별 토지 상황(단위: 척, 결, %)

구분		총결	전(밭)	답(논)	면전체 대비(%)	답비중 (답/전, %)	비고
융릉(隆陵)		35.063	13.024	22.039	17.2	62.9	
건릉(健陵)		44.163	9.045	35.118	21.7	79.5	
분사(分寺)		0.406	0.063	0.343	0.2	84.5	
누동궁(樓洞宮)		0.859	0.291	0.568	0.4	66.1	
죽동궁(竹洞宮)		0.102	0.102	0	0.1	0.0	
궁내부(宮內府)		0.085	0	0.085	0.0	100.0	
교위(교위)		0.201	0	0.201	0.1	100.0	
수원역(水原驛)		0.268	0.268	0	0.1	0.0	
수원둔(水原屯)		0.272	0	0.272	0.1	100.0	
수어둔(守禦屯)		0.122	0	0.122	0.1	100.0	
진전(陳田)		0.144	0.131	0.013	0.1	9.0	
민전		122.157	58.586	59.417	59.9	48.6	
합계	면총(결)	203.842	81.685	118.178	100.0	58.0	慕-讚(37자호)
	면총(척)	4,985,669	1,688,937	3,296,732	100.0	66.1	

위의 표에서 안녕면 전체의 토지 면적은 498만여 척이며, 이 중에서 전과 답의 면적비는 33.9대 66.1로 답이 전에 비해 2배 정도 크다.[14] 반면에 면 전체 결부수는 203결 84부 2속이며, 전의 결부수는 81결 68부 5속이고, 답의 결부수는 118결 17부 8속이다. 주목할 것은 일반 민전의 비중은 전체 결수의 59.9%인데 비하여 융·건릉 등 궁방전과 관유지의 비중이 40.1%로 매우 높은 편이고 그중에서 융·건릉의 소유지는 궁방과 관유지에 비해 거의 대부분을 차지하고 있다.

이러한 융·건릉에 편중된 토지 소유가 나타난 것은 정조 이후 현륭원을 조성하면서 이를 운영하는 데 필요한 자금원으로 설정된 화소(火巢)의 규모가 대단히 넓게 설정되었기 때문이다.

이렇게 융릉과 건릉의 소유 토지가 실징된 기원은 정조가 수원 화산에 융릉을 건립하게 되는 시기로 거슬러 올라간다. 정조는 1790년 2월 수원에 원역고(園役庫)를 설치하게 하였다. 원역고는 원래 원역에 필요한 재물을 저장해 두는 곳이라는 뜻으로 해마다 정기적으로 바치는 공물에 따라 공사를 구획하되 비용을 관리하게 하려는 의도였다.

화소는 산불을 막기 위해 능원의 경계에 있는 나무나 풀을 불태우고, 그 밖으로 해자를 파서 능원 지역을 표시하는 일종의 경계선이다. 이 화소의 경계는 곧 능역(陵役)을 의미한다고 한다. 화소 안의 모든 전답은 현륭원 관천고(筦千庫)가 관리하였는데, 관천고는 화소의 경계를 정하면서 현륭원 원역들에게 화소 안에 있는 전답을 분급하여 주어 생활 기반으로 삼으면서 관리하게 하였다. 이들 원역에게 처음에 분급된 토지는 전 102석 5두와 답 21석 13두였으며, 원역 7인, 수호군 50명에게 각기 1결 50부를 급복해 주어 쌀 60두의 세금을 면세해 주었으며, 보군은 1인당 2명씩 배정해서 1인당 2냥씩 4냥을 거두게 하는 특혜를 주었다.[15] 이후 1796년에 화소 안에 있는 전답이 밭 86결 83부 5속, 논 86결 34부 5속으로 증가되었고, 결국 합하여 173결 18부로 늘어났다.[16] 화소 안의 전답 가운데 이들에게 분급된 전답은 밭 136석 5두락, 논 91석 13두락에 해당되어 현륭원 천봉 당시 매입한 경작지의 대부분을 차지하는 면적이었다. 이러한 화소 내의 전답은 양안을 만들어 관리하였는데, 1790년에 10월에 확정된 화소의 규모는 15,038보에 이르렀다.

그런데 여기서 주목되는 것은 1891년에는 수원 화산에 장헌세자와 정조의 능을 관리하는 현륭원(顯隆園) 원군(園軍)들이 봉기하는 사건이 일어났다. 6월 23일 수원 유수 윤영신(尹榮信)은 현륭원 밖에 있는 화소(火巢)에서 작나한 죄인들을 조사하여 보고하였다. 그 내용은, 참봉 민병성(閔丙星)이 실토한 것으로 평일의 원한이 있었으며 나무를 함부로 많이 자르는 등이 그의 죄상이었다는 것이다.[17] 이후 화성부 원군의 작료(作鬧)에 대해 당시 수원 유수 민영상(閔泳商)은 원군 작료의 수창을 조사하여 수창자로 김용규(金容圭)

를 잡았다고 하면서 다음과 같이 보고하였다. 그는 사족으로 낙향하여, "원토를 부치며 생계를 꾸려 가는 처지에서 자신이 부치던 땅을 남에게 준 것이 서운하기도 하였을" 것이라고 하면서 또한 어리석은 무리의 흥분한 말을 믿고서 신중하지 못한 말과 행동을 취했다는 것이다.[18] 또한 남을 협박한 윤흥만(尹興萬)과 남에게 손찌검을 한 마희손(馬希孫), 이원용(李元用) 등은 엄히 형신하여 도배하도록 하고, 박진상(朴振尚)은 도배로 처벌하고, 박윤석(朴允石) 등은 참작하여 징계하여 나머지는 모두 풀어 주도록 하였다는 것이다.

당시 화산 현릉원 민란을 일으켰던 이들의 이름은 아쉽게도 수원군 안녕면 양안에는 보이지 않는다. 그렇다면 대한제국의 광무양안에는 이들의 사회경제적 처지를 확인할 흔적을 찾을 수 없는 것인가 하는 의문이 생긴다. 그러면 융·건릉이라는 대토지 소유의 아래 분포되어 있는 영세 소농의 농업 경영 규모는 어떠한지 알아보자.

1900년 안녕면 지역에 있는 토지 소유자 중에서 1필지 이상 소유한 사람은 모두 472명이었다. 1필지만 소유한 사람은 237명으로서 전체 소유자의 50%를 차지하고 있었지만, 토지 면적에서 차지하는 비중은 11%에 불과했다. 가장 많은 토지 소유 규모를 자랑하는 것은 건릉전(434필지, 101정보)과 융릉전(393필지, 102정보)이었다. 이들 토지는 전체 토지의 면적 대비로 38%나 되었다. 이 지역에서 소유 필지가 20필지 이상이 되는 사람들이 예시하면 다음과 같다.[19]

〈표 5〉 안녕면 화산동 지역 15필지 이상 토지 소유자(단위: 척, 결부속)

답주	답주(한자)	필지	척수	결부	재지지주	부재지주
건릉	健陵	434	930,491	48,162		건릉
융릉	隆陵	393	935,526	40,095		융릉
박흥태	朴興台	47	118,566	4,486	谷潘亭 效 24,29번지, 15칸 가옥	

답주	답주(한자)	필지	척수	결부	재지지주	부재지주
나순필	羅順必	45	37,013	1.764		대지는 많으나 거주지 없음
윤용섭	尹容燮	38	80,571	3.722		대지는 많으나 거주지 없음
김순서	金順西	25	54,156	1.729	野磻亭洞 男 24, 10칸	
박복례	朴卜禮	25	55,475	2.156	谷潘亭 才64, 10칸	
신인수	申仁守	23	50,807	1.518	黃鷄洞 得 43, 6칸	
박복례	朴卜禮	25	55475	2.156	谷潘亭 才64, 10칸	
신인수	申仁守	23	50807	1.518	黃鷄洞 得 43, 6칸	
김경락	金景洛	19	54907	1.543		거주지 없음
이경실	李京悉	17	35063	1.394		대지는 많으나 거주지 없음
김중오	金仲五	15	31878	1.208		거주지 없음
박복남	朴卜男	15	24218	920	谷潘亭 才38, 5칸	
박순남	朴順男(南)	15	47647	1.452	谷潘亭 男110, 8칸	

　이들 대지와 전과 답 등 농지 15필지 이상을 소유한 중규모 이상의 지주 가운데 안녕면에서 거주하는 재지지주인 8명은 곡반정동, 황계동, 간촌 등 지에 거주하고 있었다. 반면에 안녕면에 살지 않은 부재지주들도 다수 있었 다.

　한편 1900년 당시 안녕면 주민들 중에는 자기 땅을 스스로 경작하거나 남 의 땅을 빌려 짓는 지주와 농민의 수는 모두 973명이었다. 이들 중에서 0.5 정보 이하 토지를 소유하거나 아무것도 없는 영세 빈농은 786명으로 전체 농민의 80.8%나 되었다. 반면에 0.5정보 이상 1정보 이하, 또 1정보에서 2정 보 이하를 소유한 토지 소유자는 각각 91명, 56명이었으며, 2정보에서 3정 보는 24명이었지만, 그 이상의 토지를 소유한 토지 소유자는 점차 감소하는 경향을 보여주고 있다.

<표 6> 수원군 안녕면 소재 농민들의 토지 소유·경영 상황(단위: 정보, 척)

단위(정보)	인원	비중(%)	필지수	소유지	소유비중(%)	필지수	소작지	소작비중(%)
5~이상	9	0.9	1018	253.19	46.6	85	19.54	3.6
4~5	3	0.3	69	12.76	2.3	19	5.43	1.0
3~4	4	0.4	50	13.89	2.6	52	14.28	2.6
2~3	24	2.5	216	58.89	10.8	192	50.08	9.3
1~2	56	5.8	317	79.15	14.6	322	82.16	15.2
0.5~1	91	9.3	264	63.98	11.8	329	87.77	16.2
0~0.5	287	29.5	385	61.81	11.4	511	87	16.1
0	499	51.3	0	0	0.0	798	194.16	35.9
합계	973	100.0	2319	543.67	100.0	2308	540.42	100.0

　위의 표에서는 가장 주목되는 것은 수원군 안녕면 소재 토지 중에서 전혀 소유하지 않는 사람들인 모두 499명이었다. 이들은 한 평의 토지도 차지하지 못했고, 다만 소작지로 798필지를 경작하고 있었으며, 소작지의 총 규모는 194.16정보로서 1인당 약 1,167평을 경작하고 있었다. 이런 수치만으로 보면 순 소작농도 상당한 규모의 경작지를 확보하고 있는 것처럼 보인다. 그렇지만 소유지가 하나도 없으면서도 경작하는 농지의 평균 평수가 높았던 이유는 전체 499명 중 1정보 이하의 토지를 경작하고 있는 농민이 440명으로 전체 순수 소작농의 88.2%이고 평균 경작지가 620평에 불과했으며, 2정보 이상의 토지를 경작하는 농민이 무려 17명이고 이들이 경작하는 농지는 평균 2.58정보에 이르고 있었다. 다수의 영세 빈농이 있었던 반면, 소작농 중에서도 부농, 혹은 마름의 역할을 하는 순 소작농이 있었기 때문이다.

　또한 위의 표에서 나타난 각 구간별 토지 소유 농민의 분포는 1구간(0.5정보 이하)에서는 287명의 인원이 소유지로서는 61.81정보를 차지하고 있어, 1인당 646평 정도 소유하고, 소작지로서는 909.4평 정도에 불과했다. 토지 소유 규모의 편중성을 가중시킨 것은 5정보 이상 토지를 소유하고 있는 9명 지주의 존재이다. 이들이 소유 토지의 46.6%를 차지하고 있었고, 소작지의 분배에서도 19.54정보를 차지하고 있는데, 이는 대부분 대지로서 대여하고 있는 것으로 보인다.

또한 앞의 표에서는 나타나지 않았지만 전혀 경작하지 않는 사람들도 있었다. 즉 순수한 지주들은 모두 62명으로 이들이 소유한 토지는 29.89정보나 되었다. 이들이 소유한 토지는 전체 토지의 5% 정도였다. 이들 중에서 가장 큰 규모의 대지주는 바로 융릉과 건릉이었다. 또한 당시 이들 영세 농민들의 경제 상황을 더 절실하게 보여주고 있는 것은 바로 융릉과 건릉 소유의 토지에 대지를 빌려 살던 사람들의 현실이었다. 하나의 사례로 안녕리 후평에 있는 사(絲)자 지번 내 건릉 소유 대지에 집을 빌려 세 들어 사는 농민층을 살펴보자.

⟨표 7⟩ 건릉 소유 대지에 세 들어 사는 임차인 현황

자호	지번	면적(척)	결부(속)	칸수	임차인	자호	지번	면적(척)	결부(속)	칸수	임차인
絲	1	63	5	4	유사진	絲	48	36	3	2	이성필
絲	3	64	5	3	강흥엽	絲	49	36	3	2	김재봉
絲	5	195	17	4	차원서	絲	50	25	2	2	김덕중
絲	8	64	5	3	송경천	絲	51	49	4	3	하성근
絲	9	64	5	3	최장봉	絲	52	56	5	7	홍한필
絲	10	25	2	3	허학봉	絲	53	100	9	7	이경선
絲	11	64	5	3	박영숙	絲	54	45	4	7	김성보
絲	12	196	17	6	최중석	絲	55	32	3	3	양덕흥
絲	13	121	10	6	김상연	絲	56	225	19	3	강한풍
絲	14	64	5	3	송윤영	絲	57	225	19	3	김시화
絲	15	323	27	10	최덕규	絲	58	225	19	7	천태화
絲	16	168	14	7	정성연	絲	59	45	4	3	배창록
絲	17	64	5	2	김용기	絲	60	54	5	3	이순흥
絲	18	25	2	2	이소위	絲	61	121	10	3	이명수
絲	19	25	2	2	최덕균	絲	62	54	5	3	안명진
絲	20	64	5	2	송군수	絲	63	64	5	3	김치경
絲	21	121	10	3	홍복성	絲	64	54	5	3	김석천

자호	지번	면적(척)	결부(속)	칸수	임차인	자호	지번	면적(척)	결부(속)	칸수	임차인
絲	22	81	7	3	김윤칠	絲	65	54	5	3	박흥만
絲	23	144	12	7	홍성칠	絲	66	72	6	3	김치수
絲	24	49	4	3	장경준	絲	67	30	3	3	김여철
絲	25	196	17	4	배경조	絲	68	28	2	2	홍영순
絲	26	81	7	3	김춘엽	絲	69	169	14	9	이원일
絲	27	100	9	7	홍춘웅	絲	70	36	3	3	표수영
絲	28	100	9	6	김윤필	絲	71	64	5	3	이흥선
絲	29	36	3	3	유사선	絲	72	49	4	3	윤영년
絲	30	64	5	3	최순선	絲	74	64	5	3	전치명
絲	31	49	4	3	박삼용	絲	75	49	4	3	김여국
絲	32	25	2	2	이익선	絲	76	56	5	2	홍군심
絲	33	81	7	3	황춘백	絲	77	49	4	2	이성화
絲	34	25	2	3	유귀동	絲	78	100	9	5	손화순
絲	35	49	4	5	김덕조	絲	79	56	5	3	이광서
絲	36	25	2	3	서명운	絲	80	130	11	3	김여로
絲	37	49	4	3	정홍준	絲	81	169	14	4	김치극
絲	38	225	19	8	김원보	絲	82	64	5	3	이광선
絲	40	81	7	3	이영선	絲	83	56	5	3	김치교
絲	41	121	10	5	홍성연	絲	84	144	12	10	진영운
絲	42	144	12	6	유치범	絲	85	54	5	3	강순도
絲	43	49	4	2	홍숙천	絲	86	144	12	5	이성연
絲	44	25	2	2	민경로	絲	87	72	6	3	안흥석
絲	45	126	11	7	백형기	絲	88	63	5	7	서은선
絲	46	36	3	2	김순서	絲	89	56	5	4	이군서
絲	47	36	3	2	박경실	합계	83	6981	599	320	

위의 표는 수원군 안녕면 광무양안에 기록된 사(絲)자 지번 내에 있던 건릉이 소유한 대지만을 대상으로 하였다. 건릉의 소유 대지는 모두 83필지였으며, 면적도 2,284평이나 되는 넓은 땅이었다. 이 대지 위에 모두 83명이 320칸의 가옥을 짓고 살았다. 이들 세입자들은 건릉 궁장토에 소작을 짓는 영세한 농민들이었다. 이렇게 건릉의 땅에 집을 빌려 사는 사람은 무려 171

명이나 되었으며, 융릉 소유의 대지에서 사는 사람도 99명이나 되었다. 이 외에도 안녕면 여타 지역에서 다른 사람의 토지를 빌려 사는 사람은 전체적으로 무려 372명이나 되었다. 이들은 전과 답을 경작하는 농민 973명 중에서 38%나 되었다. 이렇게 1900년 당시 화산동 지역에서 영세 소농, 빈농층들은 농사를 지을 수 없는 땅도 아주 작거나 없던 농민들이었을 뿐만 아니라 자기의 토지 위에 자기 집을 지을 수 없을 정도로 매우 열악한 경제 형편이었음을 여실하게 알 수 있다.

그렇다면 이러한 자기 가옥을 갖지 못하는 세입 농민들과 그 외의 일반 농민들과의 처지가 어떠한지 좀 더 구체적으로 다루어 보자.

〈표 8〉 융건릉 장토 소속의 농민과 일반 지주 · 농민의 경제 상황 비교

1. 융 건릉 장토 소속 소작 농민의 경제 상황										
단위 (정보)	인원	비중	필지수	정보	소유 비중	필지수	정보	소작 비중	평균 소유지	평균 소작지
5~이상	1	0.3	19	5.99	12.1	7	2.38	1.0	6.0	2.4
4~5	1	0.3	13	4.59	9.3	13	4.67	1.9	4.6	4.7
3~4	1	0.3	17	3.83	7.7	19	4.44	1.8	3.8	4.4
2~3	3	1.0	19	7.52	15.2	18	5.94	2.4	2.5	2.0
1~2	9	2.9	45	12.47	25.2	70	19.44	7.9	1.4	2.2
0.5~1	13	4.1	37	9.38	19.0	89	30.28	12.3	0.7	2.3
0~0.5	27	8.6	33	5.64	11.4	126	24.47	10.0	0.2	0.9
0	260	82.5	0	0.00	0.0	499	153.74	62.7	0.0	0.6
합계1	315	100.0	183	49.42	100.0	841	245.37	100.0	0.2	0.8

2. 일반 지주 · 농민의 경제 상황										
단위 (정보)	인원	비중(%)	필지수	정보	소유 비중	필지수	정보	소작 비중	평균 소유지	평균 소작지
5~이상	8	1.2	999	247.21	50.0	78	17.17	5.8	30.9	2.1
4~5	2	0.3	56	8.18	1.7	6	0.76	0.3	4.1	0.4
3~4	3	0.5	33	10.07	2.0	33	9.85	3.3	3.4	3.3
2~3	21	3.2	197	51.37	10.4	174	44.14	14.9	2.4	2.1

1~2	47	7.2	272	66.69	13.5	252	62.72	21.2	1.4	1.3
0.5~1	78	11.9	227	54.60	11.0	240	57.49	19.4	0.7	0.7
0~0.5	259	39.4	351	56.11	11.4	382	62.26	21.0	0.2	0.2
0	239	36.4	0	0.00	0.0	299	41.42	14.0	0.0	0.2
합계1	657	100.0	2135	494.22	100.0	1464	295.81	100.0	0.8	0.5

〈표 8〉 상단은 융·건릉 장토에 소속되어 소작을 하는 농민들의 경제 상황을 나타낸 것이다. 전체 315명의 소작 농민 중에는 260명으로 자신의 토지가 없는 순 소작 농민으로 나타난다. 그 밖에 소작 농민 중에서도 일정한 소유 농지를 가진 농민도 수십 명이 있다. 이들의 소유 면적은 총 183필지이며 49.42정보에 불과하다.

〈표 8〉 하단은 이 장토에 소속되지 않는 소작 농민을 가리킨다. 전체 숫자는 657명이며, 0.5정보 미만의 열악한 토지를 소유한 농민은 259명인 반면, 아예 토지가 없는 순 소작농은 239명에 달한다. 이들 순 소작농이 경작하고 있는 농지는 41.42정보이며 평균 소작지는 0.2정보에 불과하다. 장토 내부의 소작농의 평균 소작지의 규모가 153.74정보로 장토에 소속되지 않는 소작 농민의 경작 면적보다 오히려 크며, 평균 소작지도 0.6정보로 도리어 크다고 할 수 있다. 이러한 편차 현상은 융·건릉의 장토 농민들이 일반 농민들에 비해서 대체적으로 경작지의 면적과 경작 비중이 높다는 인상을 주고 있다.

그러나 아래의 표에서 나타난 것처럼 장토 소속 소작 농민의 격차는 생각했던 것 이상으로 큰 편차를 나타내고 있음을 확인할 수 있다.

<表 9> 융건릉 장토 소속 소작농민의 경작 상황 비교

1. 융건릉 장토 소속 소작농민의 경작지

단위(정보)	인원	비중(%)	필지수	정보	소작비중	평균소작지
5~이상	1	0.4	1	5.02	3.4	5
4~5						
3~4	1	0.4	9	3.6	2.4	3.6
2~3	11	4.2	39	26.21	17.6	2.4
1~2	39	15	109	56.22	37.8	1.4
0.5~1	39	15	92	28.76	19.3	0.7
0~0.5	169	65	249	33.94	22.8	0.2
합계2	260	100	499	153.75	100	0.6

2. 장토 외 농민의 경작지

단위(정보)	인원	비중(%)	필지수	정보	소작비중	평균소작지
5~이상						
4~5						
3~4						
2~3	4	1.7	19	8.89	21.5	2.2
1~2	3	1.3	8	4.24	10.2	1.4
0.5~1	19	7.9	41	12.12	29.3	0.6
0~0.5	213	89.1	231	16.17	39	0.1
합계2	239	100	299	41.42	100	0.2

〈표 9〉 상단은 융·건릉 장토 소족 소작 농민의 경작 상황을 보여준다. 0.5정보 이하 소작 농민들이 전체 260명 중에 169명이나 되며, 평균 소작지도 0.2정보이다. 반면에 2정보 이상, 혹은 5정보 이상의 소작 농민도 나타난다. 이들은 장토의 관리자나 마름 등의 역할을 하는 이들로 생각되는데, 장토 관리의 대가로 넓은 소작지를 확보했다고 하겠다. 반면에 〈표 9〉 하단우측의 일반 농민의 경작 상황은 3정보 이상의 농민은 전혀 없으며, 대개 0.5정보 이하의 소작 경작에 매달려 있는 농민들이 213명으로 절대 다수를 차지한다. 이들은 평균 소작지의 규모도 0.1정보에 지나지 않아 장토에서 소작을 부쳐 먹는 농민에 비해서도 열악함을 알 수 있다.

이러한 토지 소유와 경영 상황을 유추해 보았을 때, 1900년 당시 수원군 안녕면 지역에서는 한편에서는 영세 소농, 빈농의 수가 매우 많았음을 알 수 있다. 토지를 가지지 못한 순 소작농의 숫자가 전체 농민 가운데 499명으로 전체 50.1%를 넘어서고 있을 정도였다. 절대 다수의 소작농들이 자기의 토지도 가지지 못한 채, 융·건릉의 장토와 거대 규모의 대지주 토지에서 차경지를 얻어 생활할 수밖에 없었음을 알 수 있다. 이에 따라 소작 농민들 사이에 차지 경쟁이 어느 때보다 치열했을 것임을 추측할 수 있다. 이러한 일반 농민의 소작 농민화, 순 소작 농민이라는 영세 빈농화는 각 지에서 차경지를 둘러싼 농민들 간의 경쟁을 날로 심화시켰으며, 융·건릉이나 역·둔토와 같은 거대한 장토 내의 차지뿐만 아니라 대지주의 차지에서 과도한 도조 수탈에 항의하는 농민들 간의 결속을 가져올 수 있는 조건이 되었다.

이렇게 거대 대지주로서 활동하고 있었던 융릉과 건릉의 소유지를 관리하는 왕실이나 조선 정부에 대해 영세 소농, 빈농층으로 구성되어 있는 대다수 화산동 주민들은 심각한 불만을 제기했던 것이다. 따라서 앞서 살펴본 1891년 현륭원 원군과 동민의 민란 때 참여한 농민들은 장토 내 불법적인 수탈과 차지 경쟁에서 밀려날 수밖에 없었던 현실을 고발하려 했을 것이다. 이들의 봉기 참여와 항쟁 활동은 당시 토지 소유와 경영에 관한 극단적인 불평등 구조에서 기인하였다고 할 수 있다. 당시 화산동의 사회 상황은 지주·소작제의 모순과 갈등 때문에 이후 1894년 농민전쟁을 통해 크게 노출될 수밖에 없었던 혁명 전야의 상황으로 볼 수 있겠다.

3. 수원부 민란 배경과 광무양안의 지주·농민 경제 상황

1) 수원부 민란의 발생과 조사

1894년 동학농민전쟁은 전국적인 규모에서 일어났다. 이는 1894년 초에 일어난 전라도 고부 민란을 시발로 하지만, 대규모 농민반란으로 비화된 것은 3월 중순 전라도 무장에서 일어난 1차 봉기로 본다. 초기 농민전쟁의 지도자 중에서는 수원 출신 지도자들이 등장하기도 하는데, 이전 1893년 보은 집회 이래 수원 지역이나 경기 지역 동학도를 비롯하여 많은 사람들이 경기도 지역의 농민반란에 참여하였다.[20]

수원 지역의 경우 농민들도 직접 민란을 일으키고 관아를 점령한다든지 하는 적극적인 행동에 나섰다. 그래서 1889년 10월에 일어난 수원 성내의 민란을 주목할 필요가 있다.

이때 난민(亂民) 수백 명이 1889년 10월 이틀에 걸쳐 성내에 모여들어 밤중에 관아와 관리들의 집을 습격하여 부수는 등 민란을 일으켰다.[21] 당시 수원부 유수 김홍집(金弘集)의 보고로 전모가 드러났는데, 수원 성내 무뢰배 수백 명이 밤을 타서 작나(作拏)하여 인가를 파괴했고, 이전에 이런 변고가 없었다고 하였다. 이때 탄압과 체포의 책임은 전적으로 중군에 있는데, 본부 중군(中軍) 윤영규(尹泳奎)는 병을 핑계로 오랫동안 부임하지 않았으므로 우선 차출한다고 하였다. 이에 대해 정부는 이처럼 창궐의 거동이 민의 습관이 된 것은 무엄하고 한탄하지 않을 수 없다고 하면서 수창(首倡)의 사람을 따로 기찰하여 포착하여 엄히 사정을 밝힐 것과 나머지 밖에 둔취하고 있는 자들은 효칙하여 보내 안도케 할 것을 명하였다.[22]

그 결과 수원 중군의 지휘자는 윤영규에서 이민고(李敏皐)로 전격 교체되었다. 이후 11월 14일 수원부 유수 김홍집은 재차 장계를 올려 수원부 무뢰

배의 작나 사건의 조사 보고서를 올렸다. 그 내용은 전 승지인 김명기(金命基)와 전 군수 윤수영(尹守榮)의 진술에 따르면 평일에 거두어 들인 것에 대한 원한이 이처럼 조정에 수치스러운 일에 이르게 되었다고 하였다. 이에 의금부로 하여금 잡아들여 문의할 것을 청하여 묘당으로 하여금 우매한 무리들이 기탄없이 작료한 것은 통환할 일이나 지금 사실을 구명하였으므로 경중을 가려 또한 품처할 것이니 마땅히 발사하여 처단을 결정하여 올릴 것을 청하였다.[23] 이처럼 1889년 수원 성내 민란은 수원 유지인 전 승지 김명기와 전 군수 윤수영의 작폐로 인한 것으로 규정했다.

이어 사건의 원인을 자세히 조사하여 처벌할 것을 요청하는 수순으로 이어졌다. 김명기와 윤수영에 대한 후속 조처는 11월 18일 의금부에 신병 조치를 하기는 했으나 이들이 고위 관리 출신이니 형구를 갖추어 고문하지 말고 심문할 것을 요청하였다.[24] 최후 처결로는 양인은 민요에 이르게 한 원인을 제공한 자이므로 정배(定配)의 처벌을 내리려고 했으나 그 민요를 일으킨 수창자인 이흥완(李興完)은 지금 이미 도주하였으므로 죄를 묻고 처분할 수 없으므로 두 사람을 특별히 석방하라는 처분을 내렸다.[25] 이례적으로 수원부 민란의 원인을 제공하였던 김명기 등을 주요 관직을 가진 인사라는 이유로 사면 처분을 내렸던 것이며 민란 원인의 조사와 처벌이나 폐단의 시정 등도 더이상 거론되지 못한 채 모두 유야무야되었다.[26] 그 과정에서 복권된 김명기는 이후 1890년 6월 병조 참의로 임명받자 이를 사의하는 상소를 올리면서, 이 수원 성내 민란의 상황을 일부 설명하였다. 그는 "부리(府吏)가 문자(文字)에 앞서서 핍박하는 말로 시험하기까지 하였고, 또 얼굴을 대하여서는 완악하고 패악한 기습(氣習)을 엄연히 드러내었는데, 신이 어리석어 사람을 알아보지 못하고 형세를 파악하지 못하여 격분한 나미지 꾸짖는 일이 생겼다. 그리하여 제가 예전에 없었던 변고를 만나서, 그들이 집을 부수고 머리채를 잡아서 길거리로 끌어내었으니, 신의 신명(身命)은 여기에서 끝난 것이다. 신으로 인해 명분이 문란해지고 신으로 인해 기강이 어지러워졌으니 신은 몸 둘 곳이 없다."고 하였다. 그러면서 설사 그가 "놀랍고 망령된 짓을 분명히 했더라도 한 명의 완악한 서리를 포박한 것이 어찌 평민에게 잔학(殘虐)하게 한 것이라고 말할 수 있는 것이겠는가. 그들이 이미 용서받을 수 없는 죄를 짓고는 끝내 그 근원을 은폐할 수 없자 자신은 빠져나오고 남을 밀어 넣는 계책을 몰래 내어, 토호(土豪)들과 결탁하고 그 관장(官長)을 속여서 분수를 모르고 죄목을 꾸며내고 원망하는 양상을 거짓으로 지어내어, 신에게 감히 입을 열어 밝히지 못하게 하니, 조정과 재야에서도 듣고 흑백을 구분하지 못하고 있다."고 항의하였다.[27] 수원 성내 민란의 원인과 대응 추이에 대해서는 더 상세한 자료가 부재하기 때문에 더이상의 실체를 알 수는 없다. 그렇지만 당시 수원 지역 농민들에게 놓인 부세 부담이나 농민들의 경제 상황을 살펴볼 수 있다면, 이들의 봉기 배경과 그 일단을 이해할 수 있을 것이다.[28]

우선 수원 민란과 관련된 이들의 흔적을 대한제국기 작성된 광무 양전·지계사업의 토지 장부인 양안에서 찾을 수 있는가 하는 문제가 있다. 실제 수원 성내였던 북부면와 남부면 양안에는 이들의 토지 소유나 경작 기록이 보이지 않는다. 다만 토지조사사업의 기록인 1911년 토지조사부에서는 남창리 40번지와 49번지 대지를 소유한 지주로서 윤수영(尹守榮)의 2필지 대지 473평이 등장할 뿐이다.[29]

2) 광무양안에 나타난 수원 지역 지주와 농민의 경제 상황

여기서 수원부 성내의 농민 경제를 분석할 사회경제 자료는 대한제국기 양지아문에서 만든 양안이다. 이 지역은 크게 수원군 북부와 남부면으로 나뉘어 양전이 실시되었다. 성내의 경제 상황은 북부면 양안에 실려 있다. 여기서는 북부면와 남부면 양안의 기재 내용에 차이가 있으므로 이를 분리하여 별도로 다루면서 농민 경제의 일단을 검토해 보려고 한다.

수원군 성내의 양전은 대개 1900년 2월 7일부터 시작하여 2월 20일경에 마친 것으로 보인다. 대개 2주일이 걸린 것이다. 양전은 양지아문에서 파견된 양무위원 임병한(林炳漢), 학원(學員) 조동오(趙東五), 윤태범(尹泰凡), 노정호(盧定鎬), 이용설(李容卨) 5명이 주관하였고, 각 동리에는 아래와 같은 지심인이 참여하였다.

〈표 10〉 『수원군 북부면 양안(상)』에 나타난 각 동별 양전 상황

동명	일자	지번	지심인	비고
新豊洞	1900.2.07	天 1-50, 地 19- 53	순교 黃萬唯	
軍器洞	1900.2.09	天 51-69, 地 1- 18, 54-114	순교 황만유	
長安洞	1900.2.10	玄 1-132	순교 황만유, 순교 李德煥	
普施洞	1900.2.11	黃 1-276	순교 李德煥	
觀吉洞	1900.2.13	宇 1-48	순교 李大迷, 동장 尹春明, 소임 申基鉉	
榮華洞	1900.2.15	宇 49-58,宙 1-33, 洪 1-22	姜士仁	
西門外寒坪洞	1900.2.15	荒 1-26, 日1-18, 月 1-11	동장 朴致元	
五所坪	1900.2.17	盈 1-7, 仄 1-15, 辰 1-16, 宿 1-15	순교 洪仁玉	
軍器洞	1900.2.18	宿 16-54, 列 1-20	순교 洪仁玉, 군기동 동장 洪京守	
芳橋	1900.2.10	列 21- 57	순교 李大迷, 동장 姜仁守, 순교 嚴善孝	
高登村	1900.2.19	張 1-63, 寒 1-84, 來 1-46, 暑 1-28	존위 沈遠錫, 동장 金順乭, 소임 金用西, 순교 洪仁玉	高登村後坪 (來 19~)
東村西屯坪	1900.2.19	往 1-33, 秋 1-33, 收 1-39, 冬 1-10, 藏 1-3	姜仁守,	
西屯	1900.2.19	藏 4-21, 閏 1-19, 餘 1-29	張道一	
西屯坪	1900.2.20	成 1-48	柳大汝, 순교洪仁玉	

〈표 10〉의 북부면 양전에서 시행된 상단의 지역은 모두 14개의 동리였다. 신풍동, 군기동, 장안동, 보시동 등 중앙과 북쪽과 서쪽에 위치한 동리였다. 각 동리별로는 대개 1~2일 소요되었던 것으로 추정되는데, 각 동별 필지는 다양하여 작게는 방교동의 37필지 정도에서 보시동의 276개 필지 등 다양했다.

지심인은 각 동리별로 각기 1명에서 4명으로 다양하게 분포되었다. 다만 지심인의 직위는 순교, 동장, 소임 등이 보이는데, 순교가 대부분 참여하여 분란을 미연에 방지하고자 했던 것으로 보인다. 양전 관리인 양무위원과 학원이 실제 측량을 주업무로 하였다면, 지심인들은 당해 지역의 농지 사정과 지주·소작인 등을 잘 아는 사람으로 양전 관리의 측량 과정을 도왔을 것으로 추정된다. 실제 양지아문의 '시행조례'에서는 "넷째, 해당 군으로 하여금 별도로 해당 면내에 지역에서 공정하다는 명망이 있으며 일을 잘 아는 자를 하나 둘 따로 뽑아 답감(踏勘)의 유사(有司)로 임명하여 해당 서기와 해당 면임과 각 전답의 주(主)와 작인(作人)을 지휘하여 일을 담당케 할 일"이라고 규정하였다.[30] 왜냐하면 토지 측량할 때 경계 측량의 정확성과 전답의 소유 작인의 조사를 수행하는 야초(野草) 단계에서 양전의 성패가 결정되기 때문이다.

수원군 양전은 이렇게 1900년 2월 초순과 중순에 걸쳐 조사되었고, 이후 7월과 8월에 걸쳐 중초본(中草本) 양안이 만들어진 것으로 보인다.[31] 수원군 북부면과 남부면 양안은 모두 각각 2책으로 나뉘어 편철되었다. 총 자호 수는 북부면은 총 54자호에 3,023필지이고, 남부면이 총 59자호에 3,773필지였다.

<표 11> 수원군 북부면 남부면 및 수원군 전체 집계표(단위: 척, %, 결)

면명	자호	자호수	수정 총적	답적 비중	전답 총결	전결	답결	답결 비중	실전답	진전답	실전 답비중
北部	天-稱	54	5,560,045	57.1	292,937	115,089	177,848	60.7	289,631	119	98.9
南部	夜-愛	59	7,628,768	65.5	332,339	97,451	234,888	70.7	331,934		99.9
郡總目	天-兩遣	1748	207,694,708	68.1	9,137,244	2,472,930	6,664,314	72.9	9,119,990	11,969	99.8

수원군 북부면은 전체 필지의 면적 규모는 556만 척이고, 남부면은 762만 척이었으므로 전체 1318만 8,813척이었다.[32] 즉 사방 3.78km²정도로 된다. 전체 수원군 지역 39면의 총면적이 2억 769만여 척이었으므로 2면의 토지 면적으로는 6.35%에 불과하였다.[33]

또한 토지의 지목 중에서 답이 차지하는 비중을 보면 북부면은 57.1%, 남부면은 65.5%로 수원군 전체에 비해서 약간 낮은 수준이었다. 그것은 북부 지역은 성내로서 거주지가 많아 대지의 지목이 많았으므로 전에 포

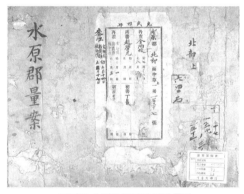

<그림2> 수원군 북부면 양안 표지

함된 대지 때문으로 보인다. 전답의 결수는 북부면은 292결, 남부면은 332결 정도로 남부면의 전결 총수가 더 높으며, 또한 답결의 비중도 60.7% 대 70.7%로 상당히 높다. 북부와 남부 면에서 진전답의 비중은 거의 없어서 양지아문의 토지조사 방식에는 실경작지와 거주지를 중심으로 조사하는 원칙이 있었음을 알 수 있다.

먼저 수원군 양안 전체에 나타난 토지 규모와 관둔진의 상황을 살펴보자. 군총목에 제시된 각종 관유의 둔전 사항은 다음과 같이 기록되었다.[34]

<표 12> 수원 지역 궁·둔전 파악의 변화(1899~1900)

《수원군 읍지》(1899)		《수원군 양안》(1900)		
궁·둔전 이름	규모	궁·둔전 이름	규모	지역
축만제둔	83석 15두 4승락	선희궁	73결 27부 2속	남부면, 송동면, 용복면
대유둔	12석 12두락 4승락	수성고	50결 1부 6속	일용면, 북부면
유천둔(장용영)	12결 58부 4속	내수사	39결 4부 4속	장안면
오타면둔	10결 64부 7속	충훈둔	77결 9속	오타면
양향둔	36결 45부 5속	양향둔	1결 61부 4속	청룡면
포내둔(포내면)	2결 35부 6속	목외장, 목내장	38결 78부 1속, 29결 27부 4속	포내면
영화역(마위전)	전 167석락, 답 149석락(입거전 1456량 7전 9분, 금폐)	영화역	65결 43부 9속	삼봉면, 장주면
건릉	향회전 1500량, 세전 200백량 위전 110석 5두락, 답 74석 5두락 복호 105결	건릉	80결 51부 7속	용복면, 안녕면
현륭원	전 97석 1두락, 답 61석 16두락 복호 88결 50부	융릉	74결 95부 9속	안녕면
숙성면둔(제언답)	5결 33부	화영둔	75결 85부 2속	가사면

수원군에서 조사한 궁장토·관둔전 등은 각 면의 소재지에 따라 크게 달 랐다. 전체적으로 종전 면부세나 면부출세 등 다양하게 부과되었던 궁·관 둔의 부과 방식이 갑오개혁 이후 각종 면세지, 복호결(復戶結)과 유래진잡탈 (流來陳雜頉) 등이 폐지되고 제2종 유토(有土)는 출세지로 환원되었고, 원래 관에서 소유한 토지는 지주제의 도조를 납부하는 토지로 정리되었다.[35] 이 에 따라 광무 양전에서는 수원군에 소재한 각종 궁·관둔 토지의 소재와 규 모를 현지 조사를 통하여 일일이 양안 장부에 기재하였다.[36] 다만 1894년 출 세결을 정리하는 과정에서 수원유수부에 근무하던 각종 서리들의 봉급을 위해 은닉되었던 리은결(吏隱結)이 무려 344여 결이나 드러나기도 하였다.[37] 그만큼 궁장토와 관둔전의 토지 경영에서 오는 수탈과 일반 민전에 리은결

의 협잡이 작용할 가능성이 높았다고 볼 수 있다.

그러면 수원군 남부면에 소재하는 일반 토지에서 지주와 농민층의 분화
는 어느 정도였는지 알아보자.[38]

〈표 13〉 수원군 남부면 토지 소유자 분화(단위: 정보, %, 속)

단위	인원	비중(%)	필지수	비중(%)	실적수	비중(%)	결부수	비중(%)
5~이상	17	1.9	657	23.0	2117445	29.0	101279	33.0
4~5	6	0.7	81	2.8	242680	3.3	11653	3.8
3~4	17	1.9	183	6.4	535118	7.3	21853	7.1
2~3	34	3.9	273	9.5	765777	10.5	32042	10.4
1~2	123	14.1	526	18.4	1532209	21.0	61630	20.1
0.5~1	148	17.0	434	15.2	986264	13.5	38524	12.5
0~0.5	528	60.5	705	24.7	1114218	15.3	40120	13.1
합계	873	100.0	2859	100.0	7293711	100.0	307101	100.0

우선 남부면에서 논과 밭을 소유한 토지 소유자는 모두 873명으로 추산
된다. 〈표 13〉은 해당 구간별로 토지 소유의 규모별 편차를 나타낸 것이다.
0.5정보 이하 토지 소유자는 528명으로 전체의 60.5%나 되었으며, 1정보 이
하까지 합하면 무려 676명인 77.5%나 된다. 이에 비해 3정보 이상의 토지를
소유한 자는 모두 40명인데, 전체 소유자 수에 비해서는 4.5%에 불과하지
만, 이들이 가진 필지의 수는 921필지로 전체의 32.2%를 차지한다. 이들 중
에는 5정보 이상 토지를 가진 사람이 숫자로 17명에 불과하지만, 실적의 총
수에 29%를 차지하고 결부수도 모두 101결 27부 9속으로 33.0%를 차지한
다. 대규모 토지 소유자가 남부면 내의 많은 토지를 과점했음을 알 수 있다.

이에 반하여 한 평의 토지도 없이 순수하게 남의 땅을 빌려 경작하는 농
민들이 다수 존재했다. 다른 사람의 토지만을 경작하는 농민들은 〈표 14〉와
같이 365명이나 되었고 이들은 577필지를 경작하고 있어 20.2%를 차지했

고, 결부 수로도 79결 30부 9속의 타인의 땅을 짓는 이들이었다. 이들은 전체 경작 농민 가운데 무려 29.5%를 차지했다.

<표 14> 수원군 남부면 토지 소유자와 경작 농민의 분화(단위: 정보, %, 속)

단위(정보)	소유자수	비중(%)	필지수	비중(%)	경작척수	비중(%)	경작결수	비중(%)
5~이상	17	1.4	108	3.8	299258	4.1	12217	4.0
4~5	6	0.5	27	0.9	54178	0.7	2271	0.7
3~4	17	1.4	128	4.5	351201	4.8	15237	5.0
2~3	34	2.7	202	7.1	532624	7.3	21422	7.0
1~2	124	10.0	459	16.1	1304767	17.9	54124	17.6
0.5~1	166	13.4	497	17.4	1217816	16.7	50369	16.4
0~0.5	509	41.1	861	30.1	1754805	24.1	72152	23.5
0	365	29.5	577	20.2	1779062	24.4	79309	25.8
합계	1238	100.0	2859	100.0	7293711	100.0	307101	100.0

이들 외에도 불과 0.5정보(1,500평)를 경작하는 농민도 509명이나 되며 이들이 41.1%의 농민이었다. 0.5정보 이하이거나 토지 없는 영세 빈농의 규모는 전체 1,238명의 경작 농민 가운데 70.6%를 차지해 절대빈곤 농민들의 비중이 매우 컸음을 알 수 있다.

이러한 영세 빈농층에 비하여 남부면에는 다수의 주택을 소유한 토지 소유자들이 있었다.

<표 15> 수원군 남부면 와가 초가 가옥 소유자 현황(와가 및 초가 20칸 이상)

번호	위치	실적	등급	결수	대주명	가옥	칸수	비고(대지 포함)
1	남창동	1120	2	95	羅卜男	와	20	
2	산루동	1144	3	80	李鍾弼	와	17	10필지 44부 6속
3	남창동	1375	2	117	尹永永	와	10	
4	남창동	621	2	53	李鍾七	와	9	
5	남창동	225	2	19	姜鳳葉	와	9	
6	구천	1764	2	150	申永兆	초	70	

번호	위치	실적	등급	결수	대주명	가옥	칸수	비고(대지 포함)
7	남창동	880	2	75	崔興道	초	30	5필지 55부 5속
8	구천	1015	2	86	申允三	초	30	4필지 27부 5속(초 11칸 포함)
9	산루동	868	3	61	尹九成	초	27	7필지 37부 4속
10	남수동	1156	2	98	崔在鉉	초	25	4필지 16부 4속(초 9칸 포함)
11	산루동	500	3	35	李時化	초	24	11필지 1결 38부 8속
12	남창동	525	2	45	洪德來	초	23	7필지 45부 6속
13	산루동	400	2	34	金順五	초	23	6필지 15부 5속(초가 3,4칸 포함)
14	구천	1350	2	115	崔在申	초	22	13필지 73부 2속(초 5,9칸 포함)
15	남창동	750	2	64	李喜仁	초	21	
16	구천	468	2	40	林元七	초	20	10필지 54부
17	남수동	740	2	63	李順命	초	20	
18	구천	264	2	22	金敏浩	초	20	
19	남수동	560	2	48	崔喜先	초	20	

기와집의 소유자 중에서 남부면 남창동에서 거주하는 나복남(羅卜男)의 경우 와가 20칸과 초가 35칸을 소유했지만, 이후 양안의 수정 과정에서 소유자명이 나진규(羅晉奎)로 바뀌고 있다. 와가의 소유자 중에는 이종필, 윤수영, 이종칠, 강봉엽, 신영조, 최광준 등이 있다.[39]

또한 초가 중에서 비교적 규모가 큰 20칸 이상의 소유자들도 제법 있었는데, 이들 중에는 중규모의 지주로서 간주되는 최재신(崔在申)이나 이시화(李時化)을 제외하고는 뚜렷하게 지주로서의 면모는 보이지 않았다. 이곳 남부면의 경우 주로 남문외 시장을 배경으로 하는 시장 상인이나 고리대 상인들의 비중이 높지 않았나 추측해 본다.

아무튼 1900년 당시 수원군 남부면의 극단적인 농민층 분화의 정도는 1894년 당시로 환원해도 크게 다르지 않았을 것이다. 일반 농민들은 과중한 조세 부담과 더불어 가혹한 도조의 증가로 이중의 고통을 당했을 것이다. 이에 따라 많은 몰락 농민들은 수원을 비롯하여 경기도 일대에서 동학농민군의 대열에 참여하거나 아니면 심정적으로 동조했을 가능성이 크다.

그래서 역으로 조선국가는 동학농민들의 항쟁을 그대로 두지 않으려고 하였다. 수원은 1894년 10월에 본격화된 조선 정부군의 농민군 초토의 사령 기지 역할을 했다. 화영(華營)에서는 총리대신에게 전보하여 천안에 분국을 두어, 공주·청주·보은 등의 소식을 듣게 하였다.[40] 또한 1894년 10월 동학 농민군을 토벌하는 과정에서 양호도순무영이 고종에게 올린 계에는 다음과 같은 내용이 강조되어 있다. 즉, "수원(水原)의 비도(匪徒) 괴수 김내현(金䨲鉉)과 안승관(安承寬)이 도당(徒黨)을 모아들여 소요를 일으켰다. 그리하여 본영에서 잡아들이고 당일 새벽에 중군(中軍) 허진(許璡)으로 하여금 남벌원(南筏院)에 나가서 모두 효수(梟首)하게 하여 대중들을 경계시켰다. 감히 아룁니다."라는 것이다. 이들 농민군 지도자 안승관, 김내현(혹은 金昇鉉)은 당시 일본공사관 기록에서도 전후 사실이 기록되어 있다. 1894년 10월 30일 일본공사관의 기록에 따르면, "수원부(水原府)의 부근 일대에 동비(東匪)들이 모이고 있다는 말을 듣고 그곳으로 가서 확실한 조사를 해 보니 바람과 그림자를 쫓듯 아무런 흔적이 없었다."고 하였다.[41] 일반 농민들과 동학의 비도들을 철저하게 차단하여 진압하려는 조선 정부와 일본군의 태도는 민중 항쟁의 흐름을 위로부터 억누르려고 한 것에 지나지 않았다.

4. 맺음말

이상에서 살펴본 바와 같이 조선 후기 이래 대한제국기까지 양안 자료의 사료적 분석 방식과 사회경제적 변화의 추이를 검토하면서 앞으로 양안 연구의 심화가 더욱 필요한 것으로 보인다.

이 글에서는 1889년 수원 성내 민란과 1891년에 일어난 현릉원 원군의 항쟁을 살펴보면서, 1900년에 작성된 광무 양안에 나타난 수원 지역 농민층의 사회경제 상황과 비교하여 검토해 보았다. 우선 현륭원이 위치한 수원군 안녕면 양안의 분석에서는 이 지역 농민들이 절대다수가 영세 빈농이었고 융릉과 건릉의 장토에 소속된 농민들은 일반 지주의 농민들의 소작지에 비해서 조금 나은 평균 경작 면적을 가지고 있음을 확인하였다. 이러한 점에서 1891년 현륭원 원군들의 민란 배경으로 궁장토의 차지경쟁이었다는 점을 실증하였고, 또한 이러한 장토 경영의 갈등은 절대다수를 차지하는 영세 빈농층의 존재 때문임을 알 수 있었다.

다음으로 살펴본 수원 성내의 경제 상황은 북부면 양안과 더불어 남부면 양안을 집중 분석하였다. 이곳에서도 토지 소유자인 지주와 경작 농민의 분화가 크게 벌어져 토지 없는 영세 빈농이 전체 경작 농민 가운데 70.6%를 넘었고, 이들은 과중한 조세 부담과 도조의 증가에 시달리고 있었다고 보았다. 다만 1889년 수원 성내의 민란 원인을 당시에 정확하게 규명되지 못한 채 무마되었으므로 당시 원인을 정확히 알 수 없었다. 다만 수원유수부 내의 조세와 재정 운영을 둘러싼 지역의 유지와 서리들의 갈등이 있었음을 추정할 수 있었다.

이러한 두 차례의 수원 지역 민들의 항쟁은 결국 1894년 동학농민전쟁의 배경을 이루는 것이었다. 농민전쟁의 발단은 당시 토지 소유와 경영을 둘러싸고 국가, 궁방, 양반과 서리층과 영세 빈농 사이에 갈등에서 기인하는 것으로 짐작할 수 있다. 그런 의미에서 대한제국기 광무 양전과 양안의 분석은 당시 수원 지역 토지문제와 농민 경제의 현황을 파악해 내는 유용한 과학적 방법론이 될 것이다.

수원 지역
동학·천도교 유적지와
3·1운동 탐방로

이 동 근_ 수원박물관 학예연구사

1. 머리말

동학은 인간의 소중함을 기본으로 한다. 동학의 전파 과정에서 '동학농민혁명'이 발생하였고 역사 속에 민중이 주인공이 되었다. 그러나 외세의 침략으로 나라를 빼앗겨 버렸고, 조선 민중은 갖은 핍박과 차별, 강제와 폭력 속에 어두운 역사의 그늘을 지나야 했다. 하지만 역사의 주체인 인간 본연에 대한 자각은 더욱 강해졌다. '사람이 곧 하늘'이라는 인내천(人乃天)의 사상 속에 인간은 존귀한 존재임을 더욱 자각했고, 민족의식이 발로하여 민족해방운동인 3·1운동의 주역이 되었다.

3·1운동의 역사는 오늘을 사는 우리의 행복한 삶의 밑바탕이다. 현대 도시가 물질적 변화 속에 가파르게 변화하고, 문화적 욕구와 향유는 끊임없이 추구된다. 문화적 욕구와 향유는 일상의 삶 속에서 자연스럽게 역사와 문화를 기본으로 한다. 그 때문에 역사적 사실 속에서 다양한 문화적 공간을 향유하고 끊임없는 체험·학습·탐방 등을 하고 싶어 한다. 이런 욕구를 바탕으로 3·1운동 유적지를 기본으로 한 탐방로를 구상해 보고자 한다.

현재 많은 도시에서 도시재생과 함께 근대 역사문화 자원의 활용을 고민하고, 새로운 시도를 한다. 수원시 또한 역사문화 자원을 활용한 도시재생적 측면의 '근현대 탐방로', '골목 투어', '마을 만들기' 등 지역의 정체성 확립과 문화 원형을 활용한 프로그램이 진행 중이다.

이 글에서는 수원 지역의 가장 중요한 역사의 한 부분이었던 동학의 전파와 천도교, 그리고 3·1운동의 중요한 역사적 사실을 기반으로 한 역사문화체험의 탐방로를 검토해 보고자 한다.

2. 수원 지역 동학농민혁명 유적지

1) 동학의 전파와 '민'의 동향

조선 후기 봉건체제의 모순 속에 민중들의 분노는 폭발하였다. 이것은 급변하는 사회체제를 향한 새로운 갈망이었고, 또한 가장 근원적인 생존권 투쟁이었다. 이런 민란 중에 수원 지역에서도 1889년 김홍집이 수원 유수로 재직하고 있을 때 전 승지 김명기와 전 군수 윤수영의 가렴주구에 대항하여 수백 명의 민들이 성내에 모여들어 관아와 관리들의 집을 습격하였다.[1] 1891년에는 사도세자와 정조의 능에 주둔하는 현륭원 원군(顯隆園園軍)이 능참봉 민병성의 탐학 때문에 봉기하여 이를 규탄하였다.[2] 이렇듯 수원 지역에서도 탐관오리에 대한 저항이 끊이질 않았다. 이런 봉건체제의 모순에 대항하는 농민항쟁은 1892년에 이르러서 전국적인 현상으로 발전하며 1894년 동학농민혁명으로 이어졌다.

수원 지역에 동학이 전파되기 시작한 것은 1862년 12월경 이창선이 경기도 접주로 임명될 당시인 것으로 보인다.[3] 이후 수원 출신의 불교 승려인 서인주(徐仁周, 徐璋玉)와 호남의 동학 간부였던 안교선(安敎善)이 호남의 동학교단과 긴밀한 관계를 가지면서 경기도지역에서 동학을 전파하였다. 수원 지역에서 동학의 교세가 강해지기 시작한 것은 1884년 2월경 안교선이 전도한 안승관(安承寬)과 김정현(金鼎鉉, 金來鉉)이 주도하여 포교하기 시작하면서부터였다.

그리고 1890년에는 서병학, 장만수, 이규식, 김영근, 나천강, 신규식 등이 육임(六任)이 되고, 안승관은 기호대접주(畿湖大接主)가 되고, 김정현은 기호대접사(畿湖大接司)가 되어 접주 임병승, 백난수, 나천강, 신용구, 나정완, 이민도 등과 함께 활동하였다. 이때에 비로소 신도가 수만명에 달하게 되었다.[4]

1893년 3월에 신용구, 이민도 등이 주도하여 충청북도 보은에서 보은취회(報恩聚會)를 열었을 때 보은장에는 2만여 명이 모였다. 수원 지역의 동학세력도 '수의(水義)'라고 쓴 깃발을 들고 참가하였다. 수원 지역의 동학교도 840여 명은 다른 지역의 교도들과 함께 교조 최제우의 신원을 주장하는 것은 물론이요 '척왜양창의(斥倭洋倡義)'의 기치를 내걸며 4월 초까지 집회에 참여하였다.[5]

이후 동학교도들은 봉건체제의 모순과 외세의 침략에 항거하여 1894년 동학농민혁명을 일으켰다. 초반 봉건체제의 모순에 저항하던 동학농민군들은 외세의 침략에 재봉기하였다. 호남의 남접 동학농민군이 전봉준의 지휘 아래에 봉기하였을 때 수원 지역의 농민군들은 최시형의 명령에 따라 손병희의 지휘를 받으며 9월 제2차 봉기에 참여하였다. 제2차 봉기 당시, 안성·음죽·수원 등지의 농민군들은 먼저 관아를 습격하여 무기를 탈취하는 등 무장 활동을 전개하였다. 당시 농민군이 수원 관아를 크게 위협하자 수원 유수는 일본군 병력을 속히 투입해 달라고 요청하였다.[6]

수원 지역은 안승관·김정현을 중심으로 기포하여 5천여 명의 농민군이 수원부를 점령하고 남쪽의 농민군이 오기를 기다렸다. 그러나 관군과 일본군의 대대적인 공격으로 맞서 싸우다 마침내 패하고 말았다.[7] 안승관·김정현·김원필 등 지도자는 체포되었다. 이후 안승관과 김정현은 서울에서 사형당하고, 김원팔은 수원 성내에서 처형되었다. 이들이 처형당한 후 수원

지역의 포교는 안성 사람인 김한식이 담당하였다.[8]

한편 남양부민은 이보다 조금 빠른 1894년 6월 28일에 고을 관아를 습격하면서 봉기했다.[9] 다른 지역과 마찬가지로 관리의 탐학에 대한 항거였다. 남양부민 중에 주모자는 정인식과 이군옥 등이었다.[10] 당시 우정·장안면의 농민들도 수원의 고석주 접주가 거느리는 농민군에 가담하여 활약하다가 일본군과 관군에 패하여 많은 피해를 입은 후 백낙렬의 인솔 아래 집으로 돌아와 관헌들의 눈을 피해 포덕에만 힘을 썼다.[11]

2) 동학농민혁명 유적지

동학농민혁명 유적지로 유일하게 확인할 수 있는 것은 농민군이 위협하고 점령했던 '수원 관아'이다. 이는 오늘날 '수원화성행궁'(사적 제478호)이다. 화성행궁은 임금님의 행차 시 거처하던 임시 궁궐로 모두 576칸이나 되는 국내 최대 규모로 지어졌다. 1789년 읍치 이전으로 팔달산 아래 건립된 후 정조 임금이 13차례나 방문하였고, 1795년에는 혜경궁 홍씨의 진찬연 등 여러 행사가 거행되었다. 화성행궁은 평상시에는 화성유수부 유수가 집무하는 관청으로 수원 관아였다. 화성행궁은 일제 강점 이후 갖가지 용도의 건물로 이용되면서 그 모습을 잃게 되었다. 현재의 화성행궁은 1996년부터 시작하여 2003년 복원된 것이다.

동학농민혁명을 이끌었던 김원팔이 처형당한 수원 성내는 '수원 화성'(사적 제3호)이다. 화성 성곽은 조선의 고유한 성곽 특징을 잘 갖추고 있으면서도 조선 후기까지 축적된 전통적 성곽 건설 경험과 그 당시 중국의 최신 과학 지식을 수용한 뛰어난 성곽으로 평가받아 1997년 12월 '세계문화유산'으로 등록되었다. 당시 발간된 『화성성역의궤』(1801)에 실린 화성전도를 보면 화성행궁 옆으로 팔달문 안쪽에 둥근 모양의 옥(獄)이 위치했던 것으로 파악된다. 김원팔은 이 옥에 갇혀 있다가 처형당했을 것으로 보인다.

동학농민혁명 당시 농민군은 관군과 일본군을 상대로 싸웠다. 그렇기에 관아 건물이 공격의 목표가 되었고, 재판과 참형 또한 관아와 성안에서 이루어졌다. 수원을 대표하는 세계유산 수원 화성에는 새로운 신도시 건설의 역사뿐만 아니라 백성들의 다양한 삶과 역사적 사실들도 존재한다.

3. 수원 지역 천도교의 발전과 유적지

1) 천도교의 성립과 수원 · 남양교구의 발전

손병희는 1905년 12월 1일, 동학의 정통을 계승하는 교단으로서 천도교를 선포했다.[12] 동학이 창도 당시 기층 농민을 대상으로 종교운동을 전개하였다면 천도교는 농촌지역의 농민과 함께 도시의 중소 상인, 학생, 개화 지

화성전도, 『화성성역의궤』(1801)

식인을 대상으로 하였다. 천도교는 동학 시기와는 달리 합리화, 조직화를 전제로 근대적 의미의 종교 활동인 교단종교운동을 전개했다.

천도교의 사상은 손병희가 강조한 '인내천'이 중심이다. 인내천 사상은 '자기 마음을 스스로 깨달으면 그 몸이 곧 하늘이고, 그 마음이 곧 하늘이다' 라고 풀이할 수 있다. 이것은 사람의 몸과 마음이 하늘이라는 것으로 사람이 곧 하늘이라는 것이다. 물론 사람이 하늘이 되려면 자기 마음을 스스로 깨달아야 하는 전제 조건이 있다.[13]

천도교의 기본적인 사상은 동학 사상을 계승한 인간 존중이다. 이와 같은 인간 존중과 인간 중심의 사상은 민중들의 호응을 불러일으키며 천도교 조직을 확장하는 데 매우 중요한 요소가 되었다.

수원 지역의 천도교 조직은 중앙의 조직화 속에서 발전하였다. 손병희는 1900년 각 지방의 교인들로 하여금 민회를 설립하게 하였는데 그 이름을 진보회(進步會)라고 하였다.[14] 1904~1905년에는 진보회 활동이 수원 지역에서도 전개되었다. 수원 지역의 활동가들 가운데 진보회에 참여했던 사람은 이종석, 김한식, 한세교 등이었다.[15] 이종석은 1904년 11월 진보회가 전국적으로 80군에 걸쳐 조직을 완료할 때 경기도 음죽(장호원)의 회장이 되었다.[16]

1904년 12월 2일 진보회는 일진회와 통합되었다. 수원 지역에서는 12월 10일 일진회가 결성되어 수원 남문 밖에서 집회가 열렸다. 이때 수원군 회장으로 이종석이 선출되었다. 이날 모인 군중은 3천여 명이었으며 대부분이 단발을 하였다.[17] 그러나 손병희가 천도교를 선포할 때 이종석은 일진회에서 나와 천도교 수원교구를 열었고, 1906년 초대 수원교구장이 되었다.[18]

천도교는 1907년 전국의 지방 교구를 72교구로 정비하였다. 이때 수원 지역은 이종석이 59교구장으로 임명되었고, 종리사와 이문원, 서무원, 경리원, 포교를 담당한 공선원, 교인으로서 풍기를 담당한 전제원, 교리강좌를

담당한 강도원, 금융원, 전교실의 책임자인 전교사와 순회교사 등도 임명하였다.[19]

수원교구 사무실은 1910년에 이봉구, 정도영, 고주원, 이회신, 이덕유, 이종철, 진시영, 진종구 등의 후원으로 장안동의 수 십여 칸의 초가로 옮겼다.[20] 1913년에는 이종석, 정도영, 나천강, 김학습, 김정담, 이규식 등의 후원으로 북수리의 기와집으로 옮겼다.[21] 이곳은 1907년 손병희가 수원에 와서 강연을 할 때 '사람의 일은 마음먹은 대로 되나니 수원의 팔부자집이 장래의 수원교구실이 되도록 마음을 쓰라.'라고 하여, 많은 교인들이 노력하여 팔부자집을 매입한 뒤 교구실을 옮긴 것이었다.[22]

천도교가 1914년 7월 대교구를 설립할 때 수원교구는 수원대교구로 승격되었다.[23] 이때 수원군 대교구장과 수원군 교구장을 이종석이 맡았고, 남양교구장은 한세교가 임명되었다.[24] 당시에 지방 교구는 교도가 100호 이상되는 구역에 설치했고, 교구가 10개 이상 되는 곳에 대교구를 설치했다. 이것으로 수원 지역의 천도교세가 매우 커졌음을 알 수 있다.

천도교는 1914년 교내의 중요 사항을 의결하는 총인원제(叢仁院制)를 실시하였는데, 이때 의사원 35명이 선출되었고 수원에서는 나천강이 선출되었다. 그 뒤 1916년 8월에는 정도영이 선임되어 활동하였다.[25]

당시 수원교구의 구직원과 면직원들 중 이봉구, 김흥렬, 김인태, 이병헌, 안정옥, 안종린 등은 3·1운동을 이끌어 간 지도자들이었고, 동탄면의 박두병, 김재천 등은 면 단위 투쟁의 선봉이었다. 수원 지역의 천도교 조직이 각 면과 리 단위로 조직되어 있어 3·1운동의 조직적 기반이 되었다는 것을 알 수 있다.

한편 수원대교구로 통합되기 전까지 남양교구는 독립되어 있있는데, 1908년 남양교구에서는 덕다리 김창식을 차출하여 서울의 천도교중앙총부

교리강습소 사범과에서 교육을 받도록 했다.[26] 당시 남양, 용인, 광주, 시흥, 안산의 교인이 1천여 호였으며, 교세가 확장되자 한세교를 중심으로 남양이 먼저 수원에서 분립하게 됐다.[27]

1910년 남양교구 교인으로 천도교 남양교구장을 지낸 사람은 고온리(매향리) 백낙온[28]과 거묵골(독정리) 우영규였고, 우영규는 신포덕포장을 선급하였다.[29] 그 후 장안리 김인태가 교구장으로 있었으며,[30] 백낙렬이 금융원으로 있었다.[31] 그 후 덕묵리(이화리) 한세교가 교구장으로 일하였다.[32] 이후 조동술이 공선원으로 있다가[33] 남양군 교구장을 역임했으며[34] 1918년에는 나천강이 교구장에 임명되었다.[35] 백낙렬은 금융원에서 전제원으로 있다가,[36] 3·1운동 당시 남양교구 순회교사로 있었는데 당시 교구장은 기림골(어은리) 김현조였다.

또한 우정·장안면은 일찍부터 동학이 전파되어 1910년에는 이미 천도교 남양교구 산하에 수촌리·독정리·어은리·장안리·화산리·이화리·고주리·매향리 등 8개 전교실이 있었다. 그리고 남양면과 송산면에도 5개의 전교실이 있었다.[37]

당시 우정·장안면에서도 남양교구 순회교사 백낙렬의 권유로 우정면 덕묵리(이화리) 한세교가 봉황각에 올라가 1912년 제2회로 연성수련을 수료한 바 있고, 또 1914년 팔탄면 고주리 전교사 김흥렬, 장안면 덕다리 김창식도 봉황각 연성수련에 참가한 바 있다.[38]

3·1운동 당시 우정·장안면에서 교구 조직을 적극적으로 활용하여 만세운동을 이끌어 갔던 대표적인 인물은 백낙렬과 김흥렬, 김성렬이었다. 수촌리의 백낙렬은 우정·장안면의 포교 책임자였으며, 김흥렬은 향남면과 팔탄면을 포교하였고, 그의 동생 김성렬은 팔탄면 고주리에서 포교하였다. 천도교의 포교는 청북면, 양감면, 성호면, 고덕면, 동탄면, 현덕면, 향남면,

수원면, 매송면, 봉담면, 일형면, 우정면, 장안면 등 수원군 전역에 걸쳐 포교조직을 갖추고 있었다.

수원 지역의 천도교는 기관제의 틀 속에서 면과 리 단위로 조직이 형성되었다. 교구장과 전교사들은 지역에서 활발한 종교 활동을 벌였다. 그리고 리 단위로 설치되었던 전교실은 천도교도들의 신앙심을 더욱 공고히 하며 천도교를 유지해 나가고 포교하는 장소였다. 이렇듯 면과 리 단위로 조직되었던 천도교는 우정·장안면 3·1운동에서 주민을 동원하고 운동을 사전 모의할 수 있는 기반이 되었다.

2) 천도교 유적지 교구실과 강습소

천도교 유적지로 파악되는 것은 먼저 교구실이다. 수원교구실은 앞서의 기록처럼 장안동의 초가집과 1913년 이후의 북수리 기와집이다. 이곳 북수리 기와집 교구는 1919년 3월 16일 이병헌 등이 3·1운동을 사전 모의하던 장소이기도 하다. 3·1운동 당시 우정·장안면의 만세운동을 이끌었던 백낙렬의 지휘 아래 김흥렬은 제암리 전교사 안종환·안종린을 3월 16일 아침 일찍 수원교구에 보냈다. 이날 11시경 수원교구에서는 이병헌이 서울의 정세를 이야기하며, 앞으로의 독립운동비를 부담할 것을 전교사들과 논의했다. 그러던 중 소방대와 일본인에게 습격당하여 김정모(金正模)·안종환·안종린·홍종각(洪鍾珏)·김상근(金相根)·이병헌 등이 중경상을 입었다. 안종환과 안종린은 중경상을 입고 도망쳐 집으로 돌아와 김흥렬에게 이병헌의 전달 사항을 전하였다.[39]

천도교는 전교실과 강습소의 운영을 통하여 교리뿐만 아니라 근대적 지식과 교양을 가르치며 민족교육의 보습을 보여주었다. 교리 강습소에서는 근대적인 천도교리와 아울러 정치, 지리, 산술, 국어, 수신 등 근대적인 지식과 교양을 가르쳤다.[40] 강습소는 지방에서 교육기관의 역할을 수행했다. 강습소를 통하여 수원 지역의 천도교 지도자들은 근대적 소양과 계몽 의식, 민족의식이 고양되었다. 또한 강습소는 지방 교구 천도교 지도자들의 양성소 역할도 했다. 수원 지역에는 수원군 제309강습소(율북면 불정리), 제310강습소(공향면 제암동), 제544강습소, 제634강습소(산성면 세교리), 제733강습소(음덕면 북동), 제446강습소(압정면 사기촌), 제734강습소(장안면 장안리) 등 7개의 강습소가 운영되었다.[41] 강습소 수강생들 중 안종환, 이병헌, 기봉규, 김인태, 우종열 등은 수원 지역 3·1운동에서 주도적인 역할을 했다.

현재 교구실과 강습소의 정확한 위치 등이 파악되지는 않는다. 앞으로 조사를 통하여 정확한 위치를 규명할 필요가 있다. 전교의 역할뿐만 아니라 민족교육의 장으로써 3·1운동의 기반이 되었던 곳이기 때문이다.

4. 수원 지역 3·1운동 탐방로 구상

1) 수원 지역 3·1운동과 천도교

수원 지역의 3·1운동은 조직적이고 공격적인 모습을 보였다. 대표적으로 1919년 3월 31일 향남면 발안장터에는 1,000여 명의 군중들이 태극기를 앞세우고 만세를 부르기 시작하였다. 그날은 장이 열리는 날로 많은 사람들과 장꾼들이 모여들었다. 군중들은 연설을 하고 만세를 소리높이 부르며 행진을 하면서 길가의 일본인 가옥에 돌을 던졌다. 그리고 일본인 소학교에 불을 지르고 불길이 타오르는 것을 보며 더욱더 큰 소리로 만세를 불렀다.[42] 진압 과정에서 긴급히 출동한 경찰과 보병이 마구잡이로 발포하기 시작하였다. 이때 이정근은 여러 제자들과 함께 만세를 부르면서, 장꾼들의 장짐을 펴지 못하게 하는 한편 발안장터 만세운동에 앞장섰다. 이 과정에서 유학자 이정근이 순국했다. 만세운동의 물결은 멈추지 않았고, 다음 날 4월 1일, 2일 밤에 주민들은 당제봉에 올라가 봉화를 올리며 산상횃불시위를 지속적으로 전개하였다.[43]

발안만세운동과 연계하여 4월 3일 수원 지역 최대의 만세운동이 우정면과 장안면 주민들의 연합으로 벌어졌다. 우정·장안면의 3·1운동은 백낙렬과 김흥렬의 주도 아래 천도교 전교사들을 중심으로 사전 조직되고 모의되었다. 천도교 전교실은 우정·장안면의 전 지역에 고르게 분포되어 있었기에 교도들과 주민들을 동원하기가 매우 좋았다.

백낙렬은 수촌리 구장(오늘날 이장)이면서 이 지역 천도교 책임자였다. 그는 천도교 전교실을 통하여 3·1운동을 추진하기로 계획하고, 각 전교실의 책임자들을 만나 3·1운동에 뜻을 같이하기로 했다. 또한 팔탄면 고주리에 거주하는 김흥렬, 팔탄면 가재리의 이정근과도 논의하였다. 김흥렬은 다시 제암리의 안종환(安鍾煥), 안정옥, 안종후 등과 상의하였다. 김흥렬은 향남·팔탄면을 책임지고, 백낙렬은 우정·장안면을 책임지기로 하고 3·1운동을 실행할 것을 결정했다.[44]

이러한 사전 준비 끝에 우정·장안면을 중심으로 한 3·1운동은 서울보다 한달 늦은 4월 1일 밤 7시에 수촌리 개죽산의 봉화를 신호로 하여 일제히 시작되었다. 그리고 4월 3일 오전 11시 장안면사무소에 2백여 명이 모여 그동안 말단 식민행정을 행사했던 면사무소를 파괴하고, 장안면장 김현묵(金賢默)을 앞세워 독립만세를 부르면서 쌍봉산을 향하여 출발했다. 군중들은 수촌리 천도교 전교실에서 만든 태극기와 깃발 그리고 몽둥이를 들고 있었다. 그동안 식민지 백성으로 억울하게 살아왔던 것에 대한 분노와 독립 의지는 활활 불타올랐다. 쌍봉산에는 1,000여 명이 모여들었다. 군중들은 오후 3시경 우정면사무소로 가서 자신들을 괴롭혔던 서류와 집기류들을 파손

하고 불에 태워 버렸다.[45]

의기에 찬 군중들은 우정면사무소를 파괴한 뒤 장안면장을 다시 앞세워 태극기를 들게 하고 군중의 선두에 세운 뒤, 독립만세를 부르면서 오후 4시경에 화수주재소로 몰려갔다. 주재소 앞에서도 군중들은 일제히 독립만세를 부르면서 돌을 던졌다. 이때 놀라 도망치는 가와바타[川端豊太郞] 순사가 권총을 발사하여 군중 1명이 넘어져 숨졌다. 이에 격분한 군중은 가와바타 순사를 추격하였으며, 가와바타 순사가 도망가며 쏘아 댄 총에 3명이 더 쓰러졌다. 도망가던 가와바타 순사는 곧 수십 명의 군중에 포위되었고, 차희식(車喜植), 장소진(張韶鎭), 이봉구(李鳳九) 등이 순사를 처단하였다.[46] 우정·장안면의 3·1운동은 천도교 조직을 중심으로 지역 주민들이 하나가 되어 2,500여 명이 참여한 대규모 만세운동이었다.[47]

일제는 3·1운동을 무력으로 진압하고자 했다. 그 폭력적 탄압의 결과 '제암리 학살사건'이 발생했다. 제암리 학살사건은 일제가 3·1운동을 일관되게 무력으로 대응하면서, 3·1운동의 주동자 체포와 수색을 빙자하여 살인·방화·구타를 일삼은 천인공노할 만행이었다.

일제는 특별검거반을 편성하여 3차에 걸쳐 대대적 진압 작전을 펼쳤다. 헌병과 경찰 혼성부대를 파견하여 만세운동의 주동자들을 검거하고자 혈안이 되었고, 화수리와 수촌리 등에 방화하고 약탈하며 많은 주민들을 검거하였다.[48]

이렇듯 일제의 폭력적 대응과 탄압이 극에 달하며 '제암리 학살사건'이 벌어졌다. 일제는 우정·장안면과 발안장터의 만세운동이 연계되어, 이 지역이 내란과 같은 상태이기 때문에 3·1운동의 주동자들을 모두 처단해야 한다고 생각했다. 그래서 급기야 특별검거반 외에 제79연대의 보병을 다시 파견했다. 4월 13일 육군 보병 제79연대 소속의 아리타 도시오[有田俊夫] 중위가 이끄는 보병 11명이 발안에 도착했다. 아리타는 4월 15일 부하 11명과 순사 1명, 순사보 조희창과 사사카 등의 안내를 받으며 제암리에 도착하여, 3·1운동의 주동자로 인정한 천도교도와 기독교도들을 제암리 교회에 모아 놓고 20여 명을 살상하고 촌락의 대부분을 소각하는 만행을 저질렀다.[49]

수원 지역 3·1운동에 대한 일제의 탄압은 엄청난 피해를 가져왔다. 피해 상황이 축소 보고되었을 것으로 예상되는 일본 헌병 측 자료를 보더라도 4월 2일부터 20일까지 8면 29마을에서 소실된 가옥이 341호, 사망자 46명, 부상자 24명, 검거 인원이 442명에 이른다. 일제의 폭력적 탄압이 극에 달한 제암리에서는 사망 인원이 23명으로 보고되었다.[50]

'제암리 학살사건'의 희생자들에 관한 기록이 불분명하여 다소 주장하는 논지에 따라 차이를 보이고 있다. 『천도교회월보』의 기록에서는 안종환(安鍾煥), 김흥렬(金興烈), 김기훈(金基勳), 김기영(金基榮), 안경순(安慶淳), 김성렬(金聖烈), 홍순진(洪淳鎭), 안종린(安鍾麟), 김기세(金基世), 안응순(安應淳), 안상용(安相容), 안정옥(安政玉), 안종형(安鍾亨), 안종화(安鍾嬅), 김세열(金世烈), 안자순(安子淳), 안호순(安好淳)의 천도교도들이 숨진 것으로 되어 있다.[51] 이들은 대부분이 우정·장안면의 3·1운동을 조직화하고 이끌어 갔던 주동 인물이었다. 현지의 '제암리 3·1운동 순국 23위의 묘비'에는 안정옥(安政玉)·안종린(安鍾麟)·안종락(安鍾樂)·안종환(安鍾煥)·안종후(安鍾厚)·안경순(安慶淳)·안무순(安武淳)·안진순(安珍淳)·안봉순(安鳳淳)·안유순(安有淳)·안종엽(安鍾燁)·안필순(安弼淳)·안명순(安明淳)·안관순(安官淳)·안상용(安相鎔)·조경칠(趙敬七)·홍순진(洪淳晋)·김정헌(金正憲)·김덕용(金德用)·강태성(姜泰成)·동 부인 김씨·홍원식(洪元植)·동 부인 김씨 등 23명으로 되어 있는데, 최근 공개된 『3·1운동 시 피살자 명부』에 순국 23위의 묘비에 기록된 23명의 순국 사실이 확인되어, 1982년 유해 발굴 당시 생존자의 증언과 1953년 조사에 근거하여 합장묘와 묘비가 만들어졌음을 확인할 수 있다.[52] 제암리 3·1운동 순국 기념관에 세워져 있는 '3·1운동 순국기념탑'에는 제암리와 고주리 희생자들을 포함하여 29명의 선열 명단이 새겨져 있다.[53]

2) 수원 지역 3·1운동 유적지와 탐방로 구상

(1) 3·1운동 유적지 자원 파악

수원 지역 3·1운동 탐방로를 만들기 위해서는 먼저 정확한 조사 연구가 필요하다. 이미 많은 3·1운동의 연구와 조사가 이루어졌지만 탐방로를 조성하기 위한 더 면밀한 조사와 스토리텔링 작업이 절실하다. 단순한 유적지 답사가 아닌 타오르는 항일 의지와 군건한 민족성, 더불어 지역적 정체성을 가진 이야기가 있는 탐방로로 '3·1운동의 길'을 만들어야 한다.

먼저 기존에 연구 조사된 3·1운동의 유적지 현황을 살펴보면 다음과 같다.

① 방화수류정: 수원 지역 3·1운동의 발상지

수원면에서는 3월 1일 화홍문 방화수류정(용두각) 부근에서 수백 명이 만세를 부르기 시작하면서 3·1운동이 시작되었다.[54] 이날의 만세운동은 김세환(金世煥)의 지도를 배경으로 김노적(金露積), 박선태(朴善泰), 임순남(林順男), 최문순(崔文順), 이종상(李鍾祥), 김석호(金錫浩), 김병갑(金秉甲), 이희경(李熙景), 신용준(愼用俊), 이선경(李善卿)[55] 등 지역 엘리트층이었던 교사와 학생, 기독교도가 중심이 되어 벌어졌다.

수원 지역 3·1운동 발상지인 동북각루는 용연(龍淵)의 위에 있으며 1794

년(정조 18) 10월 19일 완성되었다. 이곳의 지형은 광교산 지맥이 남쪽으로 뻗어 선암산(仙巖山)이 되고 다시 서쪽으로 감돌아 몇 리를 내려가서 용두(龍頭, 용연 위에 뿔쑥 솟은 바위)에서 그치는데 여기에 언덕을 따라 성을 쌓고 바위 위에 터를 잡아 각루를 설치하였다. 그래서 별칭으로 용두각이라고도 불린다. 편액(扁額)은 꽃을 찾고 버드나무를 따라 노닌다는 뜻의 '방화수류정(訪花隨柳亭)'이라 하였다.

② 연무대 3 · 1운동 만세운동지

수원면에서 1919년 3월 16일 장날 일어난 3 · 1운동 만세운동의 장소이다. 장날을 이용하여 만세운동이 다시 시작되었고, 팔달산 서장대와 동문 안 연무대에 수백 명이 모여 만세를 부르면서 시가지 종로를 통과하였다. 그러던 중 군중들은 일본 경찰과 소방대, 헌병에 의해 강제 해산을 당했고, 주동자가 붙잡혀 갔다. 그러자 다시 시내에서는 체포된 사람들의 석방을 요구하며 철시투쟁을 벌여, 체포되었던 사람들이 석방되었다.[56] 이때의 만세운동은 수원 읍내에 거주하던 상인들이 주축이 되었다. 일본인들에게 직접적으로 상권을 침탈당한 상인들의 피해의식은 매우 컸으며, 적극적인 저항으로 나타났다.

동장대는 화성의 동북쪽에 있다. 서장대와 함께 화성 동쪽 방면의 군사지휘소이자 군사훈련장이다. 편액은 연무대(鍊武臺)라고 하였다.

③ 서장대 3 · 1운동 만세운동지

수원면에서 1919년 3월 16일 장날 일어난 3 · 1운동 만세운동의 장소이다. 서장대는 팔달산의 정상에 있다. 수원 화성의 최고의 장수가 명령을 내리는 곳으로 정조는 이곳에서 성조(城操)를 행하였고, 장대가 완성되고 정조

수원 화성장대(서장대)

일제강점기 북수리 수원교구, 『천도교회월보』

어필의 '화성장대(華城將臺)'라는 편액을 걸었다.

④ 북수리 수원교구(팔부자 거리)

1913년 구입하여 사용한 북수리 천도교당은 1919년 3월 16일 서울에서 연락차 내려온 이병헌과 교인들이 3·1운동을 모의하다 소방대와 일본인들에게 발각되어 고초를 겪었던 곳이다.[57] 수원 지역 천도교당의 본거지로서 천도교와 3·1운동 유적지로 중요한 곳이다.

⑤ 서호 3·1운동 만세운동지

3월 23일 수원역 부근의 서호(西湖)에서는 700명이 만세를 부르다가 일본 경찰과 헌병대와 소방대의 제지를 받고 해산했다.[58] 이날의 만세운동이 수원역 부근과 서호에서 벌어진 이유는 이곳에 권업모범장을 비롯하여 일제가 운영하던 농장이 많았고, 또한 일본인들이 많이 거주했기 때문이다. 만세운동에 참여한 군중들은 이러한 일제의 농장에서 노동력을 착취당하던 소작농들이었으며, 그들은 일본인들이 집단적으로 거주하는 곳에서 독립의 의지를 분명하게 보여주고자 했다. 한편 서호는 1920년 구국민단(救國民團)의 조직원인 박선태와 이선경 등이 비밀 회합을 했던 곳이기도 하다.

⑥ 수원시장 3·1운동 만세운동지

수원면에서는 3월 25일 장날에 다시 청년 학생이 주도가 되어 약 20명의 학생과 노동자가 시장에서 만세를 불렀고, 운동을 주동한 10명이 붙잡혀 갔다. 이후 주민들은 3월 28일까지 시내 곳곳에서 20~30명씩 모여 산발적으로 만세를 불렀다.

조선 후기 정조 임금 때 화성이 축성되면서 설치되었던 성밖 시장으로 팔달문 밖에는 정기적인 시장이 열렸다. 현재는 남문시장으로 통칭되며 팔달문시장, 영동시장, 지동시장 등의 재래시장들이 상권을 형성하고 있다.

⑦ 화성행궁: 수원기생들의 만세운동지

1919년 3월 29일 기생 30여 명이 건강검사를 받으러 가던 도중 수원 자혜의원(慈惠醫院) 앞에서 만세를 불렀다. 기생들의 만세운동이 있은 뒤 야간에는 상인과 노동자 등이 합세하여 곳곳에서 만세를 부르며 일본인 상점에 투석하여 창유리를 파괴하기도 하였다.[59] 이날 자혜의원 앞 기생들의 만세운동은 수원예기조합의 김향화(金香花)가 이끌었다.[60]

일제는 조선의 왕을 상징하던 화성행궁을 무너뜨리며 식민지 행정기관과 병원을 설치함으로써 식민지의 시혜(施惠)적 측면을 강조하고자 했다. 일제는 1910년 화령전(華寧殿)에 자혜의원을 설치했다. 화령전은 정조의 사당이었으나 1908년 9월 20일 정조의 위패와 어진이 덕수궁으로 옮겨지면서

수원 화성행궁

비어 있었다. 이후 자혜의원은 행궁의 중심 건물이었던 봉수당으로 옮겨졌다. 그러나 그것도 오래 가지 못하고 1923년 식민지 시혜를 자랑하며 2층의 벽돌 건물이 봉수당을 허물고 지어졌다.[61]

⑧ 탄운 이정근 의사 창의탑

이정근은 팔탄면 가재리 출생이다. 19세 때 결혼한 뒤 향리에서 농업에 힘쓰는 한편 한학에 정진하였다. 28세 때부터 인근 농촌에서 한학(漢學)을 교육했다. 33세 때는 구 한국정부의 궁내부 주사가 되었다가 1905년 을사조약이 체결되자 관직을 사퇴하고 고향으로 돌아왔다. 이후 그는 농촌의 문맹퇴치운동과 독립운동 동지를 규합하려는 뜻에서, 팔탄면·향남면·봉담면·정남면·우정면·장안면·남양면 등 7면에 한문 서당을 세워 후진을 양성했다. 그는 '일본이 3년을 못가서 망한다.'는 뜻에서 '왜왕(倭王)3년'이라는 구호를 외치다가 일경에게 수차의 고문과 폭행을 당하기도 하였다. 1919년 3·1운동 시에는 수원 지역 발안장터의 시위을 주도했고, 그 과정에서 일본 경찰의 칼에 찔려 순국했다.[62]

이 탑은 1919년 3월 발안장터에서 독립운동을 주도적으로 이끌다 순국한 독립운동가 이정근 의사의 넋을 기리고 후세들에게 민족정신을 고양시키고자 건립하였다. 1971년 3월 30일에 한글학자 한갑수, 김석원, 최덕신, 시인 모윤숙을 비롯한 국회의원과 지역 유지 등 33인이 발기하여 건립하였다.

⑨ 발안장터

1919년 3월 31일 발안장터에는 1,000여 명의 시위 군중들이 태극기를 앞세우고 만세를 불렀다. 당시 발안장터에는 주재소와 일본인 상점과 가옥 등이 있었다. 발안장터 바로 옆에는 발안천이 흐른다. 발안장터의 만세운동에서는 일제의 무자비한 진압으로 수많은 사상자들이 발생했다.

⑩ 제암리 3·1운동 순국기념관: 제암리 순국 23위의 묘

원래의 제암교회는 1919년 4월 15일 일제의 만행으로 불탄 뒤, 7월 자리를 옮겨 다시 건립되었고, 1938년 현재의 위치에 기와집 예배당이 만들어졌다. 1959년 4월에 3·1운동순국기념탑이 세워졌고, 1970년 9월에 일본의 기독교인과 사회단체에서 속죄의 뜻을 담아 모은 1천만 엔을 보내와 새 교회와 유족회관이 건립되었다. 일본 정부가 직접 나서서 공식적인 사과를 한

제암리 순국 23위의 묘

것이 아니라 일본 기독교인들의 씁쓸한 사과와 모금으로 교회가 새롭게 만들어졌다. 이후 1982년 9월 대대적인 유해 발굴 사업이 진행되어 23위의 묘로 안장되었으며, 다음해 7월 기념관과 새로운 기념탑이 세워졌다. 그러다가 일본인들의 도움으로 건립됐다는 의미보다는 우리의 손으로 순국선열들의 넋을 기리자는 의견이 대두되어 구예배당과 기념관을 헐고 2001년에 새롭게 제암리 3·1운동 순국기념관이 세워졌다. 기념관 위쪽으로는 1982년 9월 유해 발굴로 안장된 23위의 묘가 있다. 현재 많은 관람객과 교인이 다녀가며 새로운 민족교육의 장으로써 역할을 하고 있다.

고주리 학살지, 『경기남부 독립운동사적지』(2009)

⑪ 고주리 학살지: 김흥렬 집터, 김성열 집터 등

김흥렬은 남양군(南陽郡) 팔탄면(八灘面) 고주리(古洲里)에서 태어났으며
부친은 통정대부의 벼슬을 지냈다. 1894년 동학농민혁명이 일어나자 수촌
리 백낙렬(白樂烈)과 힘을 합해 향남·팔탄면에서 농민군을 모집하여 수원
고석주(高錫柱) 접주 휘하에 들어가 활약하였다. 1904년 갑진개혁운동이 일
어나자 고주리와 제암리 교인들과 함께 상투를 자르고 개혁운동에 앞장섰
다. 또 김흥렬은 고주리 천도교 전교사로서 사랑방을 전교실로 개조하여 고
주리·제암리 주위의 교인들을 시일마다 모아놓고 교리를 가르쳤고, 이정
근과도 자주 만났다. 천도교 남양교구가 성미 실적 전국 제1위를 할 때에도
김흥렬은 백낙렬과 함께 성미를 당나귀에 싣고 중앙총부에 상납하였다. 김
흥렬은 김창식과 함께 1914년에 제7회로 105일간 연성수련을 했다. 김흥렬
에게는 외동딸 김철화(金哲嬅)가 있다. 이 딸을 천도교 제4세 대도주 춘암(春
菴) 박인호(朴寅浩)의 며느리로 출가시켰다. 또 한편으로는 동생 김성열을 시

커 고주리·제암리 주위 부락 젊은 청년들을 규합하여 항일 조직 구국동지회(救國同志會)를 조직했다. 1918년 천도교에서 대교당 건축 성금을 모금할 때 김흥렬은 자신의 논 3,000평과 밭 3,000평을 팔아 중앙총부에 헌납하였고, 인근 부락 교인들에게도 헌납을 권유하여 모금한 후 총부로 보내는 등 적극적인 활동을 했다. 1919년 3·1운동 시에는 고주리·제암리·가재리 등의 만세시위를 주도하였고, 발안장터에서도 이정근·안정옥과 함께 군중들을 지휘하여 이 지역의 3·1운동에 앞장섰다. 그러나 4월 15일 일제가 저지른 제암리 학살사건으로 가족 5명과 함께 순국하였다.[63]

김흥렬의 집터와 김성열의 집터는 현재 고주리 240번지로 확인되며, 고주리 학살지는 바로 옆 고주리 241번지 일대로 제암리와 연계하여 일제의 만행이 있던 역사적 장소로서 활용할 가치가 있다.[64]

⑫ 수촌리 교회

장안면 수촌리 674-1번지에 있으며 1986년 5월 20일 화성시 향토문화유적 제9호로 지정되었다. 수촌리 교회는 우정·장안면 3·1운동이 일어났을 때 수촌리의 구심점이 되었던 곳이다. 3·1운동 직후 일제의 보복적 만행으로 수촌리 전체 42채의 가옥 중 38채가 방화되어 전소되었다. 이때 수촌리 교회도 불에 타서 없어져 버렸다.

수촌리 교회가 처음으로 문을 연 것은 1905년 교인 김응태의 주도로 당시 정창하의 집에서 7명이 모여 예배를 본 것이 효시가 되었다. 1907년 초가 3칸을 매입하여 예배당으로 사용해 오다가 1919년 3·1운동 당시 전소되었다. 이후 1922년 4월 아펜젤러와 노블(Appenzeller, 1858-1902)의 협조로 8칸의 초가 예배당을 마을에 다시 건립하여 사용했고, 1932년 1월 지금의 수촌리로 이전하여 현 교회의 위치가 되었다. 초가집이 당초의 수촌리 교회로 사용해 오던 건물로 1974년 양식 기와로 지붕 개량을 했다가 다시 1987년 초가 형태로 복원하여 중건하였다. 초가로 복원한 교회 바로 옆에는 1965년 6월 15일 준공한 벽돌로 지어진 교회가 현재 사용된다.

⑬ 백낙렬 집터

백낙렬은 1865년 남양군 장안면 수촌리에서 태어났다. 본관은 수원이다. 1885년 이 지역에 동학이 포교되자 동학에 입도하여 포교와 수도에 열중하였다. 1894년 동학농민혁명이 일어났을 때 29세의 나이로 이 지역에서 농민군을 모집하여 수원의 고석주 접주 휘하에 들어가 활약했다. 1904년 갑진개혁운동 당시에는 솔선수범하여 상투를 자르고 이 지역의 개혁운동에 앞장서서 활약했다. 1910년 2월 7일 백낙렬은 천도교 남양교구 금융원으로 일하면서 남양교구 제446 강습소를 열어 교인들을 교육시키는 한편 이 지역의 교인들을 위해 수촌리 전교실에 강습소를 열고 교세 확장에도 많은 노력을 했다. 1918년 중앙대교당 건축 성금을 모금할 때에도 이 지역 남양교구 순회교사로 교인 가정을 방문하여 많은 금액을 모금, 총부로 올려 보내어

백낙렬 묘, 『경기남부 독립운동사적지』(2009)

3·1운동의 거사 자금을 마련하는 데 큰 몫을 했다. 1919년 3·1운동 당시 54세였던 백낙렬은 천도교 남양교구 순회교사와 장안면 구장회장직과 함께 수촌리 구장을 겸직했다. 백낙렬은 우정·장안면에서의 3·1운동을 총지휘했고, 이후 일제의 감시망을 피해 3년간 충청도 계룡산에 피신해 있었다. 그 후 10년 동안을 고주리 천덕산 수도암에 은신해 있으면서 교인들의 집을 전전하다가 신병을 얻어 집에 돌아왔다. 집에 돌아온 백낙렬은 일본 경찰의 눈을 피해 살다가 1936년 11월 20일 조국의 독립을 보지 못한 채 눈을 감았다.[65]

우정·장안면 3·1운동을 주동한 백낙렬이 당시에 살던 곳의 기존 가옥은 멸실되었고, 현재 새로 집을 개축하여 백낙렬의 후손이 살고 있다.[66]

⑭ 쌍봉산

우정면 조암리에 있는 화성지역 만세운동의 대표적인 유적지이다. 쌍봉산은 장안면과 우정면 사이에 있는 해발 117.7m의 산으로, 산 정상에 서면 우정, 장안 두 면의 전체적인 모습이 보이는 상징적인 산이다. 또한 조암, 화수리 어은리, 먹우리, 금의리 등 여러 곳에서 두 봉우리가 높게 솟아 있어 보는 이의 마음을 시원스럽게 해 주는 두 개의 봉우리 산이다. 쌍봉의 우측 봉우리(삼괴종고 뒷산)에서 4월 3일 우정, 장안 면민 1천여 명이 모여 대한독립만세를 외쳤던 곳이다. 현재는 지역 주민들의 휴식처로서 체육시설과 등산코스가 있다.

⑮ 화수리 3·1독립운동기념비(현 화수초등학교)

일제는 우정면 화수리에 주재소를 설치하여 주민들을 탄압하였다. 1919년 4월 3일 우정·장안면의 만세운동이 일어났을 때 2천 5백여 명의 군중들이 이곳에 몰려가 '대한독립만세'를 부르며 주재소에 돌을 던지고 불을 질러 주재소를 파괴하였다. 또한 갖은 악행을 일삼던 일본인 순사 가와바타를 처단하면서 적극적인 항쟁을 펼치며 독립의 의지를 불태웠다.

이 기념비는 3 · 1운동 당시 주재소를 불태우고 일본 순사 가와바타를 처단한 것을 기리기 위하여 화수리주재소 터 앞에 세웠는데 화수초등학교 교문 앞에 세워져 있다.

화수리 3 · 1독립운동기념비

⑯ 옛 송산면 사무소 터

송산면(松山面)에서는 주민들이 1919년 3월 26일 오후 5시경 송산면사무소 부근에서 태극기를 계양하고 만세를 불렀다. 송산면의 만세운동은 홍면(洪冕, 일명 洪冕玉)과 홍효선(洪孝善), 왕광연(王光演, 일명 王國臣), 홍명선(洪明先), 홍복룡(洪福龍), 김교창(金教昌), 김용준(金用俊), 임팔용(林八龍) 등이 주도하였으며, 이들은 26일 만세운동 직후 28일 오후 2시경 송산면사무소 뒷산과 그 부근에서 다시 1,000여 명의 군중들을 이끌고 대규모 만세운동을 이어 갔다. 이 과정에서 송산면사무소에 출장 와 있던 순사부장 노구치(野口廣三)가 운동을 주동한 홍면 외 2명을 체포했고, 이때 저항하는 홍면에게 권총을 발사하여 부상을 입혔다. 이 모습을 본 군중은 격분하여 '일본 순사를 죽이라'고 외치며 독립의 함성을 터뜨렸다. 이에 놀란 노구치 순사는 자전거를 타고 경찰관 주재소로 도망치기 시작하였다. 군중들은 도망치는 노구치 순사를 뒤쫓아가며 돌을 던져 자전거에서 떨어뜨렸고, 자전거에서 떨어진 노구치에게 수백 명의 주민들이 다가가서 돌과 몽둥이로 가격하여 그 자리에서 순사를 처단했다.[67] 현재 사강4리 경로당이 들어서 있고, 송산초등학교에 기념비가 설치되어 있다.

(2) 3·1운동 유적지 탐방로 조성과 천도교

앞서 살펴본 수원 지역 3·1운동 유적지는 천도교와 밀접한 관련이 있다. 실질적으로 이 지역의 3·1운동을 이끈 주체가 천도교와 기독교이기 때문에 유적지 또한 이와 관련성이 있다. 기존의 유적지들은 3·1운동을 대표하는 유적지이다. 여기에 천도교 교구실과 강습소, 장안면사무소 터, 우정면사무소 터 등이 더 조사되어 그 흔적을 찾아 더해져야 한다. 또한 제암리가 강조되다 보니 소외되었던 고주리의 천도교인 김흥렬 일가족의 순국도 다시 논의되어야 한다.

현재 많은 유적지에는 변변한 안내판과 표지석조차 없는 실정이다. 가장 기초적인 조사는 2009년 국가보훈처와 독립기념관에서 했으며 조사 보고서로 발간한 『경기남부 독립운동사적지』가 있다. 현재 수원시와 화성시는 독립운동 발굴사업을 벌이고 있고, 화성시는 제암리 성역화 작업을 진행하고 있다. 이와 함께 더 철저한 사전 조사가 이루어진 뒤, 각종 기념사업과 성역화 작업의 수반이 필요하다고 본다. 이를 위해서는 3·1운동 유적지 탐방로 구성에 대한 연구 용역이 시행되어야 하고, 이와 함께 전문적인 학술대회 개최 등을 통한 재조명 사업이 필요하다. 더불어 각종 기념사업과 헌창 등, 위령비 건립 등도 필요하다. 그리고 탐방로 조성을 위해서는 전문 스토리텔링 작업이 이루어져야 한다. 탐방로가 조성되면 이를 찾는 많은 사람들이 정확한 역사적 사실을 바탕으로 체험하고 교육(학습)이 되어야 한다.

3·1운동 탐방로 조성에 필요한 로드맵을 정리해 보면 아래와 같다.

- 3·1운동 유적지 현황 조사: 유적지 위치 확인 필수
- 3·1운동 유적지 스토리텔링과 탐방로 조성 연구 용역
- 3·1운동 유적지 관련 학술대회 개최
- 3·1운동 관련 각종 기념과 헌창사업: 필요시 위령비와 기념탑 조성
- 3·1운동 탐방로 조성: 표지(안내판) 디자인과 거리 조성
- 3·1운동 탐방로 디지털화: 탐방로 앱 개발

  (증강현실, 가상현실 프로그램 적용 등)

- 3·1운동 탐방로 전문해설사 양성 교육
- 3·1운동 탐방로 홍보와 체험 교육

이 작업에서 가장 중요한 것은 전문적 사전 조사를 바탕으로 한 스토리텔링 작업이다. 이를 바탕으로 탐방로에 이야깃거리와 디자인이 뒷받침될 수 있을 것이다. 단순한 유적지 표시와 거리 조성을 뛰어넘어 중요한 역사적 이야기가 있는 탐방로 조성으로 여러 가지 다양한 디자인과 기술적 요소 등이 함께해야 한다. 하나의 예로 눈에 보이는 디자인적 요소로 탐방로를 조성하고 거기에 인터넷과 휴대폰의 앱 개발을 통해 직접 유적지에 갔을 때 다양한 자료와 사실을 알 수 있도록 디지털 기술의 증강현실과 가상현실 프로그램으로도 활용할 수 있을 것이다. 기존의 탐방로 조성이 아날로그적 방식이었다면 이제는 최첨단 디지털 기술을 입혀 많은 관람객들이 편하고 유익하게 정보를 얻을 수 있는 탐방로 조성이 필요하다.

5. 맺음말

수원 지역의 3·1운동은 3월 1일 수원면 화홍문 방화수류정의 만세운동을 시작으로, 4월 중순에 이르기까지 지속적으로 일어났다. 많은 천도교도와 기독교도, 유학자들, 그리고 대부분의 농민, 학생, 상인과 기생까지 수원군의 전 계층이 참여하면서 독립의 의지를 불태웠다. 수원군의 3·1운동은 산발적이고 평화적인 시위도 있었으나, 송산면·우정면·장안면 등의 시위는 사전 계획에 조직적으로 격렬한 투쟁 양상을 보였다. 그 과정에서 면사무소와 주재소를 파괴하고, 갖은 악행을 일삼던 순사들도 처단했다. 이 과정에서 많은 천도교인들이 선봉에 서서 이 지역 3·1운동을 이끌어 갔다.

수원 지역은 3·1운동의 가장 격렬했던 항쟁지로서 민족정신이 투철했고, 많은 종교인들과 지식인, 지역 주민들이 하나가 되어 식민 체제에 저항하며 실력 항쟁을 해 나갔던 곳이다. 이것은 결국 인간에게 가장 중요한 '자유'와 '평등'의 이념에 기반한다. 이러한 정신을 기반으로 하여 3·1운동 유적지를 탐방로로 조성하는 것은 매우 중요한 작업이라 할 수 있다. '3·1운동의 길'은 지나간 역사의 숨결 속에서 과거, 현재, 미래를 잇는 중요한 교육의 장으로서 기능할 것이다.

수원 지역
동학농민혁명 전개 과정과
문화콘텐츠 활용 방안

채 길 순_ 명지전문대학교 교수

1. 수원 지역 동학농민혁명 전개 과정 개요

예로부터 수원은 서울 도성에서 통하는 길목으로, 교통의 요충지였다. 따라서 동학농민혁명 당시 수원 동학농민군의 활동은 중요한 의미가 있다. 수원 지역 동학 교세로 보아 동학농민군의 활동은 활발했지만 수원성 점령 사실은 확증이 어렵다. 게다가 수원 지역 동학농민혁명사 연구는 아직 일천한 편이다.[1] 이 글에서 서울 경기지역 동학 포교와 동학농민혁명의 활동을 살펴서 수원의 동학 활동을 밝히고, 이를 문화콘텐츠로 활용하는 방안을 모색하고자 한다.

1) 창도 시기 수원 동학

1860년 4월 5일(음), 경주 용담에서 동학을 창도한 최제우(崔濟愚, 1824-1864)는 이듬해인 1861년부터 본격적으로 포덕에 나섰다. 경주를 중심으로 포덕을 시작한 동학은 당시 새로운 삶을 갈구하던 민중들에게 크게 환영받아 많은 사람들이 동학에 입도했다. 동학에 입도하는 사람들이 늘어가자 최제우는 1862년 경북 홍해에서 최초의 동학 조직인 접주제를 실시하였고, 경기지역에도 접소가 설치되어 접주로 김주서(金周瑞)가 임명되었다. 이는 창도 초기인 1862년부터 서울 경기 지역에 동학 포덕이 활성화된 것을 의미한다. 『천도교백년사』에는 경기지역 접주로 이창선(李昌善)이 임명되었다고 기록하고 있는데, 어쨌든 김주서, 이창선 두 사람이 초기 경기지역의 동학 포교를 이끌었고, 수원을 중심으로 포덕에 나섰을 것으로 추정된다.

2) 동학 포교 시기, 수원 지역 동학 활동

수원 지역에 동학이 본격적으로 전파된 것은 이보다 20여 년 뒤인 1880년 쯤으로 보인다. 당시 서장옥(徐璋玉)은 동학을 창도한 최제우에게 직접 동학을 배운 제자로 알려졌지만 이에 대한 정확한 기록은 없다. 서장옥은 초기에는 별로 두각을 드러내지 못하다가 동학의 2세 교주 최시형(崔時亨, 1827-1898)과 함께 활동하면서 부각하기 시작한다. 특히 서장옥은 동학의 의식과 제도를 제정하는 데 적지 않은 역할을 했다. 서장옥은 신체와 용모가 매우 작고 특이하여 당시 사람들에게 '진인(眞人)' 또는 '이인(異人)'으로 불리기도 했다. 서장옥을 수원 출신이라고 기록한 것은 수원 지역 포교에 나섰기 때문이라고 추정할 뿐이다. 서장옥은 충청도 청주로 거처를 옮겨서 2세 교주 최시형과 함께 동학 교단을 이끄는 핵심 지도자가 되었다. 그리고 호남의 동학 간부였던 안교선(安敎善)이 호남의 동학 교단과 긴밀한 관계를 유지하면서 경기도지역에 동학 전파에 나섰다. 수원 지역에서 동학 교세가 막강해진 것은 1884년 2월 안교선의 권유로 입도한 안승관(安承寬)과 김내현(金廂鉉·金來鉉= 金鼎鉉)이 포교에 나서면서 동학의 전성기를 맞이한 것으로 보인다.

1890년에 접어들면서 서병학 장만수 이규식, 김영근, 나천강, 신규식이 육임으로, 안승관은 경호대접주, 김정현은 경호대접사, 임병승, 백란수, 나천강, 신용구, 나정완, 이민도가 각각 접주로 임명되었다. 이로써 수원 지역은 대접주 대접사 접주 육임 등 교단 조직을 갖추게 되었다.

수원 동학 포교 활동을 좀 더 상고할 필요가 있다. 1883년 들어서 손병희 박인호 등 경기도와 충청도 지역의 동학지도자들이 단양에 머물고 있는 최시형을 방문하여 지도를 받았는데, 이때 경기지역에서는 안교선(安敎善)과 서장옥 등이 참여했다. 1884년 2월 안교선은 안교백, 안교강 등과 수원을 비롯하여 경기지역에 동학을 포교하는 데 주도적인 역할을 했다. 이 시기에 안승관(安承寬)과 김내현(金乃鉉)이 안교선의 권유로 입도되었고, 그의 제자인 안승관 김내현 이민도 등이 수원 지역의 유력한 동학지도자로 부상했다.

안교선은 최시형이 1883년 여름 경주에서 『동경대전』을 간행할 때 유사(有司)로 참여한 바 있으며[3] 1884년 2월경부터 수원을 중심으로 경기지역에 동학을 포교하는 데 중심 역할을 했다.

3) 광화문복합상소와 보은취회 시기 수원 동학

위와 같은 포교 활동으로 수원에 교도가 늘었고, 1892년과 1893년부터 전개된 광화문복합상소와 보은취회에 수원 출신 서장옥과 서병학이 주도하게 된다. 이에 따라 광화문복합상소와 보은취회에 수원 지역의 동학교도들이 적극적으로 참여한 것으로 보인다.

광화문복합상소에 이용구가 경기도 대표로 참여했다. 그러나 당시의 조정은 광화문 앞에 엎드려 상소문을 올린 이들을 적당히 달래는 미봉책으로 마무리하였다. 이는 결국 동학교도들이 충청도 보은에 집결할 수밖에 없는 보은취회로 연결되었다.

1893년 3월 보은 장내리 집회는 '척왜양창의'와 '보국안민'의 깃발을 세우고 일어선 반봉건 운동으로, 한민족 역사상 최초 최대 규모의 민회(民會)였다. 보은 장내리 집회에 경기도에서는 수천 명이 참여했는데, 당시의 지명으로 광주 파주 송파 수원 용인 안산 안성 여주 이천 죽산 등 서울 경기도 지역을 망라했다. 이는 동학농민혁명 전까지 경기도 지역에 동학교도가 상당한 수에 이르렀다는 사실을 보여준다.

『천도교서』에 "1893년 봄 보은취회 때 경성(京城) 수원접(水原接) 840명"
이라는 서울과 수원 지역 참가자의 구체적인 숫자도 보인다.[4] 또, 1893년 3
월 21일 보은 관아의 보고에 따르면 "수원 동학교도임을 알리는 '수의(水義)'
라고 쓴 깃발이 있고, 3월 27일 보고에는 전날인 3월 26일에 수원 용인 등
지의 동학교인 300명이 보은 장내로 왔으며, 28일 보고에는 "수원 접에서
600~700명이 보은 장내리 삼마장 장재평에 기(旗)를 세우고 진을 풀었다."라
고 내용이 있다. 여기서 장재평은 청산 문바위골을 이르는 말로, 당시 보은
취회의 영역이 보은 장내리에서 청산 문바위골까지 28Km에 이르렀다는 역
사적인 사실을 보여준다.

1892년과 1893년의 교조신원운동에 수원을 근거로 삼던 서장옥과 서병
학이 주도적인 역할을 했고, 이에 따라 수원 지역 동학교도가 적극 참여한
것으로 보인다.

4) 동학농민혁명 시기 수원 지역 동학 활동

1894년 3월 20일에 동학농민군이 고창군 무장에서 기포했다. 이 시기에
수원 지역 동학교도는 적극적으로 참여하지 않았지만 9월 18일 재기포 선
언 이후에 수원의 동학교도는 적극적인 활동에 나섰다. 성주현은 "수원 지
역 동학농민혁명의 주요 지도자는 김래현, 안승관, 안교선, 최재호, 이민도
등이었으며, 동학농민혁명이 일어나자 자신이 이끌던 동학농민군과 함께
한때 수원부를 점령하기도 했다."[5]고 한다. 이에 대한 연구가 동학농민혁명
시기 수원 지역 고찰이 될 것이다.

당시 수원 지역의 동학농민군의 움직임은 『수원시사』(1985년 판)에서도
기록을 만날 수 있다. 출처 확인이 어렵지만 "9월 말에는 안승관, 김승현이 5
천 명의 동학농민군을 이끌고 수원성을 점령하고 남쪽에서 올라오는 동학

농민군을 기다리다 관군과 일본군의 공격을 받아 며칠 동안 싸웠으나 패하고 말았다."고 했다.

당시 일본군 보고 기록에도, "(수원 옥에) 수감 중인 동학도를 구하기 위해 동학농민군이 관아를 공격할 것이니 원군이 필요하다."는 요청이 있다. 특히 수원 지역의 동학농민군은 충청도 내포지역과 해운으로 연결되어 있어서 내포 대접주 이창구는 자신이 지휘하는 동학농민군과 수원 동학농민군의 공조를 통해 수원과 내포 간의 경계를 이루는 송학산 민보, 즉 송학보를 점령하여 군량미를 확보하는 한편 정부의 조운을 위협하기도 했다.

동학농민혁명 시기에 수원 동학지도자 안승관, 김내현, 안교선, 최재호 4명의 동학지도자가 서울로 압송되어 효수(梟首)되어 효시(梟示)된 것으로 미루어 수원성 점령은 어느 정도 사실로 보인다. 왜냐하면 함께 처형된 성재식은 해주성 점령에 앞장섰다는 혐의로 처형한다는 내용이 명확히 밝혀졌고, 당시 성을 공격한 행위는 관청을 공격한 것으로 간주되어 동학농민군 지도자가 체포되면 모두 처형으로 다스려졌기 때문이다. 또, 참여자 기록에 수원 동학지도자 김원팔(金元八)이 수원 성내에서 잡혀서 처형되었다는 사실도 수원성을 점령하고 있었던 정황을 짐작케 한다. 이에 대해서는 상고할 필요가 있겠다.

일본은 청일전쟁이 끝나자 동학농민군을 토벌하기 위해 '동학군토벌대' 임무를 띤 후비보병 제19대대를 조선에 급파했다. 이렇게 급히 조선에 들어온 일본군이 투입되었을 때 지리적으로 가장 먼저 맞닥뜨리게 된 것이 수원 동학농민군이었다.

당시 조정에서는 동학농민군 토벌을 위해 보내는 관군에게 보급할 무기도 군비도 변변치 않았다. 조정에서는 일본군에게 우수한 무기를 공급해 줄 것을 요청했으나 거절되었고, 대신 일본군은 경복궁 점령 당시 조선수비군에게서 압수했던 모젤 소총 1000정 중 400정을 돌려줬다. 우수한 병장기로 무장한 관군과 일본군이 토벌에 나서자 초기부터 경기 지역 동학농민군은 무기의 열세로 저항다운 저항도 못 해 보고 희생되거나 피신할 수밖에 없었다. 쟁점인 수원성의 점령 여부를 살피기 위해『갑오군정실기』기록을 보기로 한다.

① 1894년 9월 27일 수원판관 이재근에게 전령한 내용에 의하면 "그들이 (경리청의 영관 구상조가 거느린 2개 소대) 거쳐 가는 길에 2일 동안 수원부에서 머물 것이다. 그들 부대가 행군하는 데 필요한 막중한 물자이므로 두려워하는 마음으로 거행하고…" 경리청 우참령관(右參領官) 구상조의 9월 29일 첩보에도 "수원부에 머물러 대기하고 있었는데, 안성에서 시급한 보장(報狀)이 도착하였으므로, 10월 1일 오시(午時)에 길을 떠났습니다."(동학농민혁명기념재단 편역,『동학농민혁명 신국역총서 6』,〈갑오군정실기 2〉, 98쪽.)

② 1894년 10월 12일 선봉장 이규태에게 전령한 첩보에도 "일본 군사가 내일(10월 13일) 출발하려고 한다. 잠시 수원부에 머물러 있다가, 그 일행이 도착하기를 기다려서 서로 의논하여 노정을 확실히 정하여 아뢰도록 하라." (동학농민혁명기념재단 편역,『동학농민혁명 신국역총서 6』,〈갑오군정실기 2〉, 89쪽.)

③ 11월 17일, 호남소모관 전동석에게 보낸 전령에 "군대 행진하는데 소용되는 총과 칼을 모두 화성(華城)의 유영(留營)에서 취해서 쓰도록 이제 막 전령하였다. 환도 2백 자루는 앞의 전령대로 취하여 쓰고, 총 2백 자루와 탄환은 도착하는 즉시 획급 하라고 방금 선봉진에 통보하였다.(동학농민혁명기념재단 편역,『동학농민혁명 신국역총서 6』,〈갑오군정실기2〉, 113쪽.)

위 ① ② ③ 기록은 각각 9월 10월 11월의 수원성 상황을 보여준다. ①의 정황은 동학농민혁명 초기에 수원성이 조용한 형편을 보여주며, ②에 따르면 10월 12일도 동학농민군과 대적한 상황이 아니다. ③을 보면 수원성에 아직 무기가 건재한 사실을 확인할 수 있다.

오히려 수원의 중군 서형순에게 보낸 전령에 "이번에 수원 경계 내에 있는 비류의 수괴가 이미 잡혔고, 나머지 무리들은 아직도 한곳에 많이 모여 있어서 다시 방자해질 염려가 있다. 경영(京營)의 대군을 지금 징발하였으니, 수원부의 서리와 장교는 정초군(精抄軍)과 함께 미리 단속하여 경군이 경계 지역에 바싹 다가오기를 기다려서 곧바로 호응하여 함께 힘을 모아 물리쳐 없애도록 할 것이며…"[6]라고 하여 수원부 주변에 동학농민군 세력이 많이 모여 있어서 장차 수원성을 위협하는 정황으로 파악된다. 이에 대해서는 새로운 자료와 후속 연구를 기대해 본다.

한편, 김원팔이 수원 성내에서 처형되고 나서 수원 지역 동학 포교는 안성 출신 김한식이 맡은 것으로 알려졌다.

5) 토벌 시기에 수원의 동학지도자 처형

여기서는 10월 수원 동학지도자 안승관, 김내현의 압송과 처형 과정, 12월 김개남, 성재식, 안교선, 최재호의 처형 과정을 각각 나누어 살펴보기로 한다.

⑴ 수원 동학지도자 안승관 김내현의 효수와 효시

1894년 11월 9일, 동학농민군 주력이 공주 우금치 전투에서 일본 신무기에 눌려 패배하면서 동학농민군은 뿔뿔이 흩어졌다. 이때부터 동학농민군은 도처에서 연패를 당하고 관군과 일본군, 민보군은 동학농민군 토벌에 나서면서 대학살을 자행했다. 이 과정에서 10만여 명의 동학농민군이 희생당

(자료1) 『일성록』 1894년 10월 4일 조　　(자료2) 수원시사(1985년 판)

했다. 체포된 동학농민군 지도자들은 서울로 압송되어 재판받는 것이 원칙
이었으나 현지에서 바로 처형되기도 했다.

　현재까지의 기록으로 보면, 9월 18일 재봉기 선언 이후에 진행된 전투에
서 가장 먼저 서울 도성으로 끌려와 처형된 인물은 수원 동학농민지도자 김
내현과 안승관이었다. 두 인물은 동학 포교 초기부터 정권의 심장부인 서울
경기지역에 동학 포교에 나섰던 지도자였다.[7]

　『수원시사』의 "동학농민혁명 시기에 수원 지역 동학농민군은 수원성을
함락하고 본대가 오기를 기다렸다."는 기록을 상기하면 김내현과 안승관이
이끄는 동학농민군이 수원성을 점령하고 있다가 관군과 일본군의 진압으로
9월 하순에 체포되었고, 서울로 압송된 것으로 보인다. 당시는 9·18재봉기
선언 이후 황해 강원 경상 충청 전라 전 지역으로 동학농민군의 전세가 확
산되는 시기여서 조정에서는 서울과 가까운 수원 지역 동학농민군의 움직
임은 위협으로 느낄 수밖에 없었을 것이다. 조정에서는 김내현과 안승관 두

동학지도자를 심문 과정도 없이 처형을 서둔 것으로 보인다.

처형 관련 자료는 『고종실록』과 『갑오군정실기1-9』[8], 『서울, 제2의 고향: 유럽인의 눈에 비친 100년 전 서울』[9] 등에서 만날 수 있다. 『고종실록』에는 "1894년 10월 1일 남벌원에서 당일에 처형되어 군중에게 효시 경계했다[10](= 梟首警衆)."는 기록이 있다. (자료1)

의정부의 상고 내용에 "경무청(警務廳)에 갇혀 있는 동학의 괴수 김내현(金鼐鉉)·안승관(安承寬)을 곧바로 압송하여 순무영으로 올려 보내되, 중군(中軍)이 강가에 나아가서 먼저 참수하고 나중에 아뢰도록 하는 것[先斬後啓]이 마땅하다."라 했고, 중군 허진에게 전령한 내용이 좀 더 상세하다. "경무청에 갇혀 있는 동학의 괴수 김내현(金鼐鉉)·안승관(安承寬) 두 놈을 내일 동트기 전 이른 새벽에 단지 전배(前排)만을 이끌고 남벌원(南伐院)으로 나아가 효수하는 것이 마땅하다."[11]

이로 보아 김내현, 안승관 두 사람의 잘린 머리와 몸도 동대문 밖에 버려졌을 가능성이 크다. 왜냐하면 이보다 훨씬 뒤인 12월 26일에 참수된 성재식, 안교선, 최재호의 몸은 동대문 밖 솔밭에 버려진 모습이 영국 여행가 비숍(Isabella Bird Bishop, 1831-1904)에 의해 목격된 기록이 있기 때문이다.

(2) 동학지도자 김개남 성재식 안교선 최재호의 효수와 효시

동학농민군이 세성산 전투, 공주 우금치 전투, 홍주성 전투, 장흥 전투에서 관군과 일본군의 우수한 신무기에 눌려 연패 당하면서 동학농민군의 기세가 급격하게 꺾이기 시작했다. 관군과 일본군, 민보군은 동학농민군이 죽거나 흩어지자 동학농민군 학살에 나섰다. 체포된 동학농민군은 즉결 처형하고, 지도자들은 서울로 압송하여 처리하는 것을 원칙으로 했다. 그러나 김개남처럼 전주감영에서 처형된 뒤 목을 상자에 담아 올려 보내기도 했다.

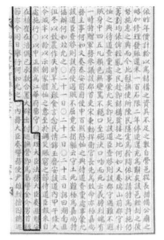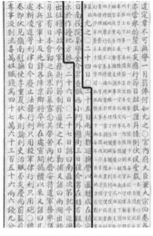

(자료3) 『일성록』 1894년 12월 23일 조   (자료4) 『고종실록』 1894년 12월 25일 조

　1894년 12월에 동학지도자로 성재식 최재호 안교선이 지방에서 붙잡혀 압상되었다. 성재식은 11월 황해도 해주성 공격에 앞장섰다가 경기도 고양에서 체포되었고, 최재호 안교선은 수원 동학지도자였다.

　최재호 안교선은 누구에게 어떻게 체포되었을까? 이는 『갑오군정실기』에서 확인되는데, 1894년 11월 13일, 임금께 아뢰기를, "지금 수원 유수 조병직이 올린 장계의 등보를 보니, '동학(東學)의 괴수를 잡아 바친 본영(本營)의 집사 엄태영(嚴泰永)에게 상을 내리는 것이 적합한지의 여부를 당해 아문에서 아뢰어 처리하도록 하여 주십시오.'라고 하였습니다. 위험을 무릅쓰고 포위를 뚫어 비도의 괴수를 잡아다 바쳤으니 대단히 가상합니다. 격려하고 권면하는 뜻에서 마땅히 포상하는 은전이 있어야겠습니다. 엄태영을 좋은 지역의 변장(邊將)으로 차송하고, 그가 통솔하던 아병(牙兵)들은 그곳 수령이 후하게 상을 내리도록 분부하는 것이 어떻겠습니까?'라 했다. 이로 보아 전투 상황에서 사로잡은 것이 아니라 동학농민군 진지에 쳐들어가 사로잡은 듯하다. 결과적으로 엄태영은 포상을 받았고, 좋은 지역의 변장(邊將)으로

차송 되었고, 그가 통솔하던 아병(牙兵)들은 수령에게 후한 상을 받았다.[12]

최재호, 안교선, 성재식 세 명의 동학지도자가 처형되었으며, 몸통은 동대문 밖 솔밭에 버려졌다. 이 목격담이 영국의 여행가 이사벨라 버드 비숍이 지은 『한국과 그 이웃나라들 *Corea and her neighbors*』에 실렸다.(자료7 참조)

최재호, 안교선, 성재식 세 명의 동학지도자의 머리는 전날에 전주 감영에서 김개남의 머리가 도착하여 서소문 밖에 함께 효시되었다.

4명의 동학지도자 효수 효시 과정은 『일성록』 12월 23일과 25일, 두 차례 기록이 보인다.(자료3, 4 참조) 23일에는 "비적 두목인 안교선(安敎善), 성재식(成在植), 최재호(崔在浩), 김개남(金介男=南의 오기, = 필자 주) 죄인 모두 이미 (죄를) 자복하였으니 응당 사형에 처해야 할 것입니다. 순무영(巡撫營)에 내주어 즉시 효수(梟首)하여 많은 사람들을 경계하게 하고, 김개남의 벤 머리를 조사하는 일도 같은 날에 거행하는 것이 어떻겠습니까?" 했다.[13]

12월 25일에는 "양호도순무영에서, '비적의 괴수인 성재식과 안교선 최재호는 그날로 남벌원에서 효수하여 많은 사람들에게 경계가 되게 하고, 김개남의 머리와 함께 4수의 머리를 서소문 밖 네거리에 매달았다가 3일 후에 김개남과 성재식 (안교선 최재호)의 머리를 경기 감영에서 소란을 일으킨 지방에 조리를 돌리게 하였습니다."라고 보고 했다.[14]

위의 자료를 종합하면, 안교선, 성재식, 최재호 세 지도자의 몸통은 동대문 밖에 버려져 정월 초하룻날 산책을 나간 영국 여행가 이사벨라 버드 비숍에게 목격되었고, 김개남, 안교선, 성재식, 최재호 네 동학지도자의 머리는 서소문 밖 칠패시장 부근에서 26일부터 28일까지 3일 동안 효시된 것으로 보인다. 이 같은 사실은 일본《시시신보》명치 28년 2월 9일 자 "거괴의 首 實見"이라는 제목의 신문기사에서도 확인된다. 효시 사실을 뒤늦게 알게

된 일본 사진사 무라카미가 머리 내걸린 사진을 찍기 위해 12월 29일 아침에 부리나케 서소문 밖으로 달려갔을 때는 삼각대에 걸었던 머리가 가마 위에 내려진 뒤였다. 그나마 김개남, 성재식의 머리는 이미 해당 감영을 향해 출발한 뒤였다. 최재호, 안교선은 비교적 가까운 거리에 있는 경기 감영으로 옮겨지기 직전이었던 것으로 보인다. 참고로, 경기 감영은 서소문 근처에 있었다. 무라카미가 둘러서서 구경하던 조선 사람들에게 "돈을 줄 테니 애초에 걸렸던 대로 연출해 줄 것을 부탁했"지만 모두 난색을 표하자 무라카미가 직접 나서서 해체된 나무 막대기 7-9개를 모아 묶어서 머리 두 개를 한꺼번에 매달아 촬영했다. 따라서 자료5의 원판 사진은 삼각대에 머리 하나씩 효시했던 원래 모습과는 거리가 멀었다. 이렇게 나온 사진이나 도판이 자료2, 5, 6, 7이다.

현재 서소문 밖에 효시된 머리와 관련된 사진이나 도판은 여러 종류지만, 원판 사진은 자료5, 8번 두 장뿐이다. 원판 사진 자료8의 촬영자는 영국 여행가 이사벨라 버드 비숍일 가능성이 크지만 이는 확실하지 않다. 그 근거로는 먼저, 비숍이 일본에서 머물다 건너왔고, 또 비숍에게 원판 사진이 있음에도 자신의 책에 무라카미가 재연하여 찍은 사진의 도판을 실은 것(자료7)이다. 이로 보아 두 사람은 사진 자료만큼은 서로 공유했던 것으로 보인다.

이 문제는 일본 나라여자대학의 김문자 교수가 자신의 논문에서 실증적인 설명을 했다.[15] 그에 따르면 무라카미가 머리가 내려진 뒤에 재연하여 찍은 사진이 자료5이고, 자료2, 6, 7은 원본 자료5의 변형 자료임을 알 수 있다. 다만 어떤 경위에서인지 영국 여행가 이사벨라 버드 비숍이 지은 『한국과 그 이웃나라들 Corea and her neighbors』에 '동학의 수급들(TONG-HAK HEADS)'에 원판 사진(자료8, 9)이 아닌 무라카미의 도판(자료7)이 실렸다. 자

(자료5) 일본《시사신보》

(자료6) 일본《시사신보》

had been sent to Seoul by a loyal governor. There I saw it in the busiest part of the Peking Road, a bustling market outside the "little West Gate," hanging from a rude arrangement of three sticks like a camp-kettle stand, with another head below it. Both faces wore a calm, almost dignified, expression. Not far off two more heads had been exposed in a similar frame, but it had given way, and they lay in the dust of the roadway, much gnawed by dogs at the back. The last agony was stiffened on their features. A turnip lay beside them, and some small children cut pieces from it and presented them mockingly to the blackened mouths. This brutalising spectacle had existed for a week.

TONG-HAK HEADS.

(자료7) 이사벨라 버드 비숍 지음, 이인 화 옮김, 『한국과 그 이웃나라들』

(자료8) 김문자, 『전봉준의 사진과 무라카미 텐신(村上天眞)』 재인용

료 8, 9 사진은 비록 인화 과정에 차이가 있을 뿐 원판이 같다.

지금까지 김개남으로 알려진 "동학 두령들의 수급"이라는 사진에 대해 김문자 교수는 "(도판에 재현된 머리가) 당시 김개남이라는 증거는 제시하지 않았다."고 썼다. 하지만 앞에서도 밝혔지만, 당시 일본 사진사 무라카미가 도착했을 때는 이미 미리 만든 공문과 함께 김개남은 전주 감영으로, 성재식은 해주감영으로 이송되었고, 경기 감영으로 옮겨질 안교선, 최재호 두 머리만 남았을 가능성이 크다. 더구나 무라카미가 "거괴의 首 實見"이라고 제목을 뽑을 정도라면, 만일 머리 네 개가 있었다면 다 촬영했거나 기사로 다루었을 것이기 때문이다.[16] 즉, 무라카미는 두 머리만 촬영했고, 남아 있는 두 머리의 주인공이 안교선 최재호이다.

여기서 조선 시대의 참형에 관한 규정을 상고할 필요가 있겠다. 일반적으로 "능지처참은 저잣거리에서 집행한다."는 원칙이 있었다. 이에 따라 반역 모반죄의 대역 죄인은 주로 성문 안 군기감(병기제조청, 현 중구 태평로 1가) 앞 길에서 사형이 집행됐다. 자료10은 김윤보의 〈형정도첩〉에 묘사된 조선 시대 참형 모습인데, 그림처럼 목을 장대 끝에 매다는 것이 아니라 고종 때는 자료9의 그림처럼 삼각대에 매달아 저잣거리에 3일 동안 효시했다. 같은 해 3월 김옥균의 효시도 이와 같은 방식으로 게시되었다.(자료11) 대낮에 많은 사람들이 보는 앞에서 처형된 것이 아니라 모두 잠든 새벽에 처형되었다. 이는 뒷날 전봉준, 김덕명, 손화중, 최경선, 성두한이 새벽에 처형된 정황과 같다.

최근에 다른 사진이 나타났다. 러일전쟁 때인 1898년 종군기자로 들어왔던 미국인 잭 런던(Jack London)이 찍은 사진이라는데,[17] 재미교포 이상원 씨가 잭 런던[18]의 사진첩에서 촬영했다는 사진이다.(자료9) 이 사진은 자료8 보다 상태가 양호한 것으로 미루어 더 원본에 가깝게 보인다. 하지만 자료 설

(자료10) http://smelldog.tistory.com/132

(자료9) 미국 잭런던의 사진첩
(재미교포 이상원 씨 제공)

(자료11) http://smelldog.tistory.com/132

명은 여러 모로 석연치 않다. 먼저, 잭 런던이 주장한 최시형이 아니며, 1898
년에는 참형(斬刑) 제도가 교형(絞刑)으로 바뀐 시기이기 때문이다.

6) 일제강점시기의 수원과 천도교

동학농민혁명이 끝난 뒤에 일제의 동학농민군 토벌은 조선 침략을 위한
필수 단계였다. 일제는 민비시해사건을 벌였고, 이에 을미의병이 일어났으
며 나라의 외교권을 빼앗긴 을사늑약으로 이어지자 투쟁을 전개하니 곧 을
사의병이다. 이어 1907년 고종의 강제 퇴위와 군대해산으로 인한 정미의병
으로 이어졌다.

동학 교단을 이끌던 孫秉熙가 친일세력을 배제한 천도교를 선포했다. 손
병희는 1906년 5월에 진천 대접주 출신 이종석을 수원교구장에 임명했다.

당시 천도교는 일진회와 교단 분리 문제로 큰 혼란을 겪는 시기였는데, 이종석은 수원 북문 밖 영화리에 십여 칸 초가를 사서 '천도교 수원교구'라는 간판을 내걸고 포교에 나섰다. 이듬해 구락서가 수원교구장에 임명되었으며, 그해 3월에 손병희가 내려와 연무대에서 교리를 연설했다는 기록이 있고, 1908년 12월 교리강습소를 설립하여 100여 명의 인재를 양성했으며, 당시 수원 천도교 교인 수는 1천200여 호에 달했다.

1912년에 이민도가 교구장이 되었고, 이종석, 정도영, 나천강, 김학습, 김정담, 이규식 등의 주선으로 수원 북문 안 북수리의 기와집 40여 칸으로 이전하니, 이 건물은 수원에 역사가 깊은 집으로, 팔부자집 중의 한 채였다.

1919년, 서울에서 독립선언서 제작과 만세시위에 참여한 바 있는 이병헌이 수원교구로 내려오자 본격적인 만세운동 준비에 들어갔다. 이병헌은 3월 16일 수원교구 관내의 교역자, 즉 김인태, 안정옥, 김정담, 나천강, 이성구, 안종린, 홍종각, 안종환 등을 수원교구로 모이도록 한 뒤 서울의 만세시위의 정황을 전달하고, 수원의 만세시위와 독립운동 자금의 모금 계획을 논의하였다. 이들은 대부분 동학농민혁명 당시의 인물들이었다. 그러나 이날 계획을 논의하던 중 수원소방대와 일본인이 합세하여 교구실에 난입하여 폭력을 휘둘러 참석자 대부분이 중경상을 입었다. 만세시위 모의 단계에서 일본 측에 발각됨에 따라 수원교구의 만세시위는 활발하게 전개되지 못했다.

1925년 12월에 교중 분규 때문에 본원 종리사 나천강이 지방 대표위원이 되었다. 수원 지역에 천도교 운동이 활성화되면서 독립투쟁 활동도 전면에 나서게 되었다.

7) 참여자 기록을 통해서 본 수원 지역 동학지도자(인물지)

● 안교선(安敎善, ?-1894): 호남 출신으로, 아산지역 동학농민군 지도자였

다. 1883년 여름 경주판 『동경대전』을 간행할 때 실무 책임자인 유사(有司)로 참여한 바 있다. 안교선과 서장옥의 노력으로 경기도의 동학교세가 크게 확장되었다. 그의 친척들이 동학에 입도함으로써 최제우의 문집(『도원기서』 『동경대전』『용담유사』) 간행을 위한 토대가 마련된 것으로 보인다. 이로 미루어 박인호, 안교선 등이 충남 동학 포덕의 원류였고, 안교선을 중심으로 경기도로 교세가 확장된 과정을 추정할 수 있다. 1894년 12월에 서울 남벌원에서 처형되었다.

● 서장옥(徐璋玉, 서포, 徐布 또는 西布, 일명 서인주(徐仁周), 호는 일해, 1851-1900): 서포(西布)는 호서 혹은 서장옥의 성을 따서 서포라 불렀다. 서장옥을 수원 출신으로 소개되기도 하는데, 이는 서장옥이 초기에 수원 지방에서 포접 활동을 시작했기 때문이다. 강원도 인제로 최시형을 찾아가 동학 교단 체제를 세우고 재건에 나섰다. 1880년대 말 그가 관에 체포되었을 때, 최시형이 그를 생각하며 식음과 잠자리를 삼가며 정성을 들였을 만큼 중용했다. 동학농민혁명사에서 강경파 인물로 알려졌는데, 1894년 봄에 황간 출신 조재벽과 함께 금산 진산지역 동학 봉기를 주도했기 때문이다. 1900년 9월20일 손사문(孫思文, 일명 손천민)과 함께 체포되어 교수형에 처해졌다.

● 안승관(安承寬, ?-1894.10)[19]: 경기도 수원에서 동학에 입교한 뒤 1890년 기호대접주(畿湖大接主)가 된 뒤 동학농민혁명에 참여했다가 1894년 10월 서울 남벌원에서 처형되어 효시되었다.

● 김내현(金㵧鉉, ?- 1894.10): 참여자 기록에는 김정현(金鼎鉉), 김내현(金來鉉), 김필현(金弼鉉) 등 4인이 각기 다른 인물로 소개되어 있으나, 이는 한자(漢字) 오독(誤讀)과 오기(誤記)로 인한 착오로 보이며, 모두 동일인으로 보인다. 김내현은 경기도 수원 진위 출신 인물로 소개되었다. 동하에 입교한 뒤 1890년 기호대접사(畿湖大接司)가 되었으며, 1894년 동학농민혁명에 경기도

수원과 진위에서 활동하다가 관군에 체포되어 1894년 10월 1일 안승관과 함께 서울로 압송되어 남벌원에서 처형된 뒤 서소문 밖에 효시되었다.

● 김승현(金昇鉉): 1894년 2차 봉기 시기에 경기도 수원에서 동학농민혁명에 참여했다.

● 이병인(李秉仁, 1862-1935): 동학에 입도하여, 보은취회와 삼례집회에 참여했고, 1894년 9월 2차 봉기 후 예산 전투에서 부상하여 귀가 중 관군에게 체포되어 수원감옥에 갇혀서 조사 받은 뒤 석방되었다. 활동 무대는 충청도 예산, 수원이었다.

● 최재호(崔在浩, ?-1894.12): 수원 동학농민군 지도자로서 동학농민혁명에 참여했다가 1894년 12월 서울 남벌원에서 처형되어 서소문 밖에 효시되었다.

● 고석주(高錫柱): 접주 출신으로, 동학농민혁명이 일어나자 수촌리 백낙렬(白樂烈)과 힘을 합해 향남 탄면에서 동학농민군을 모집하였다. 1904년 갑진개혁운동이 일어나자 고주리와 제암리 교인들과 함께 상투를 자르고 개혁운동에 앞장섰다.

● 김원팔(金元八, ?-1894): 1894년 경기도 수원에서 동학농민혁명에 참여, 활동하다가 1894년 수원 성내에서 처형되었다.

● 김흥렬: 남양군 팔탄면 고주리 출생. 1894년 동학농민혁명이 일어나자 수촌리 백낙렬과 함께 향남 팔판면에서 동학농민군을 모집하여 수원 고석주 접주의 휘하에 들어가 활약했다.

● 나천강(羅天綱, ?-?): 동학, 천도교 지도자

● 민공익(閔孔益, 異名: 孔孟): 1894년 10월 경기도 진위에서 동학농민혁명에 참여했다.

● 민재명(閔在明): 1894년 8월 이후 경기도 수원에서 동학농민혁명에 참

여했다.

● 백낙렬(1865-): 1865년 남양군 장안면 수촌리 출생, 1885년 이 지역에 동학이 포교되자 이 지역에 동학교도를 모집하여 수원의 고석주 접주의 휘하에 들어가 활약했다. 1904년 갑진개혁 당시 수원 지역 개혁운동에 앞장섰다.

● 이병인(李秉仁): 동학에 입도한 뒤 보은취회와 삼례집회에 참여했고, 1894년 9월 2차 봉기 때는 예산 전투에 참가하여 부상당한 뒤애 귀가 중에 관군에게 체포되어 수원 감옥에서 조사를 받고 풀려났다.

● 이창선(李昌善):『천도교백년사』에 기록에 의하면 경기지역 접주로 임명되어, 경기 지역의 동학교도를 이끌었다.

● 한칠성(韓七成): 1894년 8월 경기도 수원에서 접주 김내현을 따라 동학농민혁명에 참여했다.

● 홍경운(洪敬雲): 접주로, 1894년 수원에서 동학농민혁명에 참여했다가 일본군에게 체포되었다.

● 황성도(黃聖道, 1841-1894.11.09.): 충청도 직산에서 동학농민군으로 활동하다가 1894년 10월 자택에서 체포되어 수원 중영으로 이송된 뒤 효수되었다.

2. 수원 지역 동학농민혁명의 역사적 의의와 과제

수원 지역 동학과 동학농민혁명의 전개 과정을 살펴보았다. 수원 지역의 동학 포교 과정, 광화문복합상소와 보은취회 등 교조신원운동에 적극 참여하였으며, 1894년 동학농민혁명 시기 활동과 토벌 과정에서 수원 지역의 동학농민군의 다양한 활동, 그리고 동학농민혁명 이후 천도교 활동에 이르기까지 수원 지역 동학교도와 동학농민군의 활동을 사실적으로 만날 수 있었다. 하지만 이는 연구의 깊은 단계가 아니다.

1895년 동학농민혁명 당시 일본 메시마시 신문에 게재된 특파원 기사에 "수원은 정조의 개혁정신과 자주정신을 이은 곳이기 때문에 기득권층의 부정부패와 외세의 침탈에 대한 저항이 컸다. ··· 1889년 수원에서 수원의 수령과 관리들의 가렴주구에 항의하는 수백 명의 백성들이 수원 관아를 습격하고, 1891년 현륭원[20] 능참봉의 탐학과 토색으로 현륭원을 지키던 군대가 봉기하기도 했다. 이러한 여러 상황으로 시대가 변화하면서 동학의 기운이 수원으로 들어온 것은 너무도 당연했다."라고 썼다. 이 같은 수원의 저항적 전통을 자부심으로 알고 있는 이가 몇이나 될까.

수원 지역의 동학 활동 고찰을 통해 만나게 된 역사적 의의와 과제를 정리하면 다음과 같다.

첫째, 수원은 서울 경기 지역 동학 포교의 교두보가 되었던 핵심지역이었다. 따라서 동학 창도 초기부터 수원을 중심으로 동학 포교가 전개되어 동학교세가 융성했으나 동학의 포 조직 등 체계적인 고찰이 필요하다.

둘째, 광화문복합상소 보은취회와 같은 교조신원운동에 수원 동학교도가 주도적인 역할을 했다는 기록은 있지만 이에 대한 심화된 연구가 필요하다.

셋째, 동학농민혁명 당시 수원성이 동학농민군에게 함락되었을 때 조정이나 일본공사관에서는 위기감을 느껴 강력한 토벌전에 나서게 되었다. 그러나 수원성 전투의 중심 세력, 점령과 후퇴 과정 그리고 토벌에 관한 역사적 고찰이 필요하다.

넷째, 김주서, 서장옥, 안승관, 김래현, 안교선, 최재호, 이민도, 나천강 이창선 등 많은 수원과 수원 관련 동학농민지도자들의 활동이나 활약상이 단편적으로 전해지고 있으므로 체계적인 연구가 필요하다.

다섯째, 수원의 동학지도자 안교선, 최재호, 김내현, 김정현 등 지도자들의 처형 전후 과정에 대한 추가 연구가 필요하다.

여섯째, 수원 주변 지역의 동학과 동학농민군 활동 연구를 통해 수원 지역의 총체적인 연구가 필요하다.

일곱째, 동학농민혁명이 끝난 일제강점 시기에 진행된 투쟁활동도 고찰이 필요하다. 이민도, 이종석, 정도영, 이병헌, 나천강, 김학습, 김정담, 이규식 등 천도교 교단 지도자의 활동에 관한 연구가 필요하다.

3. 수원 동학 소재의 문화콘텐츠 활용 방안

요즈음 같은 디지털시대는 문화콘텐츠[21]가 문화의 대세를 이룬다. 특히 인터넷을 통해 유통되는 문화콘텐츠 분야는 다양하지만, 특히 홈페이지를 통해서 만나게 되는 문화콘텐츠의 영향력은 매우 크다고 볼 수 있다. 여기서 문화콘텐츠란 시군구 지방자치단체 공식 홈페이지에 소개되거나 운영되는 지역의 관광 역사 문화생활 정보 분야에 국한하여 논의하고자 한다.

현재 수원시청 홈페이지에 동학과 동학농민혁명사는 없다. 앞에서 언급한 대로, 정조의 개혁정신과 자주정신은 간데없이 화성행궁의 어가행차와 같은 관념의 역사만 있을 뿐이다. 21세기에, 권위적인 어가행차에 백성이 머리를 조아리는 행사를 재현하는 문화 행사가 과연 이 시대에 어울리기만 할까. 설령 그것이 문화적 가치가 있다고 하더라도 양 날개와 같이 관념사와 함께 개혁사의 균형이 필요하다.

수원시청 홈페이지의 경우, 수원 동학농민혁명사의 문화콘텐츠화가 시급하다. 문화콘텐츠란 다양한 학문 속에서 문화 원형의 가치가 요소별로 분리되어 조직되고, 관계되어 새로운 문화가치로 활용되고 매체와 결합하여 활용되는 형태라고 볼 수 있다. 곧, 문화유산의 문화콘텐츠 개발을 통해 문화유산의 새로운 가치를 발견하고 가치화의 과정이 수반[22]되어야 한다. 이런 맥락에서, 수원 지역 동학농민혁명사에 관한 문화콘텐츠 개발은 문화유산의 '새로운 가치 발견과 가치화의 과정'이 우선되어야 한다. 곧, 수원 지역 동학농민혁명사의 가치 발견과 가치화의 과정은 역사적 가치의 재인식을 비롯하여 가치의 전환, 가치의 재창조, 가치의 극대화, 가치의 융합[23]이라는 선순환 구조를 통해 이루어진다고 볼 수 있다. 이는 지역 자치단체장이나 부서의 의지에 따라 수행되거나 아예 무산되기도 한다.

먼저, 지역사의 저변 확대를 위해 향토사 연구가 우선되어야 하며, 이에 대한 검증 과정을 거쳐 이를 교육 프로그램화하고, 자료를 데이터베이스 (data base)[24]화하여, 시민 교육과정이나 정보 공유를 위한 시청홈페이지 활용 방안이 모색되어야 한다. 이런 경우, 인터넷 공간의 배치나 운영 프로그램 과정이 문화콘텐츠의 핵심이라고 할 수 있다.

여기서 재창조 과정, 곧 문화콘텐츠 과정의 핵심이 연구된 역사적 자료의 스토리텔링(storytelling)이다. '스토리텔링'이란 시간의 연속에 따라 정리된 사건의 서술이며, 인과관계에 따른 사건의 서술을 지칭하는 플롯을 함께 지칭하는 말이다. 즉, 스토리텔링에서의 '스토리'는 '서사'의 측면이 강하다고 볼 수 있다. 여기서는 넓은 의미의 이야기, 서사[25]로 규정하고자 한다.

첫 단계는 연구 자료들을 스토리텔링화하여 시청 홈페이지에 탑재하고, 시민과 시민단체의 자발적인 학습 참여와 실천을 유도하는 방안이다. 이는 수원 동학농민혁명사과 관련된 학술세미나와 연극 뮤지컬 등 문화콘텐츠화 된 행사가 동시에 진행된다면 더 효과적일 것이다.

둘째, 수원 지역 동학농민혁명사 관련 사적지의 안내 표지판이나 표지석을 제작해야 한다. 이를 시민단체와 지자체에서 공동으로 기획한다면 일반 시민들의 자발적인 참여를 기대할 수 있고, 지역의 동학농민혁명사를 이해 시키는 데 효과적일 것이다.

셋째, 기획이 가능한 문화콘텐츠를 개발 단계를 거쳐서 이를 홈페이지에 탑재하는 것이다. 예를 들어, 전국→경기→수원 동학농민혁명 전개 과정을 스토리텔링화 하여, 공유 대상의 연령이나 교육 수준에 맞게 수원 지역 동학농민혁명사 안내 소책자, 수원 동학농민혁명 체험 둘레길, 관광지도, 리플릿, 만화, CD매체, 다큐멘터리 동영상 등 다양한 문화콘텐츠로 제작하여 이를 직접 보급하거나 인터넷을 통해 소개해야 한다.

4. 결론

지금까지 수원 지역 동학농민혁명의 전개 과정과 수원 지역 문화콘텐츠 활용 방안을 살펴보았다. 모든 문화콘텐츠화된 정보는 인터넷이나 스마트폰을 통해 빠른 속도로 확산된다. 그렇지만 널리 알려졌더라도 일정 시기가 지나면 빠르게 관심 밖으로 밀려나 외면당하기도 한다. 수원 지역 동학농민혁명사에 관한 지속적인 관심을 위해서는 문화콘텐츠의 체계적인 관리와 효과적인 시스템을 필요로 한다. 지금 시급한 일은 수원 지역 동학농민혁명사의 체계적인 연구이며, 이를 토대로 사적지 안내판이 설치되고, 지역 문화 관광 코스가 개발되어야 한다. 그리고 다양한 문화콘텐츠로 제작되고 보급되어야 한다.

이 논의는 수원 지역 동학농민혁명사의 큰 흐름을 좇다 보니 주변 지역 동학농민군 활동과의 연계를 밝히지 못했으며, 이는 뒷날의 과제로 남겨 둔다.

동학의 글로컬리제이션과 인문도시로서의 수원

조 극 훈_ 경기대학교 교수

1. 들어가는 말

동학의 글로컬리제이션은 동학학회가 각 지역 동학농민혁명 학술대회의
주제로 오랫동안 추구해 온 학술 주제이면서 동학의 현대적 계승을 위해 연
구되어야 할 주제이다. 동학혁명이 각 지역에서 일어나 지역간 연합을 통해
서 전국 단위로 확대하여 인간의 존엄과 평등이라는 근대적 이념을 실현하
려고 했듯이, 동학학회가 추구하는 동학의 글로컬리제이션도 각 지방자치
단체에서의 학술회의를 통해서 동학의 지역화와 전국화를 유도하고 동학의
세계화를 추구한다. 각 지역은 해당 지역만의 특수성이 존재한다. 공간의
지정학적 위치, 다양한 문화경관, 산업 입지 조건, 도시 성장, 문화 지리 등
은 각 지역마다 다르다. 그러나 각 지역의 인문지리적 다양성에도 불구하고
동학과 동학의 정신은 공통분모이다. 동학의 글로컬리제이션은 동학의 각
지역적 자원을 분석 정리하여 지역적인 정체성과 특수성을 정립하고 보편
적인 사상과 쿤화로 지양하려는 동학의 현재화와 세계화를 위한 개념이다.

이 개념이 출현하게 된 결정적인 계기는 글로벌리제이션 즉 세계화의 문
제점에 대한 대응에서였다. 세계화는 세계 문화의 획일화와 종속을 야기하
고 착취와 불평등을 초래한다. 이 문제는 글로벌한 문화와 자본이 전 세계
를 지배함으로써 로컬 문화를 억압하고 지배함으로써 결국 로컬 문화를 말
살하는 계기가 되었다는 것이다.

글로컬리제이션은 중심주의 문화를 비판적으로 수용하면서 지역문화의 특수성을 보편화하려는 이중전략이라고 할 수 있다. 글로컬리제이션의 모토가 된, "세계적으로 생각하고 지역적으로 행동하라."는 것은 세계성과 지역성, 보편성과 개별성을 이분화하지 않고 상보적으로 통일한다는 의미이다. 동학의 정신은 바로 이러한 글로컬리제이션의 정신과 어긋나지 않는다. 서세동점을 한국의 정신과 학문인 동학으로 극복하려고 했고, 반상의 구별과 적서의 차별을 만민평등의 시천주 혁명으로 지양하고 새로운 개벽세상을 만들려고 했다는 점, 있는 자와 없는 자가 서로 돕는 상호경제공동체를 지향했다는 점, 인간중심주의의 폐해인 환경문제 등을 경인, 경물, 경천과 같은 삼경사상을 통해서 극복하려고 했다는 점, 남녀와 어린이 등 소외된 자들의 인권과 권리를 존중하는 민주주의를 지향했다는 점에서 동학은 지역의 특수한 사상을 지양하고 세계적인 사상으로 보편화할 수 있는 맹아를 갖고 있다.

수원시는 인문학을 시정철학으로 삼고 있는 대표적인 지방자치단체이다. 인문학 도시를 지향하면서 수원시는 지역문화콘텐츠를 개발하거나 낙후된 지역을 재생하는 사업, 마을 르네상스 사업 등을 추진하였다. 경쟁과 효율보다는 협력과 공존을 중시하는 이러한 인문학적 정책은 사실 동학이 지향하는 시천주나 성경신, 불연기연이나 유무상자의 개념들과 맞닿아 있다. 특히 역사적으로 수원은 수원화성을 비롯한 중세 문화 유적 뿐만 아니라 농촌진흥청과 농업박물관을 비롯하여 근대 경제의 산실이었던 공업지역 등 근현대 문화 유적도 갖추고 있어 중세와 근대 그리고 현대가 공존하는 역사도시이다. 수원출신 동학 지도자인 서인주를 비롯하여 안승관, 김내현 등 수원 지방의 접주들이 수원 지역 동학전파와 동학혁명에 중요한 역할을 하였다는 것은[1] 수원이 인문도시이면서 동시에 역사의 치열한 현장을 간직하고 있는 역사도시임을 보여준다. 동학의 역사와 사상은 직간접적으로 수원도시를 형성하는데 기여했음을 추측할 수 있다.

그러나 동학의 글로컬리제이션이 어떤 논리와 규범을 가지고 있으며, 이를 지역문화와 지역의 정체성을 형성하고 발전하는 데 어떤 기여를 할 수 있는지에 관해서는 상대적으로 연구 결과가 많지 않은 실정이다. 동학과 동학혁명 정신을 현대적으로 재해석하고 이를 새로운 플랫폼을 통해서 문화콘텐츠로 개발하거나 정책결정의 인문학적 근거를 제시하거나 지역의 정체성을 형성하는데 기여할 수 있는 것이 무엇인지에 관한 연구는 동학의 미래지향성을 위해 매우 의미깊은 작업이라고 할 수 있을 것이다. 이 글에서는 글로컬리제이션의 개념 이해, 동학의 글로컬리제이션의 논리와 규범, 그리고 이러한 논리와 규범이 인문도시로서의 수원의 정체성과 지역발전을 위해 어떤 기여를 할 수 있을지 논의한다.

2. 글로컬리제이션의 개념과 사례

1) 글로컬리제이션의 개념 이해

글로컬리제이션(glocalization)[2]은 'global'과 'local'의 합성어로 1900년대 초 스코틀랜드의 도시계획자인 게드스(P. Geddes)의 "세계적으로 생각하고 지역적으로 행동하라(think globally, and act locally)"라는 표어에서 시작되었다고 한다. 원래는 도시 개발이나 조경 사업에서 사용되었으나, 그 외연이 점점 확대되어 세계와 지역을 동시에 감안하면서 사업을 진행해야 한다는 의미로 통용되고 있다. 예를 들면, 환경운동에서 지역보호가 세계 환경 보호에 영향을 준다는 의미로, 경영에서 지역성을 감안한 상품 개발의 필요성 등으로 사용된다.[3] 모두 지역성을 강조하고 있다. 소니의 창업자 모리타아키오는 농업기술의 현지화를 뜻하는 토착화한다는 의미로 'global localization'이라는 용어를 사용하였는데, 이는 전지구적 관점을 국지적 조건에 적용시킨다는 의미에서 세계화를 추구하면서 동시에 현지 국가의 기업풍토를 존중하는 경영방식을 의미한다.[4]

글로컬리제이션은 제4차 산업혁명 시대의 경제, 사회, 문화 변동에 기인한 것이다. 오늘날 지구는 서로 네트워크화 되었으며, "지역과 세계, 특수성과 보편성, 중심과 탈중심의 이종교배적 삶의 질서를 교환하고 있고, 신자유주의적 경제적 지구화, 전자매체의 발달, 생태계 위기와 같은 문제의식을 공유하며 점차 지역사회와 세계사회가 상호 소통하는 지구적 문명으로 들어가고 있다."[5] 이는 생활 생태계가 과거와는 달리 네트워크화 되고 있기 때문이다. 생활 생태계의 측면에서 글로컬리제이션의 특성으로는 첫째, 영토상으로 통합적이지 않으며 배타적이지 않는 복수 지역적 세계사회에 살고 있다는 점. 둘째, 문화다원주의 세계에 살고 있다는 점, 셋째, 전자 아고라의 확장과 세계시민적 참여의 세계에 살고 있다는 점, 넷째, 공생의 사회적 네트워크 속에 살고 있다는 점 등[6]을 들 수 있다.

글로컬리제이션은 글로벌리제이션에 대한 비판적 수용을 통해서 형성되었으며, 이에 대한 연구는 다학제적인 연구로 그 범위가 확대되었다. 사회문화 이론, 인문지리와 도시연구, 마케팅과 비즈니스, 인류학, 사회 네트워크 분석, 문화연구, 문학 및 번역 연구, 이주 연구, 미디어 연구, 스포츠 연구, 심지어 인지과학을 비롯한 자연과학까지도 글로컬라이제이션 개념과 논의가 도입되는 실정이다.[7]

글로컬리제이션은 세계화의 산물이지만 한편으로는 세계화의 단점을 보완하고 완충하는 대안적 세계화의 가능성을 열 수 있을 기제가 된다.[8] 교육과정에서 글로컬리제이션은 지식정보사회의 특성을 수용한 교과과정의 필요성을 제시한다. 21세기 지식정보화의 특성에 비추어볼 때 지역의 특성을 감안한 교과과정이 시대의 요구에 부흥한다는 점이다. 21세기 지식정보사회의 작동원리는 '상호작용성', '편재성'과 '탈규격화', '탈집중화', '탈중앙집권화'이며 그에 필요한 사고방식으로는 '문제해결능력', '창의력', '역할수행력' 등인데, 이는 지역화와 맥락을 같이 한다. 따라서 교육 및 교육과정은 탈집중화, 탈중앙집권화되어 지역화가 되어야 한다는 것이다.[9]

지역문화의 보존과 활성화의 측면에서 글로컬리제이션은 전근대-근대-탈근대라는 근대담론의 흐름과 밀접한 관계가 있다. 글로벌이 다양한 세계문화의 융합과 SNS 등 기술발전과 브랜드 가치가 전파되는 문화공간을 연출했고, 로컬은 지역의 문화유산(이야기+역사+문화가치)을 강조한 공간을 창출했다면, 글로컬리제이션은 세계적인 동시에 지역적이며, 세계성이 지역성에 의해 수정되고 변경되며, 동일성에서 차이로 변화되는 공간을 열었다.[10] 그러나 글로컬 문화담론은 또한 지나친 개발과 시장화를 지양하고 인문학적 시각에서 지역문화의 보존과 개발을 해야 한다는 점을 강조한다. 이견해에 따르면, 현재 전 세계적으로 가장 많이 사용되는 문화정책모델은 지역공동체의 자기결정을 최대한 보장하고, 개인과 지역의 열망을 지원하며, 경제적, 문화적 안정성을 확보해주는 것이다.[11]

특히 글로컬 문화담론은 글로벌 문화담론에서 상대적으로 소외되었던 지역문화와 지역정체성을 부각함으로써 지역발전을 도모한다. 지역은 공간과 장소에 따라 구분된다. 장소성이 지역의 특성과 정체성을 형성한다는 점에서 장소와 공간의 의미 변화에 주목할 필요가 있다. 지역발전과 공간의 의미 변화에 대한 다음과 같은 지적은 글로컬 문화 담론의 특징과 함께 지역발전과 공간의 의미변화의 관련성을 보여준다. 첫째, 지역 공간은 유동화, 다양화, 차이라는 특성을 보인다는 것이다. 지역의 정체성을 근간으로 사회문화적인 차이를 기본으로 하는 흐름에서, 각 지역이 갖고 있는 차이를 인정하는 흐름으로 변화가 나타난다는 것이며 이전 시대의 고정적이고 가시적인 상태의 생산물이 비확정적이면서, 유동적이며, 다양성을 나타내는 가치형태로 변화하는 양상으로 표현된다. 둘째, 경쟁력의 근간이 유형적인 것에서 무형적인 것으로 이동함으로써, 구체적인 상품이 아닌 상징적인 의미로서 브랜드가 중시된다는 점이다. 셋째, 글로컬 시대의 문화변동의 특징은 재현과 이미지의 해석 등 추상적인 담론에서 지역단위에서 실제적으로 일어나는 프로젝트로, 상징적인 주장에서 실제적인 현실의 운동으로 대변된다. 이처럼 글로컬 담론은 지역문화의 발전의 산물임을 알 수 있다. 특히 글로컬 문화의 특징은 네트워킹이라는 데 있다. 네트워크 문화 속에서는 문화의 정체성은 고정된 것이 아니라 관계망 속에서 표현되는 것이다.[12]

"세계적으로 생각하고 지역적으로 행동하라."라는 글로컬리제이션의 모토는 문화적으로 지역문화의 보존과 변형, 문화의 대화와 소통을 강조한 것으로 풀이된다. 글로컬리제이션을 범주화했던 로버트슨은 글로컬리제이션을 글로벌과 로컬의 이분법적 개념을 "보편화와 개별화"(universalizing and particularizing), "균질화와 이질화(hozenization and heterogenization)", "수렴과 확산(convergence and divergence)"의 상호작용과 동시진행으로 해석하고 이를 "글로컬성의 이중성(the duality of glocality)" 개념으로 정의하였다.[13] 글로컬 개념을 좀더 정확하게 이해하기 위해서는 글로벌 개념과 글로컬 개념의 차이점을 살펴보는 것이 도움이 될 것이다.

〈글로벌과 글로컬의 차이점〉[14]

글로벌리제이션	글로컬리제이션
국제화 추진주의	국제화인 동시에 지역화 추진주의
개별보다는 보편성을 추구	보편-개별 관계성을 추구

글로벌리제이션	글로컬리제이션
국제적 상황의 대대적 수용	국제적 상황의 선별적 수용
무한경쟁 경제를 당연시하는 신자유주의	경제적 자유를 추구하나 제한도 설정
순수. 자국문화 강조(본질 강조적)	문화의 대화 · 변화 강조(구성주의적)
강대국 중심의 변형은 가능	융합.혼종을 통해 궁극적으로 제3의 문화창출
빈부 양극, 지역 문화 쇠퇴되는 결과	균등발전, 지역문화 중요성이 환기되는 결과
문화식민. 통일주의적 성향	지역 문화 변형 및 보존을 동시에 추구 가능
신자유주의 경제논리에 근거한 교류	상호 이해.균형적 교류에 의한 지역 활성화
정치적 우파 성향	정치적 중도 우파 혹은 중도 좌파적 성향
통제된 다양성, 실질적으로는 획일화	실질적인 다양성 추구가 가능
강대국 권력 중심주의(국가간의 경쟁우선)	지역 국가 안배주의(국가간의 공존 우선)
쇠퇴에 의한 통합. 흡수는 필연	복지주의. 사회적 안전망 확충
국가 힘의 논리에 의한 세계통합	범세계주의(세계시민주의)적 통합
지나친 현실주의적 양상	현실주의와 이상주의의 결합 양상

글로컬 담론의 특징은 관계, 변화, 융합, 소통 등이다. 글로벌이 보편만을 강조했다면 글로컬은 보편과 개별의 관계를 중시하고, 글로벌이 중심과 자국문화만을 중시했다면 글로컬은 변화와 소통을 중시한다. 특히 지역문화가 글로컬 시장에서 새로운 콘텐츠로 자리잡기 위해서는 변화가 필수적이다. 글로컬 전략은 두 방향으로 이루어진다. 하나는 글로벌 상품이 현지 문화와 특성을 감안하여 지역에 맞는 상품으로 변형하여 성공을 거두는 지역화의 방향이 있으며, 다른 하나는 지역의 고유한 로컬 상품이 세계 시장의 보편적인 기호를 수용함으로써 세계상품으로 변형하여 성공을 거두는 세계화의 방향이 있다. 어느 방향이든 그 출발점이 다를 뿐 글로벌 특성과 로컬 특성을 융합했다는 점이 이들 상품의 성공비결이다.

2) 글로컬리제이션의 사례

글로컬리제이션의 방향으로는 세계화에서 지역화로 변형되는 것과, 지역화에서 세계화로 변형되는 두 가지가 경우가 있다. 여기에서는 두 방향을 대표하는 성공적인 사례를 들고 그 특징을 제시한다.

(1) 맥도날드의 사례

맥도널드의 성공요인으로는 생산 및 재고 비용 절감과 소수 제품 집중으로 품질을 향상하여 광범위한 소비자들의 만족도 증가를 들 수 있다. 이는 보편적인 상품 전략으로 글로벌리제이션의 일반적으로 특성이라 할 수 있다. 또 다른 중요한 축은 바로 로컬한 측면으로 현지 소비 문화의 차이를 분석 수용하고 현지 소비자의 다양한 니즈를 상품 개발에 적극 반영하였다는 점이다. 맥도널드의 성공은 바로 이러한 글로벌적 전략과 로컬적 전략을 융합한 글로컬 전략이라고 할 수 있다. 브랜드나, 매장의 실내장식과 색상 등은 동일하게 사용하되, 햄버거의 원료인 고기부분은 현지인의 기호에 맞게 다양화 하는 전략을 사용하였다.

예를 들면, 한국의 맥도날드는 지속적인 메뉴 개발뿐 아니라 한국인 정서에 호소하는 마케팅을 실시함으로써 지역화를 꾀하였다. 2000년부터 명절 때면 '심청전', '호랑이와 떡' 같은 한국의 전통설화를 바탕으로 광고를 하며 한국인에게 다가가고자 하였다.[15] 맥도날드의 빅맥은 쇠고기를 쓰기 때문에 소를 신성시하는 인도에서는 팔 수 없었다. 이러한 상황에서 맥도날드는 인도에서 쇠고기가 아닌 양고기를 쓰는 마하라자 맥(Maharaja Mac)과 채식주의자가 많은 시장의 현실을 감안하여 채소 버거를 출시하였다. 저칼로리 식품에 신경을 쓰는 유럽에서 맥도날드는 샐러드를 출시하였고, 이슬람 국가인 말레이시아에서는 이슬람 도살 방식인 할랄 방식으로 도축이 된 소고기를 사용하였고, 필리핀에서는 맥스파게티 메뉴를 출시하였고, 한국에서는 한국소비자의 기호에 맞추어 불고기 버거를 출시하였다. 한편 남녀구분이 확실한 사우디아라비아 권에서는 남녀 의자를 분리시킴으로써 소비자의 호응을 얻을 수 있었다고 한다.[16]

맥도날드는 각 지역의 문화흐름을 예민하게 포착하여 문화적 소통과 문화적 현지화 전략이 다국적기업에게 매우 중요하다는 것을 자각함으로써 적극적 차원에서 지구지역화를 추구하였다. 적극적으로 지역화를 꾀함으로써 맥도날드는 지구지역화의 여러 특성들을 보여주었다.[17]

(2) 비언어극 난타의 사례

난타는 한국의 전통가락인 사물놀이 리듬을 소재로 주방에서 일어나는 일들을 코믹하게 드라마화 하여, 남녀노소 누구나 쉽게 즐길 수 있는 한국 최초의 비언어극 공연이다. 1997년 초연을 시작으로 2004년 아시아 공연물

최초로 뉴욕 브로드웨이에 성공적으로 진출하여 한국 공연문화의 세계진출을 알렸던 대표적인 문화상품이다.[18]

난타의 성공요인은 맥도날드의 상품전략과 반대방향에서 찾을 수 있다. 맥도날드가 지역의 특수성과 지역문화의 차이를 적극 수용하여 현지화 전략을 채택하였다면, 난타는 지역의 문화 문화의 특수성을 지양하여 보편화하려는 전략을 폈다. 대표적인 사례가 언어 장벽을 극복하기 위하여 선택한 비언어적 퍼포먼스이다. 한 민족문화를 국제언어로 보편화하기에는 언어장벽이 높다. 난타는 언어 대신 리듬과 비트, 상황을 언어로 대체했다. 그리하여 언어장벽으로부터 자유롭기 때문에 전세계 누구나가 공감할 수 있는 공연이 된 것이다.

글로컬 전략은 동시에 한국의 전통음악인 사물놀이의 리듬을 현대적 공연 양식에 접목하였다는 점, 드라마틱한 요소를 도입하여 무대공연의 단조로움을 신명과 즐거움으로 바꾸어놓았다는 점, 혼례참여나 만두쌓기와 배우와의 공감을 통한 관객참여를 유도하였다는 점, 일회성 공연에 그치는 것을 지양하기 위하여 전용관을 만들었다는 점 등을 통해서 드러났다. 아래 표는 난타의 홈페이지에 게시된 난타 성공 요소를 정리한 것이다.

〈NANTA의 글로컬 전략 성공비결〉[19]

항목	내용
Non-『erbal	NANTA는 리듬과 비트, 상황만으로 구성된 작품이다. 따라서 언어의 장벽으로부터 자유로울 수 있기 때문에 전세계 남녀노소 누구나 함께 즐기고 공감할 수 있다. 이는 난타가 국제적으로 뻗어나간 힘의 원동력이기도 하며, 나라간 민족간의 문화적 이질감을 탈피하여 세계시장으로 진출할 수 있는 좋은 기회가 되기도 한다.
전통리듬	우리에게는 전 세계적으로 독창성을 인정받는 농악(사물놀이)의 훌륭한 리듬이 있다. 난타는 이 전통 리듬을 이용하며 관객들이 한껏 빠져들 수 있는 신나고 화려한 무대를 선보인다. 한국의 전통 리듬을 현대적 공연 양식에 접목하여 탄생된 난타는 세계 시장에서 성공할 수 있는 탄탄한 공연이 되었다.

항목	내용
드라마	기존의 Non-『erbal 작품들은 리듬과 비트의 끊임없는 반복으로 단조로움을 주어, 쉽게 그 매력을 잃어버리는 단점이 있다. 반면 NANTA는 주방이라는 보편적인 공간을 무대로 설정하고, 드라마틱 요소를 대입시켜 누구라도 신명나고 즐겁게 관람할 수 있도록 한 훌륭한 작품이다
관객참여	관객이 직접 무대에 오르고 쇼에 참여할 수 있다는 점은 난타를 특별하게 만드는 또 다른 강점이다. 난타의 관객들은 깜짝 전통혼례의 신랑신부가 되기도 하고, 만두 쌓기 게임에서 열심히 경쟁을 하기도 하며, 배우와 함께 하나의 리듬을 만들어내기도 한다. 배우들과 함께 흥을 돋우고 공감하며, 난타만의 짜릿한 즐거움을 느낄 수 있다.
전용관	난타는 국내 최초로 서울 정동과 청담동에 이어 제주도에 전용관을 설립, 국내 관객뿐 아니라 외국 관광객들의 필수 관광 코스로 자리매김하였다. 또한, 아시아 최초로 브로드웨이에 전용관을 설립, 세계인들과 만남을 이어가며 세계적인 공연을 발돋움하고 있다.

난타는 한국적 지역 정체성이 세계적 보편성을 획득해나가는 방식을 보여주는 글로컬리제이션의 대표적인 사례이다. 사물놀이의 한국적 가락과 장단이 서구의 연극적 형식과 만나서 만들어진 탈중심적이고 혼융적 문화가 세계적 보편성과 흥행성을 획득하게 된 것이다.[20] 이 점에서 난타는 홍의 미학을 한국적 전통으로서 이어 받아 한국적 문화정체성과 보편성을 세계 속에서 확인하고 성공한 사례로 볼 수 있으며 차이성, 탈중심성, 혼융성이 난타의 문화적 정체성의 근간을 이룬다고 볼 수 있을 것이다.[21]

3. 동학의 글로컬리제이션의 논리와 규범

경제, 사회, 문화, 정치, 사회 등 다양한 분야에서 진행되고 있는 글로컬리즘은 보편과 개별, 중심과 주변, 글로벌과 로컬의 상호융합을 지향한다. 이는 글로벌리즘의 보편화로 인한 지역문화의 소외와 억압에 대한 문제의식에서 비롯되었다. 따라서 보편성을 지향하면서도 지역의 특수성과 개성을 수렴할 수 있는 논리가 필요하다. 서꾸로 보면 지역문화의 개성을 살리고 이를 보편화할 수 있는 전략이 필요하다. 앞서 논의했던 글로컬리제이션은 주로 상품개발과 전략 등에 관한 것이었다. 동학의 글로컬리제이션은 이를 뒷받침할 수 있는 논리와 가치관을 제시할 수 있다는 점에서 중요한 의의를 갖는다고 볼 수 있다.[22]

동학사상과 동학문화를 현재화하려는 연구는 지속적으로 이루어졌다. 예를 들면 김태창 교수는 동학을 '시천기화'(侍天氣化)의 인문학으로 재구성함으로써 동학을 공공철학의 관점에서 해석하였다.[23] 최민자 교수의 경우에는 동학을 생태친화적 세계관에 근거한 녹색정치의 근거로 해석하였다. "녹색민주주의 국가가 녹색적 가치의 제도화와 더불어 지속가능한 사회를 구현하고 나아가 생태적 지속성을 띤 지구공동체의 실현에 기여할 수 있기 위해서는 무엇보다도 생태친화적인 세계관과 가치체계에 기초한 생태문화가 생활세계에 뿌리를 내릴 수 있어야 한다."[24] 박맹수 교수의 경우에는 동학의 "글로내컬적 공공성"에 주목하여 서세동점은 글로벌(global), 삼정문란은 내셔널(national), 민중의식의 성장은 로컬(local)로 해석하여 세 가지 요소의 공통점을 발견하려고 하였다.[25] 그밖에 조극훈 교수는 동학의 글로컬리제이션의 가능성으로, "시천주적 가치관", "배려와 소통의 문화", "민주, 평등, 시민의식", "성경신 인성론", "생명평화사상", "마음치유프로그램"등을 제시하였다.[26]

이러한 연구성과들을 바탕으로 동학의 글로컬리제이션의 논리와 규범을 제시하고자 한다. 이는 동학을 현재화하고 그 의미를 더욱 풍부하게 하고 그 외연을 확장한다는 점에서 동학의 미래지향성을 엿볼 수 있는 가늠자 역할을 할 것이다. 그 논리와 규범으로는 "시천주적 세계관", "불연기연의 논리", "성경신의 인성규범", "유무상자의 호혜적 공동체" 등이다. 네 가지 요소는 동학의 인문학적 특성을 잘 보여줄 뿐만 아니라 보편과 특수의 변증법적 통일의 논리를 제공하며 갈등을 조정하고 고통을 치유할 수 있는 인성규범을 제공할 수 있다고 보기 때문이다.

1) 시천주적 세계관

시천주(侍天主)는 동학을 가장 함축적으로 표현하고 있는 말이다. 모신다는 것은 공공적 평등성을 의미한다. 모심에는 차등이 없다. 모심을 통해서 각자가 갖고 있는 이기적인 마음인 '각자위심'(各自爲心)을 넘어서서 차별과 분별을 극복하고 평등한 세계인 '동귀일체'(同歸一體)의 세계를 창조하고자 한다. 이 세계에서는 나와 너 그리고 우리가 평등한 관계를 유지한다. 나와 너 그리고 우리가 각자의 개성을 유지하면서 동시에 전체에 참가하고 있다고 하는 공공적인 관계를 갖는다. 따라서 공공적 평등성은 개별적 존재가 독립성을 유지하면서 동시에 보편적 존재와 관계하고 있다고 하는 인식에서 성립한다. 시천주적 세계관은 인간과 세계를 공공적 평등성으로 보게 한다.

시천주적 세계관은 배제의 논리가 아니라 상보와 상생의 논리이다. 동학은 공(전체)이 사(개인)를 필요하면 배제하고 희생하는 제도를 거쳐서 마침내 사와 사, 공과 사, 공과 공을 그 사이로부터 함께 매개하고 활성화하여 상보와 상생이 가능하도록 하는 세계관 운동이며, 또한 동학은 민중의 근원적 생명력을 동원함으로써 개인적, 민족적, 국가적 영혼의 탈식민지화, 탈영토화를 지향하는 운동개념이다.[27] 모심은 적극적으로 공과 사를 분리하는 행동을 지양한다. 그것은 동학에서는 개벽사상으로 표현된다. 중심문화 주변문화를 지배하고 종속하는 식민지화를 지양한다.

시천주적 세계관은 모심과 살림을 통해서 세상을 생명체로 보려고 한다. "안에 신령이 있고 밖에 기화가 있어 온 세상 사람이 옮기지 않는 것이요." (『동경대전』, 「논학문」) '내유신령, 외유기화, 각지불이'는 내적인 생명과 외적인 생명이 자기 자리를 찾고 그 자리를 훼손하지 않은 것이 모심의 활동이라는 것을 보여준다. 따라서 모심은 옮기고 훼손하는 활동을 중단하고 생명 자리를 보존하고 생명을 살리는 활동이다. 이는 인간과 자연의 공존을 뜻한다.

시천주의 이러한 특성은 글로컬리제이션이 지향하고 있는 중심과 주변, 글로벌과 로컬의 이분화와 식민화를 탈이분화하고 탈식민화하는 세계관으로 적절해 보인다. '공공적 평등', '상생의 논리', '인간과 자연의 공존'은 중심부와 보편의 세계를 강조하는 글로벌리제이션의 지배 논리에 대한 비판 논거로 사용할 수 있다. 특히 시천주적 세계관은 지역 자치와 지역의 문화적 정체성을 확립하는 데 도움이 될 것이다.

2) 불연기연의 논리

동학의 불연기연(不然其然)은 글로컬리제이션의 보편과 특수의 융합을 설명할 수 있는 논리적인 근거로 볼 수 있다. 특히 보편과 특수의 변증법적 인식의 가능성의 논리 및 보편과 특수를 지양한 창조적인 인식 논리로 불연기연은 현상과 본질, 인식 가능한 것과 인식 불가능한 것의 역설적인 논리를 보여준다. 『동경대전』에 의하면, "반드시 어떠하다고 판정하기 어려운 것을 불연이라 하고, 판단하기 쉬운 것을 기연이라 한다. 그러나 점점 더 깊은 곳을 살펴보면 불연지사가 있을 뿐이다. 그러나 그것을 조물주의 입장으로 돌려보면 모두가 기연지리인 것이다."(『동경대전』, 「불연기연」). 어떤 인식의 대상을 어떤 관점과 차원에서 보느냐에 따라 인식유무가 달라진다.

물론 불연기연의 논리에서는 인간의 인식능력의 한계를 보여주고 조물주로 지정된 신의 존재를 인정해야 한다는 해석이 가능하다.[28] 그러나 "조물주의 입장으로 돌려보"려는 인식론적인 노력은 앞서 논의한 시천주에 의해 가능하다는 점에서, 불연기연은 인간의 인식능력의 한계를 논리적으로 제시하는데 그치는 것이 아니라 더 나아가 한계를 넘어서서 무한의 인식을 가능하게 한다는 점도 지적되어야 한다. 이 점은 동학의 글로컬리제이션이 지향하고자 하는 소외된 지역문화를 세계화할 수 있는 근거이기도 하다.

이는 『용담유사』의 다음과 같은 내용에서도 그 근거를 찾을 수 있다. "이 글 보고 저 글 보고 무궁한 그 이치를 불연기연 살펴내어 부야 흥야 비해 보면 글도 역시 무궁하고 말도 역시 무궁이라 무궁히 살펴내어 무궁히 알았으면 무궁한 이 울 속에 무궁한 내 아닌가."(『용담유사』,「흥비가」) 불연기연은 말과 글의 무궁을 통해 무궁한 속에 있는 나를 보게 한다. 다시 말하면 존재와 인식이 다른 것이 아니라는 것이다. 그런데 이 무궁한 공간은 초현실적인 공간이 아니다. 오히려 지금 여기의 현실적인 공간을 말한다. 글로벌한 세계가 아니라 로컬한 세계에서 살아가는 지역주민들의 삶의 공간을 말한다. 그렇지만 지역의 공간이지만 동시에 불연기연을 통해서 인식된 공간이라는 점에서 글로벌 공간이면서 동시에 로컬한 공간이며 글로컬한 공간이다. 따라서 "무궁한 이 울 속에 무궁한 내 아닌가"라고 하는 불연기연의 도달점은 보편성을 담지하고 있는 지역문화의 정체성을 설명하는 논리적 근거라고 할 수 있을 것이다.

또한 불연기연은 긍정과 부정을 동시에 인정하는 상보성의 논리이기도 하다. 앞서 글로벌리제이션과 글로컬리제이션의 차이점을 나타내는 도표에서 설명했듯이, 글로컬리제이션은 개별보다는 보편을 추구하기보다는 보편과 개별의 관계성을 추구하며, 자국문화만을 강조하는 것이 아니라 문화의 대화와 변화를 강조하며, 지역문화의 보존과 변형을 동시에 추구한다. 이러한 글로컬리제이션의 특성은 불연기연의 상보성의 원리로 설명할 수 있을 것이다. 서로 모순된 것처럼 보이는 것을 동시에 긍정함으로써 양자

사이의 모순을 통하여 서로 다름을 인정하는 논리이다.

동학의 불연기연은 역설의 논리, 변증법적 논리, 상보성의 원리로 해석된다. 특히 글로벌리제이션에서 소외되었던 지역문화를 복원하면서 새로운 시대의 트랜드에 걸맞게 다시 변형하여 좀더 높은 보편성을 담보하려는 문화전략의 논리를 제공할 수 있다.

3) 성경신(誠敬信)의 인성규범

정성, 공경, 믿음은 무엇보다 글로컬리제이션이 지향하고 있는 지역문화의 공동체 회복에 도움을 줄 것이다. 정성과 공경 믿음이 바탕이 되는 사회는 폭력과 차별과 범죄가 없을 것이기 때문에 평화로운 공동체를 유지하는데 바탕이 되는 덕목이다.

성은 순일무식(純一無息)으로 순일하여 멈추지 않는 것을 의미한다. 정성은 사계절과 낮과 밤, 해와 달의 변화의 원동력이 되는 것으로 질서를 뜻한다. 질서란 도덕적인 의미가 아니라 존재의 원리를 말한다. 동학에서는 이러한 질서를 지키는 것을 공동체 구성원들의 역할로 규정하고 그 사항을 다음과 같이 서술하였다. "나라 임금이 이 법을 지음에 모든 백성이 화락하고, 벼슬하는 사람이 법으로 다스림에 정부가 바르며 엄숙하고, 뭇 백성이 집을 다스림에 가도가 화순하고, 선비가 학업을 부지런히 함에 국운이 흥성하고, 농부가 힘써 일함에 의식이 풍족하고, 장사하는 사람이 부지런히 노고함에 재물이 다하지 않고, 공업하는 사람이 부지런히 일함에 기계가 고루 갖추어지니."(『해월신사법설』, 「성경신」)

임금, 벼슬하는 사람, 뭇 백성, 선비, 농부, 장사하는 사람, 공업하는 사람 등 각자가 정성으로 소임을 다한다면 백성의 화락, 정부의 엄숙, 가도 화순, 국운의 흥성, 의식과 재물의 풍족, 기계의 만반 등 한 사회가 가장 효과적으로 운영될 수 있을 것이다. 성은 도덕적인 개념 이전에 존재의 질서요 그 질서에서 마땅히 해야 할 소임을 다하여 열심히 해야 한다는 의미를 담고 있다. 사회구성원들이 해야 할 일을 사적인 이해관계가 아니라 법칙과 규칙에 따라서 쉬지 않고 집중하여 하는 것이 훌륭한 공동체를 유지하는 비결이다.

경은 사람과 사람의 마음, 그리고 만물을 공경하면 좋은 기운을 낼 수 있다는 뜻이다. "사람마다 마음을 공경하면 기혈이 크게 화하고, 사람마다 사람을 공경하면 많은 사람이 와서 모이고, 사람마다 만물을 공경하면 만상이 거동하여 오는" 것이다.(『해월신사법설』, 「성경신」) 경은 공동체의 분위기와 기운을 조성하는 역할을 한다. 좋은 분위기는 공경하는 마음에서 비롯된다.

신은 인의예지와 같은 도덕규범이나 지수화풍과 같은 자연물의 기초를 이룬다. 사람을 믿는 것은 한울을 믿는 것이요 한울을 믿는 것은 곧 마음을 믿는 것이라 하여 믿음을 개인적인 차원보다는 한울이라는 전체적인 차원, 즉 공동체적 차원에서 논의되고 있다는 점을 주목할 필요가 있다. 믿음은 모든 일의 기초로 공동체적인 신뢰관계를 표현하는 것으로 해석할 수 있을 것이다.

성경신은 공동체의 질서와 평화를 유지하는 핵심 덕목이다. 이 덕목을 통해서 파괴된 인간성을 회복하고 무너진 공동체 질서를 회복할 수 있는 역할을 할 것이다. 성경신은 개인이 지키고 따라야 할 도덕규범이다. 그러나 동시에 개인을 넘어선 공동체의 질서와 평화를 유지하기 위해 필요한 공동체 윤리의 역할을 하기도 한다. 이러한 점에서 성경신은 인격완성을 목표로 하는 개인윤리일 뿐만 아니라, 유교적 주종관계에서 보이는 신분차등의 인간관계의 근본에 변혁을 가져왔다는 점에서 인간평등을 지향한 시민윤리이기도 하다.[29]

4) 유무상자의 호혜적 공동체

'있는 자들과 없는 자들이 서로 도운다'는 우무상자(有無相資) 사상은 원래 동학 초기 최제우가 제자들 중 경제적인 여력이 있는 사람들이 그렇지 못한 사람들을 적극적으로 도울 것을 가르친 데에서 유래되었다. 최시형도 통문의 형식을 통해서 이를 적극적으로 실천하였으며 교인들간의 유대강화에 중요한 역할을 하였다고 한다. 이는 경제적인 호혜공동체의 기반이 된다고 볼 수 있다. 특히 글로벌 자본주의가 가져올 극단적인 개인주의와 무한 경쟁의 승자독식의 자본주의 경제체제의 한계를 극복할 수 있는 가능성을 보여준다고 할 수 있다.[30]

동학의 글로컬리제이션의 관점에서 유무상자의 개념이 시사하는 바는 신자유주의 경제논리에 근거한 교류에서 상호이해와 균형적 교류에 의한 지역 활성화의 사상적인 근거를 제시한다는 점이다.

지금까지 동학의 글로컬리제이션의 논리와 규범을 살펴보았다. '시천주적 세계관', '불연기연의 논리', '성경신의 인성규범', 그리고 '유무상자의 호혜적 공동체'는 동학에서 제시할 수 있는 글로컬리제이션의 논리와 규범이다. 글로벌리제이션의 한계에 대응하기 위하여 제시된 글로컬리제이션은 4차정보화시대와 같은 급격한 경제, 기술, 문화 변동에 적응하기 위한 전략이다. 수원시는 인문도시를 표방하고 화성과 서수원 지역의 중 근현대 문화유산을 개발하고 문화콘텐츠 및 인문자산으로 재구성하려는 노력 중이다. 동학의 글로컬리제이션의 논리와 규범이 이러한 재구성의 시도에 어떻게 접목할 수 있는지 살펴보자.

4. 인문도시 수원과 동학의 글로컬리제이션

수원은 인문학 중심도시를 표방하면서 도시를 인문적으로 접근하고 인문적인 정책을 펴고 있는 대표적인 지방자치단체이다. 인문도시로서의 수원의 역사 문화 등 인문자산을 동학의 글로컬리제이션의 관점에서 활용할 수 있는 방향을 제시한다.

1) 인문도시 수원과 시정철학

인문도시는 다른 지방자치단체에서는 찾아볼 수 없는 수원시만의 독특한 수원 브랜드이다. 도시를 인문학적으로 사고하고 이를 정책에까지 반영하고자 하는 시정철학이 반영된 결과이다. 수원시는 원래 '인문학 중심도시'라는 용어를 사용하였다. 시민들의 삶을 인문학적으로 설계하고 도시 정책을 인문학적으로 세운다는 것은 자본시장과 경쟁을 중심으로 하는 신자유주의적 사고방식과 대립될 수밖에 없다. 특히 도시개발의 글로컬적 관점에서 지역의 문화와 지역의 정체성을 보존하면서 이를 보편화할 수 있는 노력이 요구된다. 수원시의 인문도시의 목표는 지역 인문자산을 잘 개발하여 이를 세계적인 상품으로 특화함으로써 지역문화가 가지고 있는 정체성과 특수성을 잃지 않으면서 보편성을 추구하는 데 있을 것이다.

앞서 우리는 동학의 글로컬리제이션의 논리와 규범으로 시천주, 불연기연, 성경신, 유무상자 등을 제시하였다. 이는 모두 보편과 특수, 중심과 지역, 글로벌과 로컬이 서로 융합되면서 새로운 문화자원을 창출하는데 논리적인 근거의 역할을 하는데 공통점이 있다. 모든 존재들을 진심으로 모신다는 것은 대립적인 사항들을 좀디 높은 치원에서 지향하여 새로운 인문도시 비전을 제시할 수 있는 역할을 할 수 있을 것이다. 불연기연은 본질과 현상,

글로벌과 로컬의 변증법적 통일을 의미한다. 정성과 공경과 믿음이라는 도덕 규범은 유교적인 정서를 반영한 로컬 규범이면서 동시에 플라톤이나 칸트의 도덕규범을 포괄하는 글로벌 규범이다. 또한 유무상자는 호혜적 경제 공동체의 근거로 서수원 지역의 도시재생 정책을 펴는데 유용할 것이다.

2) 도시 정책에서 인문학의 글로컬적 가치

동학의 글로컬리제이션의 논리와 규범들은 도시가 가지고 있는 사회문제나 갈등을 경제논리나 법적 논리의 접근보다는 인간적으로 접근함으로써 시민들의 인간적인 삶을 도모하는데 도움을 줄 것이다. 수원이 표방하고 있는 인문학적 관점은 동학의 글로컬리제이션의 논리와 규범과 인문학이 도시가 직면하고 있는 갈등이나 문제를 해결하는 데에는 지역성과 장소성에 대한 이해가 필수적이다. 시민인문학의 관점에서 인문도시정책에 대안을 제시하고 있는 논의도 지역적인 것과 중심적인 것, 특수한 것과 보편적인 것의 융합이라는 글로컬리제이션의 논리로 살펴볼 수 있을 것이다. "인문적인 삶의 방식을 지역에 관철시켜 지역 스스로 삶의 양식을 변화"시키는 것은 우선 지역의 삶과 문화 그리고 다양한 환경을 고려하면서도 지역의 가치가 세계적인 가치로 전환할 수 있는 보편적인 가치를 발굴한다는 것을 의미한다. 도시개발과 정책에 인문학, 특히 글로컬적 인문학이 필요한 것은 지역의 문화와 생태계가 그만큼 복잡하고 다양화되었기 때문이다. 따라서 "도시의 미래를 자본이나 물질적 기준으로 한정하는 시대는 지났다. 사회가 복잡해지고 다양화될수록 정신적인 토대가 중심을 잡아주어야 한다."[31]

그런데 인문도시사업은 크게 도시문제 해결형과 지역의 문화유산 발굴과 지역정체성 찾기형이 있다. 수원시의 경우에는 전자보다는 후자에 주목한다. 수원화성이나 서수원 등의 근현대문화유산을 발굴하고 이를 개발하여 특정 지역의 정체성을 정립하는 데 사업의 주안점을 두기 때문이다. 이러한 점을 고려해볼 때 수원시의 인문도시사업의 방향이 지역의 다양한 문화콘텐츠를 하나로 연결하고 종합하되 지역의 정체성과 특성을 드러내는 데 있다거나, 도시의 인문 정책에 대한 이해와 지역의 장소성에 대한 이해가 전제되어야 한다거나 하는 것은[32] 지역의 정체성을 정립하려는 노력의 일환으로 해석할 수 있다. 특히 수원시의 인문기행문화특구사업을 진행할 때 사람과 생태를 먼저 생각하는 인문학적 관점이 필요하며, 특히 앞서 논의했던 동학의 글로컬리제이션의 논리와 규범이 많은 시사를 할 것으로 보인다.

이는 도시 인문학적 관점에서 뿐만 아니라 동학의 글로컬리제이션의 가치의 측면에서도 유의미하다고 할 수 있을 것이다. 중세와 근현대를 아우르는 수원시 인문기행특구 사업이 수원시의 문화적 정체성을 확립하고 이를 세계적인 문화자산으로 발전시키기 위한 정책 모델의 방향으로는 다음과 같은 점을 참고할 수 있을 것이다.

수원시 시정연구원에서는 비공식적으로 수원시를 문화명품도시로 만들기 위한 정책모델의 방향을 다음과 같이 제시했다. 첫째, 시민 참여형 문화도시 지향, 둘째, 문화예술 생태계 선순환 환경 구축, 셋째, 지역학 기반의 다양한 문화콘텐츠 생산을 통한 문화산업 활성화, 넷째, 문화시설의 체계적 운영방안 모색 등이다.[33]

화성행궁을 중심으로 하는 조선시대의 문화유산과 서수원의 수원역, 농촌진흥청 지역의 근대문화유산을 연결함으로써 중세와 근현대의 문화유산을 수원시의 문화 정체성으로 정립하려는 시도는 도시 인문학적 관점에서 의의가 크나. 득히 인문기행특구의 장소들을 따라가면서 경험하는 시민들의 인문적 유산의 재발견과 낙후된 서수원 개발을 위한 도시재생사업은 수

원시의 대표적인 인문도시 사업이다.[34]

3) 도시재생의 글로컬적 접근

도시재생이란 첫째, 지역사회의 삶의 질 향상, 둘째, 도시경쟁력 제고 및 지역경제 활성화, 셋째, 도시의 지속 가능성 향상을 의미한다.[35] 세 가지 모두 인문학적 관점과 동학의 글로컬적 관점과 밀접하게 관련되어 있는 것으로 보인다. 특히 도시의 지속 가능성을 향상한다는 것은 개발과 보존의 딜레마를 어느 선에서 조정하고 풀어 가느냐에 성패가 달려 있다. 시민들이 삶의 터전으로 삼고 있는 환경과 생태계나 자원들을 지속적으로 사용함으로써 배출되는 오염물질로 인한 환경파괴 등으로 환경과 자원 사용의 제약과 재생산 능력의 지속성은 접점을 찾기가 쉽지 않은 문제이다.

때문에 개발과 보존의 딜레마는 좀더 넓은 시각에서 인간과 자연 그리고 전체 생태계의 거시적 차원에서 다루어져야 할 문제이다. 동학의 논리로서 제시했던 불연기연은 이러한 딜레마를 모순과 모순의 지양으로 해결하고 좀더 높은 차원의 도시재생의 방향을 제시하는데 도움을 줄 것이다. 이를 위해서는 보존과 개발이라는 이분법을 넘어서서 인문적 삶과 같은 좀더 거시적 차원에서 이 문제를 바라볼 수 있는 불연기연의 논리를 염두에 둘 필요가 있다.

그 방향은 수원시의 구시가지 지역 개발의 근거와 목적과 일맥 상통한다고 할 수 있다. 도시재생 정책은 "기존의 물리적 도시정비방식에서 벗어나, 경제, 사회, 문화 등 도시의 종합적 기능 회복을 도모하고, 쇠퇴도시의 경쟁력을 제고하기 위한 경제기반의 확충 및 근린생활권 단위의 공동체 활성화 등을 제도적으로 뒷받침하기 하기 위해" 마련된 것이다.[36] 종합적 기능을 회복한다는 점과 공동체를 활성화한다는 점을 외형적이고 현상적인 차원이 아니라 시민들의 삶의 질을 제고할 수 있는 차원에서 이해할 필요가 있다.

수원시는 문화재생 사업에서 지역문화의 특성을 살리려는 노력이 두드러진다. 수원시의 문화재생 사업의 정책과정의 일부를 보면 이와 같은 점을 확인할 수 있다.

첫째, "지역다움"과 문화다양성을 통해서 지역의 문화적 특수성을 살릴 수 있는 정책방향을 설정하고 있다.

1) 해당 지역의 독특하고 차별적인 문화장르를 문화도시의 콘텐츠로 담아 개성적이고 특성화된 지역다움을 창출할 수 있으며,

2) 문화적 다양성은 다양한 집단들간의 민주적 의사소통을 강화하여 사회 통합성을 강화시키는 역할을 하며,

3) 문화예술 분야 및 장르적 다양성에 기반을 두는 복합문화 추구를 통해 자생적인 문화생태계를 이룸으로써 지역의 정체성을 명료히 드러낼 수 있다.

둘째, 지역 구성원 중심의 생활문화 환경조성으로서 문화의 활성화와 생활의 활성화를 통해서 생활문화를 조성하고 이를 통해서 지역 구성원 중심의 생활문화가 조성될 수 있다. 수원시의 도시재생 정책 목표에서는 지역의 문화적 정체성을 확립하는 중점을 두고 이를 위하여 지역문화자원을 활용하여, 지역의 독자성을 바탕으로 한 문화정책을 수립함으로써 지역의 정체성을 가능하며, 문화 다양성은 문화예술 분야 및 장르적 다양성에 기반하는 복합문화를 추구한다는 것이다.[37]

〈수원시 문화여건 패러다임 모형〉[38]

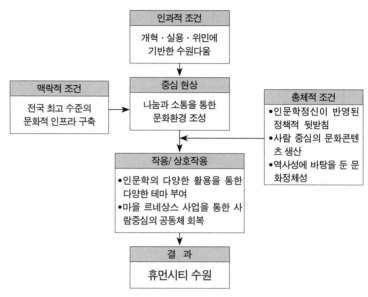

수원시 문화여건 패러다임의 전체적인 구성을 보면 그 기반과 관점이 인문학적 정신임을 알 수 있다. (1) 개혁, 실용, 위민에 기반한 수원다움, (2) 나눔과 소통을 통한 사람중심의 문화환경 조성, (3) 전국 최고의 문화적 인프라 구축, (4) 인문학적 정책적 뒷받침, 사람중심의 콘텐츠 생산과 역사적 문화적 정체성 확립, (5) 인문학을 활용한 다양한 테마 개발과 마을 르네상스 사업을 통한 공동체 회복 등이다.

수원시의 인문도시 구상은 결국 인간다운 도시를 만들겠다는 데 있다. 이는 구체적으로 지역의 문화 생태 인문 자원을 충분히 활용하면서 이를 보편화하여 수원의 지역적 정체성을 살리면서 세계적인 인문 문화콘텐츠로 발전할 때 가능할 것이다. 이는 곧 지역적인 자원과 세계적인 자원의 융합이라는 글로컬리제이션의 방향과 일치하며, 동학의 시천주, 불연기연, 성경신, 유무상자의 개념은 이 방향의 논리와 규범을 제시할 수 있을 것이다.

5. 맺는 말

지금까지 우리는 글로컬리제이션의 개념과 사례, 동학의 글로컬리제이션의 논리와 규범, 그리고 인문도시로서의 수원의 특성을 살피면서 동학의 글로컬리제이션의 의미를 논의하였다. 글로컬리제이션은 세계화와 지역화의 공집합이면서 세계화의 보편문법과 지역화의 현지화 전략을 융합함으로써 형성된 것이다. 동학의 글로컬리제이션은 동학의 핵심사상을 현재화 하려는 노력의 결실이다. 원래 글로컬리제이션은 맥도날드와 난타의 사례에서 알 수 있듯이 세계화와 지역화의 장점을 융합한 새로운 학문담론이다. 세계화는 보편적이고 지역화는 개별적이다. 세계적인 것을 지역여건과 문화에 적합하게 현지화하려는 노력과 함께 특수한 지역적인 것을 지역의 특수성을 지양한 보편 문법으로 변형하여 세계화하려는 노력은 동전의 양면과 같다. 출발선이 어디든 결국 글로벌적인 요소와 로컬적인 요소를 융합한 것이었다. 특히 맥도날드 사례와 난타의 사례는 글로컬리제이션의 논리를 보여준다.

동학의 규범과 논리로는 시천주적 세계관, 불연기연의 변증법적 논리, 성경신의 도덕규범, 그리고 유무상자의 호혜적 경제공동체를 들 수 있다. 이러한 개념들은 보편과 개별의 융합과 통일인 글로컬리제이션의 논리를 보여준다. 시천주는 내적인 것과 외적인 것, 우주의 기운과 내성의 기운의 일치를 통한 평등한 세계관을 보여준다. 불연기연은 '그렇지 않다'와 '그렇다'의 긍정과 부정의 매개 논리를 통해서 현상과 본질의 변증법적 통일을 위한 인식 논리이다. 이는 보편과 특수의 통일을 통해서 글로컬한 신문화를 창조하는 것과 비슷한 논리이나. 성경신은 서구적인 도덕법칙과 그 깊이기 다르다. 특히 성은 존재의 질서를 이해하고 이에 순응하면서 직분에 충실하게 살아가는 본질적인 성실의 법칙을 말한다. 경인, 경물, 경천도 마찬가지다. 이는 사물의 본질의 질서를 이해하고 이에 따르는 것이 동시에 삶의 가치를 실현하는 길임을 의미한다. 도덕적 가치와 존재의 질서가 다르지 않다는 점은 글로컬 도덕문화의 핵심을 이룬다. 그리고 유무상자의 호혜적 경제공동체는 신자유주의 폐해를 극복하고 상부상조에 기초한 자생경제의 맹아를 보여준다.

한국 지방자치단체에서 도시의 명칭을 휴먼 시티라고 붙인 곳은 거의 없다. 휴먼시티는 수원을 상징하는 글로컬적 브랜드라고 할 수 있을 것이다. 수원은 인문도시를 표방하면서 정책개발과 문화재 보존과 개발, 도시재생 등에 시의 비전을 제시하고 있다. 동학의 글로컬리제이션은 몇 가지 점에서 이러한 수원의 지역의 특수성과 정체성을 확립하는데 기여할 것이다. 먼저 인문도시로서의 정체성과 동학의 시천주적 세계관과의 관계에 관한 것이다. 인문도시란 인문적 삶과 인문적 사고 그리고 인문적 정책을 동반한다. 이는 한울을 모신다는 것은 외형적 차이에도 불구하고 모든 존재를 하나의 인격체로 평등한 존재로 대한다는 것이다. 이는 인간의 삶과 사고 그리고 정책의 기초가 시민들의 인격 존중에 있다는 것을 말한다. 동학의 시천주는 인문도시 수원의 인문학적 기초가 될 수 있다. 문화재의 보존과 개발은 보존과 개발사이의 딜레마에 빠질 수 있는 사안이다. 동학의 불연기연의 논리는 역설의 논리로서 이러한 문제에 대한 글로컬적 시각을 제시할 수 있다. 도시재생에서도 성경신에 의한 도덕적 삶과 유무상자의 호혜적 공동체가 그 방향을 제시할 수 있다. 시민들이 호혜적 경제 공동체와 도덕적 삶을 실현하는 것이 도시재생의 1차적인 목표로 설정할 수 있다. 이러한 점에서 동학의 글로컬리제이션은 인문도시를 표방하는 휴먼시티 수원의 인문적 가치와 정책논증의 근거가 될 수 있을 것이다.

그러나 이러한 논의들은 아직 아이디어 차원에서 이루어졌으며 구체적인 정책논증에까지 확장되지는 못했다. 동학의 글로컬리제이션의 논리와 규범이 어떤 방향과 방법으로 인문도시 수원의 정체성 형성과 지역문화 발전에 기여하고 더 나아가 세계적인 도시와 문화로 발돋움할 수 있는 구체적인 방안을 제시하지는 못했다. 이러한 연구는 인문학과 동학 그리고 지역학과 도시학 등, 인문, 사회, 사상사 등 다양한 전공자들의 학제간 연구를 통해서 시도해볼 만한 것이며 이를 통해서 글로컬리제이션의 실체를 발견할 수 있을 것이다.

경기도 수원 외 동학유적지

출처: 동학농민혁명기념재단의 협조로 〈동학농민혁명 유적지 및 기념시설 현황조사〉- 강원 · 경기 · 서울 · 경남 · 울산 · 경북 · 대구-의 일부를 발췌함'

안성 관아(객사) 터

경기도 안성시 봉남동 174-12, 186번지 일대

경기도에는 이미 1862년부터 동학이 전파되었지만, 본격적으로 전파되는 것은 1880년대였다. 이 지역의 동학 포교활동에 큰 역할을 한 사람은 호남사람인 안교선(安敎善)이었다. 안교선은 1884년 2월부터 수원지방을 중심으로 포교활동을 전개하였다. 이에 따라 경기도에서는 1893년 2월 서울 광화문 앞에서 벌어진 복합상소에는 이용구(李容九, 李祥玉)가 대표로 참여하였으며, 1893년 3월 10일 보은군 장내리에서 교조신원을 위한 집회가 열렸을 때도 경기도에서는 광주·파주·송파·수원·용인·안산·안성·양주·여주·이천·죽산 등 10개 고을에서 모두 수천 명의 교도들이 참여하였다.

1894년 동학농민전쟁 당시에 경기도 농민군들이 본격적으로 활동을 시작한 것은 9월에 들어서이다. 제2차 기포 당시 봉기한 경기지역 농민군의 편의장(便義長)은 이종훈(李鍾勳)이었고, 편의사(便義司)는 이용구였다. 그 휘하에 각 지역 별로 농민군이 조직되었는데, 안성에서는 임명준과 정경수·양지에서는 고재당(高在堂), 여주에서는 홍병기·신수집·임학선, 이천에서는 김규석·전일진·이근풍, 양근에서는 신재준, 지평에서는 김태열·이재연, 광주에서는 염세환 등이 지도자였다.

그러나 이들은 호남지역의 농민군이 본격적으로 제2차 기포에 나서기 이전부터 안성과 죽산 등지에서 활발하게 활동하기 시작하여 9월 9일에 죽산·안성 관아가 농민군들에 의해 점령되었다. 안성·죽산은 서울에 인근해 있었던 만큼 왕조정부에서도 이를 커다란 위협으로 여기고 있었다. 이에 따라 조정에서는 이 지역 농민군 진압을 위해 9월 10일 장위영(壯衛營) 영관(領官) 이두황(李斗璜)과 경리청(經理廳) 영관 성하영(成夏泳) 등 무관들을 죽산부사와 안성군수에 임명하였고, 이어 9월 26일에는 안성의 전 주사 정기봉(鄭基鳳)을 기전소모관(畿甸召募官)으로 임명하여 이 지역 농민군을 진압하도록 지시하였다.

이두황은 장위영 병대 4개 소대를 이끌고 9월 20일 오후 4시경 서울을 출발하

여 그날 밤 신원(新院)에서 1박한 후 21일 오후 6시 경 용인에 도착하여 인근 지역의 농민군을 진압·체포하기 시작하였다. 이에 따라 9월 27일에는 안성의 접주 유구서, 김학녀, 진천 농민군 김금용 등이 안성에서 체포되어 효수되었고, 10월 3일에도 죽산부 서이면(西二面) 장항(獐項)에 사는 농민군 거괴 우성칠(禹成七)이 주민의 고발로 체포된 바 있다. 또한 10월 4일에는 용인접주 우성칠이 용인군 서이면 도촌(陶村)의 이윤선(李閏善)의 밀고로 이두황의 관군에게 체포되어 다음 날 용인 삼문 밖에서 포살 당하였다. 그러나 이두황은 10월 10일경에도 죽산 부근에서 농민군의 활동이 무상하다는 사실을 알았지만, 600여명의 관군을 거느리고도 농민군을 대적하기를 꺼려하여 농민군 진압에 선뜻 나서지 못하고 있었다.

그러나 경기지역 농민군은 조선 왕조정부와 일본군이 본격적인 농민군 진압에 나서면서 가장 먼저 타격을 받게 된다. 9월 초부터 농민군이 서울로 쳐들어온다는 소문까지 나돌자 조정에서는 본격적인 진압대책에 나섰다. 9월 21일에는 양호순무영(兩湖巡撫營)을 설치하고 신정희(申正熙)를 도순무사(都巡撫使)로 삼았다. 이어 죽산부사 이두황을 순무영 우선봉(右先鋒), 별군관 이규태를 좌선봉(左先鋒)으로 임명하였다. 한편 동학농민군 진압을 위해 새로이 파견된 후비보병 제19대대가 중심이 된 일본군은 세 개 경로로 남하하였다. 이 가운데 중로 본 부대는 10월 17일 용인, 10월 18일 양지를 거쳐 죽산으로 내려갔다. 또 10월 10일 서울을 출발한 좌선봉 이규태의 교도중대와 통위영 2개 중대는 일본군 후비 18대대의 시라키(白木) 중위와 미야모토(宮本) 소위의 지휘를 받도록 되어 있었는데, 이들은 과천(11일)을 거쳐 수원에 도착한 뒤(12일~17일) 10월 17일 양지에서 일본군 서로 분진대와 합류하여 진위로 갔다. 이와 같이 관군과 일본군이 죽산·양지·용인 등지로 내려오자 안성과 죽산을 비롯한 인근 지역의 농민군들은 이를 피해 주로 충청도로 내려가서 활동하였으며, 많은 농민군들이 충청도에서 체포되거나 처형되었다.

9월 29일에는 안성과 이천의 농민군들이 진천 관아를 공격하여 현감과 공형 및 여러 관속을 결박하고 무기고를 파괴한 다음 병기를 탈취하였다. 10월 10일에는 이종훈과 이용구가 이끄는 경기도 농민군들이 괴산읍을 공격하여 불태웠다. 이들은 경기도에서 남하하여 충주 무극장에 모여 있다가 일본군과 충돌하였고, 괴산에서 하룻밤을 지낸 뒤 보은으로 출발할 즈음 괴산군수가 괴산 접주를 타살하자 이에 분노한 그의 아들과 함께 괴산읍에 불을 질러 관아와 민가 수백 호가 불에 탔다. 10월 14일에는 안성의 농민군 박공선(朴公善)이 보은 풍취점(風吹店)에서 이두황 군대에게 죽임을 당했고, 16일 회인읍에도 회인에 진을 치고 있던 이두황 휘하의 관군에게 보은·안성·이천 등지에서 온 농민군과 함께 용인 천곡(泉谷)에 사는 이청학(李靑學) 등 농민군 7명이 체포되었으며, 10월 20일에는 소모관인 지평 현감 맹영재가 죽산의 농민군 박성익(朴性益)·접사 최제팔(崔齊八)·이춘오(李春五)·장태성(張太成) 등 4명을 효수하였다.

안성초등학교에 세워둔 안성관아 유적비

안성 관아 2: 안성객사 전경

죽산 관아(객사) 터

경기도 안성시 죽산면 죽산리 348번지

경기도에는 이미 1862년부터 동학이 전파되었지만, 본격적으로 전파되는 것은 1880년대였다. 이 지역의 동학 포교활동에 큰 역할을 한 사람은 호남사람인 안교선(安敎善)이었다. 안교선은 1884년 2월부터 수원지방을 중심으로 포교활동을 전개하였다. 이에 따라 경기도에서는 1893년 2월 서울 광화문 앞에서 벌어진 복합상소에는 이용구(李容九, 李祥玉)가 대표로 참여하였으며, 1893년 3월 10일 보은군 장내리에서 교조신원을 위한 집회가 열렸을 때도 경기도에서는 광주·파주·송파·수원·용인·안산·안성·양주·여주·이천·죽산 등 10개 고을에서 모두 수천 명의 교도들이 참여하였다.

1894년 동학농민혁명 당시에 경기도 농민군들이 본격적으로 활동을 시작한 것은 9월에 들어서이다. 제2차 기포 당시 봉기한 경기지역 농민군의 편의장(便義長)은 이종훈(李鍾勳)이었고, 편의사(便義司)는 이용구였다. 그 휘하에 각 지역 별로 농민군이 조직되었는데, 안성에서는 임명준과 정경수, 양지에서는 고재당(高在堂), 여주에서는 홍병기·신수집·임학선, 이천에서는 김규석·전일진·근풍, 양근에서는 신재준, 지평에서는 김태열·이재연, 광주에서는 염세환 등이 지도자였다.

그러나 이들은 호남지역의 농민군이 본격적으로 제2차 기포에 나서기 이전부터 안성과 죽산 등지에서 활발하게 활동하기 시작하여 9월 9일에 죽산·안성 관아가 농민군들에 의해 점령되었다. 안성·죽산은 서울에 인근해 있었던 만큼 왕조정부에서도 이를 커다란 위협으로 여기고 있었다. 이에 따라 조정에서는 이 지역 농민군 진압을 위해 9월 10일 장위영(壯衛營) 영관(領官) 이두황(李斗璜)과 경리청(經理廳) 영관 성하영(成夏泳) 등 무관들을 죽산부사와 안성군수에 임명하였고, 이어 9월 26일에는 안성의 전 주사 정기봉(鄭基鳳)을 기전소모관(畿甸召募官)으로 임명하여 이 지역 농민군을 진압하도록 지시하였다.

이두황은 장위영 병대 4개 소대를 이끌고 9월 20일 오후 4시경 서울을 출발하

여 그날 밤 신원(新院)에서 1박한 후 21일 오후 6시 경 용인에 도착하여 인근 지역의 농민군을 진압·체포하기 시작하였다. 이에 따라 9월 27일에는 안성의 접주유구서 김학녀, 진천 농민군 김금용 등이 안성에서 체포되어 효수되고, 10월 3일에도 죽산부 서이면(西二面) 장항(獐項)에 사는 농민군 거괴 우성칠(禹成七)이 주민의 고발로 체포된 바 있다. 또한 10월 4일에는 용인접주 우성칠이 용인군 서이면 도촌(陶村)의 이윤선(李閏善)의 밀고로 이두황의 관군에게 체포되어 다음 날 용인 삼문 밖에서 포살 당하였다. 그러나 이두황은 10월 10일경에도 죽산 부근에서 농민군의 활동이 무상하다는 사실을 알았지만, 600여명의 관군을 거느리고도 농민군을 대적하기를 꺼려하여 농민군 진압에 선뜻 나서지 못하고 있었다.

그러나 경기지역 농민군은 조선왕조 정부와 일본군이 본격적인 농민군 진압에 나서면서 가장 먼저 타격을 받게 된다. 9월 초부터 농민군이 서울로 쳐들어온다는 소문까지 나돌자 조정에서는 본격적인 진압대책에 나섰다. 9월 21일에는 양호순무영(兩湖巡撫營)을 설치하고 신정희(申正熙)를 도순무사(都巡撫使)로 삼았다. 이어 죽산부사 이두황을 순무영 우선봉(右先鋒), 별군관 이규태를 좌선봉(左先鋒)으로 임명하였다. 한편 동학농민군 진압을 위해 새로이 파견된 후비보병 제19대대가 중심이 된 일본군은 세 개 경로로 남하하였다. 이 가운데 중로 본 부대는 10월 17일 용인, 10월 18일 양지를 거쳐 죽산으로 내려갔다. 또 10월 10일 서울을 출발한 좌선봉 이규태의 교도중대와 통위영 2개 중대는 일본군 후비 18대대의 시라키(白木) 중위와 미야모토(宮本) 소위의 지휘를 받도록 되어 있었는데, 이들은 과천(11일)을 거쳐 수원에 도착한 뒤(12일~17일) 10월 17일 양지에서 일본군 서로 분진대와 합류하여 진위로 갔다. 이와 같이 관군과 일본군이 죽산·양지·용인 등지로 내려오자 안성과 죽산을 비롯한 인근 지역의 농민군들은 이를 피해 주로 충청도로 내려가서 활동하였으며, 많은 농민군들이 충청도에서 체포되거나 처형되었다.

9월 29일에는 안성과 이천의 농민군들이 진천 관아를 공격하여 현감과 공형 및 여러 관속을 결박하고 무기고를 파괴한 다음 병기를 탈취하였다. 10월 10일에는 이종훈과 이용구가 이끄는 경기도 농민군들이 괴산읍을 공격하여 불태웠다. 이들은 경기도에서 남하하여 충주 무극장에 모여 있다가 일본군과 충돌하였고, 괴산에서 하룻밤을 지낸 뒤 보은으로 출발할 즈음 괴산군수가 괴산 접주를 타살하자 이에 분노한 그의 아들과 함께 괴산읍에 불을 질러 관아와 민가 수백 호가 불에 탔다. 10월 14일에는 안성의 농민군 박공선(朴公善)이 보은 풍취점(風吹店)에서 이두황 군대에게 죽임을 당했고, 16일 회인읍에도 회인에 진을 치고 있던 이두황 휘하의 관군에게 보은·안성·이천 등지에서 온 농민군과 함께 용인 천곡(泉谷)에 사는 이청학(李青學) 등 농민군 7명이 체포되었으며, 10월 20일에는 소모관인 지평 현감 맹영재가 죽산의 농민군 박성익(朴性益)·접사 최제팔(崔齊八)·이춘오(李春五)·장태성(張太成) 등 4명을 효수하였다.

죽산부 관아가 있던 죽산면사무소 전경

죽산부 관아가 있던 죽산면사무소 옆의 고목들

용인 김량장터

경기도 용인시 처인구 김량장동 133-28, 133-37번지 일대

경기도에는 이미 1862년부터 동학이 전파되었지만, 본격적으로 전파되는 것은 1880년대였다. 이 지역의 동학 포교활동에 큰 역할을 한 사람은 호남사람인 안교선(安敎善)이었다. 안교선은 1884년 2월부터 수원지방을 중심으로 포교활동을 전개하였다. 이에 따라 경기도에서는 1893년 2월 서울 광화문 앞에서 벌어진 복합상소에는 이용구(李容九, 李祥玉)가 대표로 참여하였으며, 1893년 3월 10일 보은군 장내리에서 교조신원을 위한 집회가 열렸을 때도 경기도에서는 광주·파주·송파·수원·용인·안산·안성·양주·여주·이천·죽산 등 10개 고을에서 모두 수천명의 교도들이 참여하였다.

1894년 동학농민전쟁 당시에 경기도 농민군들이 본격적으로 활동을 시작한 것은 9월에 들어서이다. 제2차 기포 당시 봉기한 경기지역 농민군의 편의장(便義長)은 이종훈(李鍾勳)이었고, 편의사(便義司)는 이용구였다. 그 휘하에 각 지역 별로 농민군이 조직되었는데, 안성에서는 임명준과 정경수, 양지에서는 고재당(高在堂), 여주에서는 홍병기·신수집·임학선, 이천에서는 김규석·전일진·이근풍, 양근에서는 신재준, 지평에서는 김태열·이재연, 광주에서는 염세환 등이 지도자였다.

그러나 이들은 호남지역의 농민군이 본격적으로 제2차 기포에 나서기 이전부터 안성과 죽산 등지에서 활발하게 활동하였으며, 9월 9일에는 죽산·안성 관아를 점령하였다. 안성·죽산은 서울에 인근해 있었던 만큼 왕조정부에서도 이를 커다란 위협으로 여기고 있었다. 이에 따라 조정에서는 이 지역 농민군 진압을 위해 9월 10일 장위영(壯衛營) 영관(領官) 이두황(李斗璜)과 경리청(經理廳) 영관 성하영(成夏泳) 등 무관들을 죽산부사와 안성군수에 임명하였고, 이어 9월 26일에는 안성의 전 주사 정기봉(鄭基鳳)을 기전소모관(畿甸召募官)으로 임명하여 이 지역 농민군을 진압하도록 지시하였다.

이두황은 장위영 병대 4개 소대를 이끌고 9월 20일 오후 4시경 서울을 출발하

여 21일 오후 6시 경 용인에 도착하여 인근 지역의 농민군을 진압·체포하기 시작하였다. 그날 밤 이두황은 농민군들이 모여 있던 직곡(直谷)과 김량(金良) 등지를 쳐들어갔다. 9월 20일경부터 용인 직곡과 양지 등에서 농민군의 활동이 활발해지고 있었다. 이 날 이두황은 직곡에서 접주 이용익(李用翊) 등 14명을 체포하였고, 김양에서 접주 이삼준(李三俊) 등 6명을 체포하여 양지(陽智)로 압송하였다. 이 가운데 다년간 동학에 몸담고 있던 것으로 확인된 김량접주 이삼준과 이용익·정용전·이주영 등 4명이 양지읍 대로변에서 총살되었다.

이에 따라 9월 27일에는 안성의 접주 유구서, 김학녀, 진천 농민군 김금용 등이 안성에서 체포되어 효수되는 등 농민군들의 희생이 이었지만, 10월 10일경에도 죽산 부근에서는 농민군의 활동이 무상하였으나, 죽산부사는 600여명의 관군을 거느리고도 농민군을 대적하기를 꺼려하여 농민군 진압에 선뜻 나서지 못하고 있었다. 그러나 경기지역 농민군은 조선왕조 정부와 일본군이 본격적인 농민군 진압에 나서면서 가장 먼저 타격을 받게 된다. 9월 초부터 농민군이 서울로 쳐들어온다는 소문까지 나돌자 조정에서는 본격적인 진압대책에 나섰다. 9월 21일에는 양호순무영(兩湖巡撫營)을 설치하고 신정희(申正熙)를 도순무사(都巡撫使)로 삼았다. 이어 죽산부사 이두황을 순무영 우선봉(右先鋒), 별군관 이규태를 좌선봉(左先鋒)으로 임명하였다. 한편 동학농민군 진압을 위해 새로이 파견된 후비보병 제19대대가 중심이 된 일본군은 세 개 경로로 남하하였다. 이 가운데 중로 본 부대는 10월 17일 용인, 10월 18일 양지를 거쳐 죽산으로 내려갔다. 또 10월 10일 서울을 출발한 좌선봉 이규태의 교도중대와 통위영 2개 중대는 일본군후비 18대대의 시라키(白木) 중위와 미야모토(宮本) 소위의 지휘를 받도록 되어 있었는데, 이들은 과천(11일)을 거쳐 수원에 도착한 뒤(12일~17일) 10월 17일 양지에서 일본군 서로 분진대와 합류하여 진위로 갔다. 이와 같이 관군과 일본군이 죽산·양지·용인 등지로 내려오자 용인이나 안성, 죽산을 비롯한 인근 지역의 농민군들은 이를 피해 주로 충청도로 내려가서 활동하였으며, 많은 농민군들이 충청도에서 체포되거나 처혁되었다.

10월 16일 회인읍에도 회인에 진을 치고 있던 이두황 휘하의 관군에게 보은·안성·이천 등지에서 온 농민군과 함께 용인 전곡(泉谷)에 사는 이청학(李青學) 등 농민군 7명이 체포되었다.

용인중앙시장 입구. 김량장이 서던 곳

용인중앙시장의 또 다른 입구

정조의 인간존중이 투영된 동학의 평등정신 / 김준혁

1) 『弘齋全書』卷162, 90册 日得錄 文學.

2) 『弘齋全書』卷161, 89册 日得錄 文學.

3) 『正祖實錄』卷6, 2年 12月 辛未.

4) 『正祖實錄』卷1, 卽位年 6月 癸丑.

5) 『弘齋全書』卷56 , 雜著, 「印頒恩重經揭語仍倣其體命諸臣和之」.

6) 梵海 撰, 『東師列傳』, 卷3, 霜月宗師傳.

7) 梵海 撰, 『東師列傳』, 卷3, 「蓮潭大師傳」.

8) 李英茂, 1990, 「蓮潭大師」, 『한국불교인물사상사』, 民族社.

9) 대표적으로 純祖때 白波와 草依의 논쟁을 들 수 있다.

10) 『弘齋全書』卷55, 雜著, 「花山龍珠寺奉佛祈福偈」.

11) 『正祖實錄』卷32, 15年 4月 辛酉.

12) 『弘齋全書』卷15, 碑, 「安邊雪峯山釋王寺碑」.

13) 『正祖實錄』卷19, 9年 2月 辛巳. 정조는 암행어사의 啓達과 道臣의 장계에서 승역의
    폐단문제를 듣고 있었다.

14) 『正祖實錄』卷19, 9年 2月 辛巳.

15) 安鼎福, 『順菴集』卷17, 雜著 天學考.

16) 노대환, 1997, 「조선후기의 서학유입과 서기수용론」, 『진단학보』83, 133~134쪽.

17) 노대환, 앞의 책, 136쪽.

18) 박현모, 2001, 「西學과 儒學의 만남-18C말 천주교 논쟁과 정조의 대응-」, 『정치사상연
    구』4, 4~6쪽.

19) 『正祖實錄』卷19, 9年 4月 戊子.

20) 『正祖實錄』卷19, 9年 4月 癸巳.

21) 『正祖實錄』卷33, 15年 11月 甲申.

22) 『正祖實錄』卷25, 12年 2月 甲辰.

23) 『正祖實錄』卷26, 12年 8月 辛卯.

24) 『正祖實錄』卷26, 12年 8月 壬辰.

25) 『弘齋全書』卷162, 日得錄, 文學.

26) 『與猶堂全書』, 1 詩文集 卷15, 墓誌銘, 貞軒墓誌銘.

27) 斯文萬能主義는 春秋大義를 역설하는 내용으로 현실정치에서 노론의 사상을 강조하
    는 이론으로 자리 매김하였다. 노론의 정치사상은 聖學論으로 이어지어 국왕을 압박
    하는 수단으로 전락되기에 정조는 주자 성리학과 더불어 다른 분야의 학문을 동시에

취함으로써 자신의 정치철학과 운영의 폭을 넓히고자 하였다.

28) 박현모, 『정조의 성왕론과 경장정책에 관한 연구』, 서울대학교 정치학과 박사학위논문, 1999.

29) 『正祖實錄』, 卷16, 7年 7月 辛卯.

30) 『正祖實錄』, 卷2, 即位年 9月 庚寅.

31) 『正祖實錄』, 卷3, 1年 3月 丁亥.

32) 『正祖實錄』, 卷4, 1年 7月 乙亥.

33) 『正祖實錄』, 卷8, 3年 8月 甲寅.

34) 『正祖實錄』, 卷5, 2年 2月 丁酉.

35) 김성윤, 「토지제, 노비제 개혁 논의」, 『조선후기 탕평정치 연구』, 지식산업사, 1997.

36) 『備邊司謄錄』167册, 正祖 8年 10月 29日.

37) 『正祖實錄』, 卷30, 14年 4月 丁巳.

38) 『正祖實錄』, 卷32, 15年 3月 癸卯.

39) 국가 소속의 관청노비로서 특히 궁중에 소속된, 종부시, 사복시, 내수사의 노비를 말한다.

40) 보인은 봉족이라고도 하며 조선 초기 국역(國役) 편성의 기본 조직으로 정정(正丁: 16세이상 60세 이하의 장인 남자)을 돕게 하던 제도. 즉 정정 1인에게 도움을 주는 사람을 주어 그들로 하여금 재력을 내게 하여 정정이 국역을 입역(立役)하는 데 그 역을 직접 담당하지 않은 나머지 정(丁)으로 봉족을 삼아 입역을 위한 비용을 마련케 하였다. 따라서 국역을 지는 정정은 봉족의 도움을 얻어야만 부과된 역을 담당할 수 있었다.

41) 『備邊司謄錄』, 187册, 正祖 22年 3月 13日.

42) 김성윤, 「토지제, 노비제 개혁 논의」, 『조선후기 탕평정치 연구』, 지식산업사, 1997.

43) 조선 후기 육의전이나 시전상인이 난전(亂廛)을 금지시킬 수 있었던 권리. 일종의 도고권(都賈權)이다. 국역(國役)을 부담하는 육의전을 비롯한 시전이 서울 도성 안과 성저십리(城底十里: 도성 아래 10리까지) 이내의 지역에서 난전의 활동을 규제하고, 특정 상품에 대한 전매 특권을 지킬 수 있도록 조정으로부터 부여받았던 상업상의 특권을 말한다.

44) 박현모, 「신해통공의 정치경제학」, 『한국정치학회보』35, 한국정치학회, 2001.

45) 김동철, 「채제공의 경제정책-특히 辛亥通共發賣論을 중심으로」, 『부대사학』4, 1980.

46) 곽효문, 「조선조 자휼전칙의 복지행정사적 의의」, 『행정논총』39-3, 서울대학교 행정대학원, 2001.11.

47) 김선근, 「정조시대 아동복지정책에 관한 연구-자휼전칙을 중심으로」, 단국대학교 행정대학원 석사학위논문, 1999.

48) 『日省錄』, 정조 원년 6월 28일.

49) 암행어사가 마패와 더불어 상징물로 가지고 다니던 자로, 세상의 올바른 것을 자로 잰다는 의미를 가지고 있다.

50) 심재우,「정조대 欽恤典則의 반포와 形具 정비」,『규장각』22, 1999.

51)『正祖實錄』卷5, 2年 1月 12日.

52) 심재우, 위의 책.

53)『近庵集』卷2 詩, 次石溪祠韻.

54)『정조의 명신을 만나다』, 2010, 수원화성박물관.

55) 김준혁,「정조의 자주정신과 수운의 민족정신」,『동학학보』21, 2011. 19~26쪽.

56) 윤석산,『동학교조 수운 최제우』, 모시는사람들, 2004, 60쪽.

57)『東學史』제1장, 27쪽.

58) 김준혁,「정조의 자주정신과 수운의 민족정신」,『동학학보』21, 2011. 29쪽.

59) 내가 동방에서 태어나 동방에서 받았으니, 도는 비록 천도이나 학은 곧 동학이니라. 하물며 땅이 동과 서로 나뉘어 있으니, 서를 어찌 동이라고 하며, 동을 어찌 서라고 하리오.(吾亦生於東 受於東 道雖天道 學則東學 況地分東西 西何謂東 東何謂西.)『東經大全』, 論學文,

60)『용담유사』「안심가」.

61)『용담유사』「교훈가」,「권학가」,「도덕가」.

62) 물론 이러한 신분질서의 비대립적 해소를 바라는 논리는 어느 면에서는 비록 몰락의 지경에 처했지만 양반계급의 후예로서 그리고 지식인으로서의 수운 자신의 계급적 한계를 반영하는 점일 수도 있다. 조민, 앞의 글.

63)『東經大全』, 論學文. 陰陽相均 雖百千萬物 化出於其中 獨惟人最靈者也.

64)『東經大全』, 和訣詩, 人無孔子意如同 書非萬卷志能大.

65)『용담유사』「교훈가」.

66) 임형진,「동학혁명과 수운의 민족주의」,『동학연구』9·10합집, 2001. 15쪽.

67) 오지영 저, 이장희 교주,『東學史』박영문고 35, 박영사, 1974. 59~60쪽.

68) 앞의 책. 60쪽.

69)『강진군지』,「명승 초의전」.

70) 전하는 이야기에 의하면 고창 선운사 도솔암 마애불의 비기가 정약용의 경세유표, 혹은 목민심서였다는 설화가 있으나, 오지영의『동학사』에는 선운사 비결이 정약용의 것이라고 기록되지 않고 있다.

71) 김삼웅,『녹두 전봉준 평전』, 시대의창, 2007, 183~184쪽.

72) 오지영 저, 이장희 교주,『東學史』박영문고 35, 박영사, 1974, 150~151쪽.

동학에서 천도교로의 개편과 3·1운동 / 임형진

1) 이은희, "동학교단의 갑진개화운동(1904-1906)에 대한 연구", 연세대 석사학위논문, 1990, 11쪽.

2) 조규태, "구한말 평안도지방의 동학-교세의 신장과 성격에 대한 검토를 중심으로",『동

아연구』21, 서강대 동아연구소, 1990, 76쪽. 이밖에도 이돈화의『천도교창건사』(천도교중앙총부, 1933) 등에 서도 북쪽지역에서의 급속한 교세 확대를 알 수 있다.

3) 임운길 전 천도교 교령의 증언.(1997. 7. 16) 고 임운길 전 교령은 자신의 고향인 박천에서도 어린 시절부터 이미 마을 곳곳에서 궁을기를 보면서 자랐고 일찍이 박천지역은 홍경래의 난이 일어날 정도로 깨인 지식인들이 많은 지역으로 이들의 의식은 반봉건적이었을 뿐 아니라 조선사회의 변혁의지가 매우 강하였다고 증언했다.

4) 진보회의 강령은 1) 황실을 존중하고 독립기초를 공고히 할 것 2) 정부를 개선할 것 3) 군정재정을 정리할 것 4) 인민의 생명재산을 보호할 것 등이다. 당시 황실보호를 앞세운 것은 동학을 지키기 위한 어쩔 수 없는 고육책이었다고 보여진다. 이돈화,『천도교창건사』, 천도교중앙총부, 1933, 44-45쪽 참조.

5) 위의 책, 44쪽.

6) "大告天道敎出現/道則天道 學則東學 卽 古之東學 今之天道敎, 宗旨는 人乃天이요 綱領은 性身雙全, 敎政一致요, 目的은 輔國安民, 輔國安民, 布德天下, 廣濟蒼生, 地上天國建設이요, 倫理는 事人如天이요, 修行道德은 誠敬信이라. 교주 손병희."(《제국신문》1905년 12월 1일자) 이밖에도 천도교로의 개칭은《대한매일신보》와《제국신문》에 '천도교 대도주 손병희'의 명의로 실은 '대고천도교' 광고를 통해서 확인된다.

7) 조기주,『동학의 원류』, 보성사, 1979, 242-244쪽.

8) 1906년 9월 이용구 등 62명을 출교했다.《황성신문》광무 10년 9월 21일자,『만세보』, 광무 10년 9월 23일자.

9) 해월 최시형은 1907년 이천의 전거론에서 道通淵源을 이른바 공동전수심법을 통해서 손병희, 손천민, 김연국에게 공동으로 전수하였다. 이를 근거로 특히 김연국은 끊임없이 교권 문제에 갈등을 일으켰다. 그러나 대헌체제는 이처럼 삼자연합의 성격이 강했던 천도교 초기의 교단 내 세력 구도를 손병희 중심으로 완전히 정리한 것이다.

10) 황선희,『한국근대사상과 민족운동 I』, 혜안, 1996, 155쪽.

11) 같은 해 4월부터 손병희는 1세, 2세, 3세 교주를 '대신사' '신사' '성사'라 칭호로 바꾸어 사용케 하였다. 이는 교단의 실무적인 행정은 박인호에게 맡기고 자신은 완전한 교주로서의 위치에 올라 선 것을 의미하였다.

12) 지금까지도 천도교 교회조직의 근간인 연원제는 당시 연비제를 대신한 것이다. 즉, 연비제(聯臂制)가 전도인인 천주의 뜻에 무조건 따라야 하는 한계를 가진데 비해 연원제(淵源制)는 각자 자유로이 지도자를 선택하고 뜻이 맞는 사람들 끼리 일단의 무리를 형성할 수 있는 제도이다. 연원제의 도입은 시천교의 확장과 무관치 않다. 연비제에서는 천주가 시천교에 입교하면 피교인은 당연히 따라서 입교되는 형태였기 때문이다. 황선희, 앞의 책, 160쪽 참조.

13) 조기주, 앞의 책, 276-284쪽. "吾敎의 宗規 五款은 天의 靈感으로 神聖이 大定하신 바라 고로 宗門의 一切指導하는 本意라 信徒의 依禮實行이 標準이 此五款에 專在함이라. 연즉 天이 此人을 天人으로 認치 아니하리오."

14) 성미제는 많은 논란 끝에 추진되었다. 즉, 천도교가 일진회와 분리된 이후 가장 어려웠던 것이 경제적 궁핍이었다. 교단 경비가 부족해진 것은 차치하고라도 외채의 독촉에 몰려 거의 자멸 상태에 빠졌다. 그리하여 재원 조달 방법을 논의한 결과 네 가지 안이 제기되었다. 첫째는 양한묵의 주장으로 일진회에 빼앗긴 재산을 되찾자는 것이고, 둘째는 권동진·오세창의 안으로 교인들에게서 의연금을 걷자는 것이고, 셋째는 교인 1호마다 매일 10전씩 걷자는 황학도의 안이며, 넷째는 교인 일인당 매일 취반시에 일시미씩 모았다가 바치게 하자는 오지영의 제안이다. 결국 오지영의 일시미안을 채택하였는데 결과는 성공적이었다. 1911년에 총독부의 탄압정책으로 성미 염출마저 금지되어 한때 어려움이 있었으나 교도의 자발적인 특별 의연금 헌납으로 위기를 극복하였고, 1914년 3월에 무기명 성미제가 실시되어 교회 재정을 무난히 확보할 수 있었고, 3·1운동 당시에 운동자금 일체를 천도교에서 부담할 수 있었던 것이다. 황선희, 앞의 책, 157쪽.

15) 고려대학교70년지편찬실, 『고려대학교70년지』, 고려대학교70년사편찬위원회, 1975, 93-94쪽.

16) 노영택, 앞의 책, 40쪽.

17) 그러나 천도교는 보성전문학교를 인수한 뒤에도 천도교의 종교적 색채를 학교에 강요하지 않았다. 다만 중학과정의 修身시간에 천도교 교리를 강의하려 하였다 한다. 앞의 책, 『고려대학교70년지』, 59-60쪽.

18) 당시 동교의 1개월 경상비와 학용품비가 18원이고 보면 10원은 적지 않은 액수였다. 『의암손병희선생전기』, 의암손병희선생기념사업회, 1967, 170-171쪽. (이하 『전기』로 약함), 287-289쪽과 김용조, 「천도교의 문화운동」, 앞의 글 참조.

19) 『대한매일신보』, 융희3년 11월 24일자.

20) 『전기』, 289-290쪽.

21) 동덕 70년사편찬위원회, 1980, 『동덕 70년사』, 동덕학원, 66-67쪽.

22) 조선총독부학무국, 1928, 『조선교육요람』, 152쪽.

23) 村山智順, 1935, 『朝鮮の類似宗敎』 조선총독부. 최길성, 장상언 역, 1991, 『조선의 유사종교』 계명대출판부, 60쪽.(그러나 일제의 공식적 기록은 가장 교인수가 많을 때도 14만명을 넘지 않은 것으로 되어 있다) 천도교단에서는 흔히 5백만 교도라고 불리고 있었다. 천도교도의 놀라운 교세 증가는 박은식의 "신도가 날마다 증가하여 300만을 헤아린다. 그 발전의 신속함은 거의 고금의 종교계에 일찍이 없는 일이다."라는 지적에서도 알 수 있다. 박은식, 1920, 『韓國獨立運動之血史』, 서문당, 126쪽.

24) 일반적으로 일제는 일반 종교는 조선 총독부 학무국에서 관할했지만 천도교만은 유사종교로 취급해 경무국 관할로 두고 있었다.

25) 『전기』, 258-264쪽 참조. 천도교에 대한 탄압에 대해 박은식은 "(천도교에 대해) 종교단체라는 것을 부인하면서 날마다 경찰을 파견하여 중앙총부와 각지의 교구를 감시하며, 달마다 재무, 회계의 장부를 보고하게 하여 없는 흠을 억지로 찾아내어 다수 징

벌을 행한다. 교회의 주요한 인물은 날마다 그들의 정찰과 속박을 받는다. 지방교도의 심상한 출입도 구금 당하여 곧 노예나 가축 따위의 대우를 받는다. 교인이 비교인과 소통하는 일이 있으면 사리의 옳고 그름을 불문하고 반드시 교인을 패소시켰다." 라고 적고 있다. 박은식, 앞의 책, 126쪽.

26) 이들 비밀 지하독립운동단체들의 결성과 운동에는 천도교의 중진지도자였던 묵암 이종일선생의 노력과 희생의 결과였다. 이 부분에 관한 자세한 기록은 그가 남긴 「黙菴備忘錄」에 실려 있다. 「묵암비망록」은 한국사상연구회 간, 『한국사상』 제16호(1978)에서 21호(1989)까지에 원문과 해석이 실려 있다.

27) 장효근일기(성신여자사범대학 한국사논총 제1집 所收, 1976), 1916년 11월 26일조에는 이날 천도교의 보성사 총무 장효근이 교주 손병희를 찾아가서 민중봉기를 협의하였으나 교주가 답하지 않았다고 다음과 같이 쓰고 있다. 「拜聖師 協議民衆蜂起 然不答 氣塞之事」.

28) 愛國同志援護會編, 『한국독립운동사』, 1956, 95쪽 참조.

29) 위의 책, 95-96쪽 참조.

30) 천도교인 중 권동진과 오세창은 급변하는 국제정세를 파악하고 독립운동 준비를 역설했고 최린도 이에 가담했다. 손병희 역시 한용운에게 독립운동을 일으킬 것을 권고받고 있는 중이었다.

31) 현상윤, 「三‧一運動의 回想」, 『신천지』 제1권 제3호, 1946년 3월, 27~28쪽.

32) 「朝鮮三一運動신우사건」, 『독립운동사자료집』 제6권, 863쪽. 이것은 일본헌병대 사령부의 조사기록이다. 한편 최린의 「자서전」, 『한국사상』 제4집, 1962, 164쪽에는 이 회합에서의 손병희의 반응에 대하여 다음과 같이 말하였다고 기록되어 있다. 「장차 우리 면전에 전개될 시국은 참으로 중대하다. 우리들이 이 천재일우의 호기를 무위무능하게 간과할 수 없는 일이다. 내 이미 정한 바 있으니 제군은 십분 분발하여 대사를 그르침이 없게 하라.」.

33) 현상윤, 「삼일운동의 회상」, 전게잡지, 28쪽.

34) 최린, 「자서전」, 전게잡지, 164쪽에서는 이것이 최린 자신의 구상이었다고 하고, 장교근일기, 1918년 12월 15일조와 의암손병희선생전기, 1967, 325~326쪽에는 이것이 천도교 교단의 원칙이었다고 쓰고 있다. 최린도 천도교측의 일원이므로 여기서는 후자의 기술을 택하였다. 이 원칙의 제안자는 최린인 것으로 보인다.

35) 현상윤, 「삼일운동의 회상」, 상계잡지, 28쪽 참조.

36) 姜洙, 『崔先生文集道源記書』, 1879(『東學思想資料集』 壹, 亞細亞文化史, 1979, 179-180쪽); 李敦化, 『天道教創建史』 제1편, 천도교중앙종리원, 1933, 42면. 그러나 『천도교백년약사』에는 경기지역 접주로 李昌善이 임명되었다고 기록하고 있다. 비교적 최근 기록인 『천도교백년약사』보다는 과거의 기록이 정확하다면 김주서로 하는 것이 맞을 것 같다. 『천도교백년약사』, 천도교중앙총부출판부, 1981, 96쪽.

37) 趙成雲, 「일제하 수원 지역 천도교의 성장과 민족운동」, 『경기사론』 4, 2001, 183-184

쪽.

38) 1889년 김홍집이 수원유수로 재직하고 있을 때 전 승지 김명기와 전 군수 윤수영의 가
렴주구에 대항하여 수백명의 백성이 성내에 모여들어 관아와 관리들의 집을 습격하
였고(『고종실록』 고종 26년 11월 14일) 1891년에는 사도세자와 정조의 능에 주둔하고
있던 현륭원원군(顯隆園園軍)이 능참봉 민병성의 탐학에 봉기하여 규탄하였다(『고종
실록』 고종 28년 6월 23일). 이동근, 『역사는 삶이다』, 블루씨, 2014, 190쪽 참조.

39) 徐仁周는 수원출신으로 1883년 3월 김연국·손병희·손천민·박인호 등과 함께 최
시형을 방문할 정도로 교단의 핵심인물이었다. 그는 원래 승려 출신으로 30여 년간
불도를 닦았으나 동학의 '布德天下 廣濟蒼生'의 이념에 공감하여 동학에 입도하였으
며, 서병학과 함께 동학의 의식과 제도를 마련하는데 큰 역할을 하였다. 또한 신체와
용모가 매우 작고 특이하였으나 재주가 많아 당시 사람들이 異人 또는 眞人이라 불렀
다. 1885년 9월에는 상주 왕실촌에 머무르고 있던 최시형과 그의 가족에게 생활비를
지원해 주었으며, 최시형은 1889년 서인주가 金甲島에 유배되었을 때 그의 석방을 위
해 기도를 하는 한편 5백금을 주고 그를 석방시켜 주었다.(오지영, 앞의 책, 60면; 이돈
화, 앞의 책, 31쪽; 黃玹, 『梧下記聞』首筆(김종익 역), 역사비평사, 1994, 73쪽; 오상준,
「본교역사」, 『천도교회월보』통권23호, 1912. 6, 17쪽; 然然子, 「본교역사(번역)」, 『천
도교회월보』통권29호, 1912. 12, 63쪽)

40) 安敎善은 호남인으로 1870년대 후반에 입교한 것으로 보인다. 1879년 최시형이 강원
도 인제 방시학의 집에 修單所를 설치할 때 安敎常이 書有司, 安敎一이 監有司, 安敎
伯이 冊子有司, 安敎綱이 輪通有司로 각각 참여한 바 있다. 안교선은 이들과 형제 또
는 친인척으로 보인다.(강수, 앞의 책, 275-276쪽)

41) 『東經大全』癸未版, 跋文.

42) 「水原郡宗理院沿革」, 『天道教會月報』191호, 1926. 1, 29쪽; 이병헌, 「수원교회낙성
식」, 『天道教會月報』292호, 1936. 12, 36쪽.

43) 「수원군종리원연혁」, 29쪽.

44) 조성운, 앞의 글, 184-185쪽.

45) 성주현, 『동학과 동학혁명의 재안식』, 2010, 428-429쪽.

46) 「수원군종리원연혁」, 29쪽.

47) 「聚語」, 『東學亂記錄』上, 국사편찬위원회, 1971, 118쪽.

48) 「聚語」, 118쪽.

49) 「聚語」, 124쪽.

50) 최홍규, 「경기지역의 동학과 동학농민군 활동」, 『경기사학』창간호, 1997, 89-90쪽.

51) 「갑오실기」, 『東學亂記錄』상, 38면; 오지영, 앞의 책, 156쪽.

52) 「수원군종리원연혁」, 29쪽.

53) 위의 책, 같은 쪽.

54) 김승학, 『韓國獨立史』, 독립문화사, 1966, 655쪽.

55) 삼괴지역은 우정면과 장안면을 통칭하는 말이다.

56) 조성운, 앞의 책, 191쪽.

57) 金善鎭, 『일제의 학살만행을 고발한다』, 미래문화사, 1983, 21-31쪽.

58) 「중앙총부휘보」, 『천도교회월보』8호, 1911. 3, 48쪽. 이밖에도 교리강습소를 통한 근대적 교육실시에 수원 지역도 열심히 참여하여 7개의 강습소를 운영하고 있었다. 『천도교회월보』 참조.

59) 대교구의 기준은 교구가 10여 개 이상일 때 설치하였으며 지방교구는 100호 이상 일 때 설치하였다.

60) 『천도교회월보』 48호, 1914, 36쪽.

61) 「수원군종리원연혁」 29쪽; 조기주, 『동학의 원류』, 보성사, 1979, 369-373쪽.

62) 김선진, 앞의 책, 68-69쪽. 이때 각출한 내용은 다음과 같다.

성 명	지 역	각출내역	비 고
백낙렬	수촌리	논 3,000평 밭 2,000평	
백낙소	수촌리	논 1,500평 밭 1,000평	백낙렬의 동생
기봉규	사금말	논 3,000평 밭 7,000평, 가옥	
김흥렬	고주리	논 3,000평 밭 3,000평	
최진협	한각리	논 1,500평 밭 1,000평	
최진승	한각리	논 1,000평 밭 6,500평	
박시정	이화리	산 3,000평 소 1두	
박용석	노진리	논 1,000평 밭 2,000평	
박운선	노진리	논 1,000평 밭 2,000평	
우준팔	거묵골	논 450평 밭 1,000평	
우의현	거묵골	논 1,500평	
문경화	거묵골	논 2,000평	
우경팔	거묵골	논 1,500평	

63) 이하는 성주현, 「수원 지역 3·1운동과 천도교, 그리고 제암리 학살사건의 재조명」, 『3·1운동 제암. 고주리 학살사건의 재조명 학술발표회 자료집』, 2011, 제암·고주리 추모사업회 글 참조.

64) 수원 지역의 만세운동에 관해서는 『수원시사』상, 수원시사편찬위원회, 1996, 336-348쪽 참조.

65) 조성운, 「일제하 수원 지역 천도교의 성장과 민족운동」, 『경기사론』4, 2001, 194쪽.

66) 이병헌은 경기도 평택출신으로 1913년 수원교구장을 역임한 李敏道의 장남으로 수원교구에서 傳敎師·講道員·典制員·金融員 등을 역임하고 1919년 3·1운동이 일어나기 직전 손병희의 부름을 받고 보성전문학교에 입학한 후 3·1운동에 직접 참여하였다. 2월 27일 보성사에서 독립선언서의 인쇄가 끝나자 申肅·印鍾益과 함께 李鍾一의 집으로 운반하였으며, 3월 1일 당일에는 손병희를 따라 민족대표 33인 모여 있던 태화관에서 李奎甲과 같이 탑골공원과의 연락책으로 활동하였고 남대문 만세시위를 주도한 바 있었다. 이로 인하여 이병헌은 종로경찰서로부터 검거령이 내렸으며 일단

이를 피해 수원교구로 피신하였다.(성주현, 「신앙보국의 화신 이병헌」, 『신인간』575호, 1998. 7, 81쪽; 이병헌, 『3·1運動秘史』, 시사시보사출판국, 1959, 64-67쪽; 이병헌, 「水原事件」, 『新天地』통권2호, 1946. 3, 72쪽)

67) 조병창, 「수원지방을 중심으로 한 3·1운동 소고」, 단국대학교 석사학위논문, 1971, 38쪽; 조성운, 앞의 논문, 195쪽.

68) 李炳憲, 앞의 책, 868쪽; 기록이 부족한 관계로 수원면의 3월 1일의 시위에 대해서는 신빙성의 문제를 제기하기도 한다. 그러나 3·1운동에서 민족대표 48인의 한사람으로 수원 및 충청남도의 연락을 맡고 있던 김세환의 활동과 수원 지역에서의 김세환의 교사적 위치로 볼 때, 수원면의 3월 1일의 시위는 김세환의 지시로 김노적과 박선태를 중심으로 하여 교사와 학생들을 중심으로 사전에 계획되어 서울, 개성과 같은 날 오후에 만세시위를 벌인 것으로 볼 수 있다. 이동근, 앞의 책, 169쪽 재인용.

69) 國史編纂委員會, 『韓民族獨立運動史資料集』 12, 탐구당, 1994, 120~122쪽.

70) 李炳憲, 앞의 책, 1959, 726쪽.

71) 이동근 위의 책, 169-170쪽. 한편 수원농림학교 기숙사생도 36명이 3월 3일 밤 몰래 탈출하여 행방이 묘현해 지자 당시 일본경찰은 이들이 서울에서 전개되고 있는 시위에 합류하러 간 것인지 의심했다. 國會圖書館, 『韓國民族運動史料 - 三·一運動篇』其三, 1992, 11쪽.

72) 李炳憲, 앞의 책, 1959, 868쪽.

73) 위의 책, 868쪽.

74) 金正明, 『朝鮮獨立運動 I -民族主義運動篇』, 原書房, 1967, 349쪽.

75) 이병헌, 앞의 책, 868쪽.

76) 이정은, 「3·1운동의 전개」, 『경기도 항일독립운동사』, 경기도사편찬위원회, 1995, 292쪽.

77) 『韓國民族運動史料』其三, 146쪽; 수원 지역 기생들의 만세운동에 대해서는 이동근, 「의기(義妓) 수원기생들의 3·1운동」, 『수원 지역 여성과 3·1운동』, 경기도, 2008 참조.

78) 이동근, 앞의 책, 171-172쪽 참조.

79) 이병헌, 앞의 책, 872면; 최홍규, 「수원지방의 3·1운동과 1920년대 민족운동」, 『경기사학』6, 경기사학회, 2002, 271쪽.

80) 『한민족독립운동사』3, 국회도서관, 1977, 362쪽.

81) 『한국독립운동사』2, 국사편찬위원회, 1968, 263쪽.

82) 이용락, 『3·1운동 실록』, 삼일동지회, 1969, 375-377쪽, 이성구는 수원교구에서 교구장으로 활동한 바 있다. 안낙순과 김정윤은 1915년 수원교구 건립의연금으로 15원과 1원을 각각 납부하였다. 그리고 모영천은 무영찬, 유진홍은 유진철의 오기로 보이나 이에 대해서는 좀 더 확인해 볼 필요가 있다.

83) 발안리의 만세시위 일자에 대해서는 여러 가지 논란이 제기되고 있다. 『탄운 이정근

의사전기』에는 3월 30일, 일본측 정보기록에는 3월 31일, 김선진의 증언록『일제의 학살만행을 고발한다』에는 4월 5일로 각각 기록하고 있다. 여기서는 일제측의 정보 기록인 3월 31일로 추정해 기술했다.

84) 이병헌, 앞의 책, 870쪽; 최홍규, 앞의 논문, 272쪽.

85) 『독립운동사』2, 국사편찬위원회, 1983, 681-687쪽.

86) 경기도사 편찬위원회, 『경기도 항일독립운동사』, 315-316쪽.

87) 이병헌, 앞의 책, 872쪽.

88) 박하원은 수원교구에서 설립한 교리강습소를 수료하였다.(『천도교회월보』12호, 65쪽)

89) 정대성은 교직을 맡은 적은 없으나 1924년 수운탄신100주년기념사업으로 1원을 의연 했다.(『대신사백년기념사업회원명부』)

90) 『한민족독립운동사자료집』20, 78-80쪽.

91) 국사편찬위원회, 『한민족독립운동사자료집』20, 1994, 282-286쪽.

92) 홍석창, 「김세환 재판기록」, 『수원지방 3 · 1 운동사』, 196-197쪽.

93) 이병헌, 「수원사건」, 72쪽.

94) 김선진, 앞의 책, 144-147쪽.

95) 23명 설은 대부분 일제의 기록에 의거하고 있다는 점에서 신빙성이 떨어진다.

96) 희생자의 숫자에 대해서는 성주현, 앞의 글 참조.

97) 정한경, 「한국의 사정」, 『한국독립운동사자료집』6, 독립운동사편찬위원회, 1973, 301 쪽.

98) 「수원지발 감리사 보고」, 『미감리회 제12회 연회록』, 1919.

99) 김정명, 앞의 책, 606쪽 및 627쪽; 김선진, 앞의 책, 147쪽.

100) 김선진, 앞의 책, 148-152쪽.

101) 위의 책, 148-152쪽 참조.

102) 이병헌, 「수원사건」, 『신천지』통권2호, 서울신문사, 1946.3, 81쪽.

103) 김승태, 「제암리교회 사건과 서구인들의 반응」, 『한국기독교와 역사』7, 한국기독교 역사연구소, 1997, 104-114쪽.

1894년 경기도 지역의 변란 상황과 동학농민군 진압 과정 / 신영우

1) 충청감사 이헌영의 『금번집략(錦藩集略)』이나 경상감사 조병호의 『별계(別啓)』와 같 이 당시 경기감사가 경기도에서 벌어진 상황을 소개한 자료는 발굴되지 않았다.

2) 경기도에서 벌어진 청일전쟁과 동학농민혁명은 두 가지 주제이지만 같이 검토해야 당 시 상황을 알 수 있기 때문에 함께 다루려고 한다. 그런 까닭에 원고량이 늘어나게 되 었다.

3) 『고종실록』1884년 10월 12일. '일본사람들의 한행 이정 약조를 체결하다(間行程里約 條附錄)'.

4) 1894년 조선에 들어온 일본군 혼성제9여단과 후비보병 제19대대는 이때 만든 군용지
   도를 휴대해서 청국군과 전투를 했고, 동학농민군을 추적하였다.
5) 「JACAR(アジア歴史資料センター)Ref.B16080073200, 各国駐在帝国領事任免雑件／仁
   川之部(6-1-5-6_22)(外務省外交史料館)」.
6) 『日清戦史講義摘要録』, 제2장 개전준비; 五十嵐 憲一郎, 「日清戦争開戦前後の帝国陸
   海軍の情勢判断と情報活動」『戦史研究年報』第4号, 2001年3月; 関誠, 『日清開戦前夜
   における日本のインテリジェンス-明治前期の軍事情報活動と外交政策』, 2016, ミネ
   ルヴァ書房 등 참고.
7) 『대한계년사』 1890년 12월. "이번에 일본 해군이 석탄을 저장하는 창고를 건설하
   기 위하여, 조선 월미도 가운데의 터 총 4천9백 평(坪)〈1평은 사방 2미터이다〉을 조
   차한다. 조차 액수는 매년 은화(銀貨) 80원(元)으로 정하여, 조선 정부에 완납한다."
   A01200756500 類00555100(所蔵館:国立公文書館)'海軍省仁川港方面回航ノ艦船用石
   炭貯庫敷地トシテ朝鮮国月尾島内ノ地所借用ヲ稟定ス'.
8) 「JACAR(アジア歴史資料センター)Ref.C08040483500, 明治27・8年 戦史編纂準備書類
   11(防衛省防衛研究所)'仁川の景況及日清艦碇泊位置並に開戦信号'.
9) 「JACAR(アジア歴史資料センター)Ref.C08040461300, 明治27・8年 戦史編纂準備書類
   1(防衛省防衛研究所)'大本営諸般の事項'.
10) 『주한일본공사관기록』 1권, 二. 全羅民擾報告 宮闕內騷擾의 件 二 (21) 淸國軍 牙山
    上陸에 따른 諸報告. "청나라 병사 3,000명의 상륙에 쓰일 거룻배를 충당하기 위해, 京
    城에 보내는 貢米를 실으려고 포구에 들어온 조선 배 10척과 다른 배 10척을 합한 20
    척을 나포하여, 오늘 아침부터 조수를 따라 인부를 싣고 白石浦로 향했다."
11) 『각사등록』, 京畿道篇 1, 京畿道關草 5, 1894년 5월 15일.
12) 「JACAR(アジア歴史資料センター)Ref.B08090158300, 朝鮮国東学党動静ニ関シ帝国
    公使館報告一件(5-3-2-0-4)(外務省外交史料館)」「在仁川領事館」.
13) 김문자 지음 김승일 옮김, 『명성황후 시해와 일본인』, 제Ⅲ장 '왕비 사건' 제1보의 打
    電者 2. 니이로 도키스케 略傳, 서울:태학사, 2011.
14) 『하재일기』 1894년 6월 20일; 『각사등록』, 京畿道篇 1, 京畿道關草 5, 1894년 6월 24
    일; 『속음청사』 1894년 6월 27일. 『속음청사』에는 (동쪽으로는 양근 강변에 모두 전
    신선을 설치했다(東至楊根沿江 皆設屯架電)고 하였고, 『하재일기』에는 목격담을 전
    하고 있다. "어젯밤에 광주에서 우천으로 들어온 왜병이 근 수천 명이다. 밤을 지내고
    이른 아침에 우천평으로 흩어져 들어갔다가 도로 광주로 간 자가 수백 명이 되고, 또
    한편으로 배를 잡아서 물건을 싣고 여주로 올라갔다고 하니, 그 뜻을 알지 못하겠다.
    조금 있다가 광주에서 긴 소나무 기둥을 끌고 들어와서 원 아래 양류(楊柳) 거리 서쪽
    언덕 위에 기둥을 세우고 전선을 설치하여 삼정동 산골짜기 너머로 연결하여 갔다. 병
    정 1천여 명은 남아서 우천 강변에 진을 쳤다. 몹시 놀랍고 괴이하다. 삼관정에는 전
    보기(電報機)를 설치하였다."

15) 『각사등록』, 京畿道篇 1, 京畿道關草 5, 1894년 6월 24일; 參謀本部編, 『明治二十七八年 日淸戰史』 第一卷, 제7장 재한 일청병의 接仗 1. 혼성여단의 남진, 126~131.

16) 「JACAR(アジア歴史資料センター)Ref.C08040461400, 明治27・8年 戰史編纂準備書類1(防衛省防衛研究所)」 '大本営の命令訓令情報(1)'

17) 『비변사등록』 1740년 7월 8일. '德積鎭節目'; 『고종실록』 1879년 11월 15일. 덕적진은 허술한 해안방어를 보강하기 위해 덕적도에 설치된 독진이었다.

18) 『주한일본공사관기록』 1권, 十. 諸方機密公信往 二 (17) 淸運送船 高陞號 격침과 便乘한 獨逸人 폰 한네켄 氏의 筆記寫本入手.

19) 「JACAR(アジア歴史資料センター)Ref.C08040630100, 明治28年 朝鮮国派遣中特別書類(防衛省防衛研究所)」; 『京畿關草』 발신자 畿/統理交渉通商事務衙門, 1894년 7월 3일(양력 8월 3일).

20) 『續陰晴史』 "又聞日兵船 遇華兵船於大山前洋 放砲破船 華人死者數百名 得生者 僅二十餘人 此構兵之始也"

21) 『주한일본공사관기록』 3권, 五. 軍事關係一件 (3) 水原地方에 출장한 萩原 警部 復命書 進達의 件.

22) 『수산집』 卷之三, 滌愁樓記. "직산현 북쪽에 있고 경기지방과 호서지방의 경계를 나누며 의당히 삼남대로의 요충지이다. 새벽닭이 울 때부터 야밤에 순라의 방울이 울릴 때까지 수레와 말굽소리가 서로 교차한다."

23) 「JACAR(アジア歴史資料センター)Ref.C06061759200, 明治27年自 6月至 9月 「混成第9旅団 第5師団 報告」(防衛省防衛研究所)」 '牙山附近支那兵状況偵察報告附記行'

24) 양력으로 기재한 일본군 자료의 일자는 여기서 음력과 병기해서 기록한다.

25) 우에하라 유사쿠는 17세 때인 1872년 도쿄로 가서 소좌였던 노즈 미치츠라의 집에서 서생으로 기숙했다. 신식 학제로 도시에 상급학교가 설치되자 가난한 시골 학생이 후원자의 집에서 잡일을 하며 학교를 다녔다. 이들을 서생이라고 했다. 이때 미치츠라는 육군사관 생도가 된 우에하라에게 공병의 중요성을 말하며 공병 근대화를 권유했다. 장교 임관 후 프랑스 유학, 육사 교관, 참모본부 근무를 거친 그는 일본공사관 무관대리로 서울에 와서 정보 수집과 모략전에 가담했다. 노즈 제5사단장의 사위였던 우에하라는 대장까지 진급해서 육군대신, 교육총감, 참모총장의 최고 직위를 거치고, 원수까지 된다. 陸軍省 편, 『陸軍現役将校同相當官實役停年名簿』, 1912.

26) 「JACAR(アジア歴史資料センター)Ref.C06061759200, 明治27年自 6月至 9月 「混成第9旅団 第5師団 報告」(防衛省防衛研究所)」.

27) 『홍양기사』 6월 24일. "영접사의 답장을 받고 한양의 변고에 대해 상세히 들었다. 영접사가 원수 섭사성(聶士成)에게 군대를 북쪽으로 전진하도록 요청하여 성환역에 이르렀는데, 한양으로부터 전보가 와서 중지하고 성환에 지금 주둔하고 있다고 하였다."

28) 「JACAR(アジア歴史資料センター)Ref.C06062191200, 明治27年 9月 27日~29年 8月10日 「明治27年 7月下旬成歡附近における混成第9旅団戰鬪詳報」(防衛省防衛研究所)」

29) 長岡外史,『新日本の鹿島立』, 116~117, 1920, 東京川流堂 發行.

30) 參謀本部編纂,『明治二十七八年 日淸戰史』第一卷, 東京印刷株式會社.

31)「JACAR(アジア歷史資料センター)Ref.C06060033500, 明治27年「秘27~8年戰役戰況 及情報」(防衛省防衛硏究所)」'8月 3日 大島少将 參謀総長'.

32)『금번집략』, 別啓, 1894년 6월 28일.

33)「JACAR(アジア歷史資料センター)Ref.C06060033100, 明治27年「秘27~8年戰役戰況 及情報」(防衛省防衛硏究所)」'7月 30日 於龍山 竹內兵站監 川上兵站総監宛'.

34) 박종근 저, 박영재 역,『淸日戰爭과 朝鮮』, 195쪽, 서울:일조각, 1989.

35)『하재일기』, 299쪽, 2009, 서울시사편찬위원회. 1891년부터 1911년까지 지규식이 쓴 이 일기는 격동하는 서울과 경기도 모습을 전해주고 있다.

36) 中塚明,『歷史の僞造をただす 戰史から消された日本軍の「朝鮮王宮占領」』, 東京:高 文硏, 1997(나카츠카 아키라,『1894년, 경복궁을 점령하라』, 서울:푸른역사, 2002)

37)『속음청사』, 1894년 7월 1일.

38)『고종실록』, 1894년 6월 24일.

39)『통감부문서』8권, 三. 韓官人ノ經歷一般, 韓國 官人의 경력 일반. "明憲太后의 조카 이다. 사람됨이 탐욕스러워 일찍이 開城府尹이 되자 재화에 욕심을 부렸다. 李埈鎔 부인의 오빠라는 연고 때문에 세상의 의심을 받아 10년간 침체되었다. 그 후 明憲太后 의 유언에 의해 贊政에 임명된 일이 있다."

40)『속음청사』1894년 6월 26일. "왕대비는 경기감사 홍순형가로 피하였다. 여러 민씨는 변복하고 도피하여 혹 정동 양관에 숨었다(王大妃殿, 避于圻伯洪淳馨家, 諸閔變服逃 散, 或匿于貞洞洋館)".

41) 수원을 비롯한 경기도의 동학도들이 보은 장내리집회에 참여한 사실과 1894년의 사 정은 다음 논문에서 정리된 바 있다. 최홍규,「경기지역의 동학과 동학농민군 활동」 『동학학보』제3호, 동학학회, 2002; 성주현,「경기지역 동학혁명과 동학군의 참여과 정」『수원문화사연구』7권, 2005; 표영삼,「경기지역 동학혁명운동」『교사교리연구』 10, 2005; 표영삼,『동학』3, 원고본의 '제3절 7월부터 항일전, 2. 경기지역서도 봉기'.

42) 표영삼,『동학』3을 토대로『天道教書』『天道教創建史』『韓順會管內淵源錄』『동학 관련판결문집』『東學道宗繹史』『侍天教宗繹史』「수원군종리원연혁」『均菴丈林東 豪氏略歷』등을 참고해서 정리했다. 신영우,「북접농민군의 충주 황산 집결과 괴산전 투」『한국근현대사연구』55집, 한국근현대사학회, 2010 참고.

43)『취어』1893년 4월 3일「선무사재차장계」.

44)『하재일기』, 1893년 4월 1일, 209쪽, 2009, 서울시사편찬위원회.

45)『이종훈약력』.

46)『균암장임동호씨약력』.

47) 신영우,「북접농민군의 충주 황산 집결과 괴산 전투」『한국근현대사연구』55집, 한국 근현대사학회, 2010.

48) 『하재일기』, 1894년 8월 22일, 317쪽, 2009, 서울시사편찬위원회.

49) 신영우, 「강원도 홍천의 동학농민군과 풍암리전투」『동학학보』제37호, 동학학회, 2015.

50) 『주한일본공사관기록』 1권, 四. 東學黨에 關한 件 附巡査派遣의 件 ― (4) 忠淸道 天安郡에서 日本人 6명이 東學黨에게 殺害된 件 3) 日本人 살해에 대한 조사 보고).

51) 『고성부총쇄록』 1894년 9월 16일.

52) 『주한일본공사관기록』 1권, 四. 東學黨에 關한 件 附巡査派遣의 件 ― (3) 京畿道 松坡 부근의 東學黨 집결에 대한 대비.

53) 경기감사는 경기도 관내의 각종 사태를 보고받고 그 사실을 정부에 전하면서 직접 대책을 세워 처리해야 하는 최고 관리였다. 그렇지만 1894년 그와 같은 활동을 전해주는 상소문이나 지시문 등을 모아놓은 자료는 전해지지 않고 있다. 실록 등에도 전재된 내용이 잘 나오지 않는다.

54) 「JACAR(アジア歴史資料センター)Ref.C06060042900, 明治27年「秘27~8年戰役戰況及情報」(防衛省防衛研究所)」.

55) 『속음청사』, 1894년 9월 29일.

56) 「JACAR(アジア歴史資料センター)Ref.C11080873000, 陸軍命令 完 明治 27年 9月~29年 3月(防衛省防衛研究所)」.

57) 『매천야록』제2권, 고종 31년 갑오(1894년) ⑥ 9. 동학군의 安城, 竹山 진출.

58) 『의정존안』第1 開國 503年 9月 11日;『관보』開國 503年 9月 11日. 軍國機務處의 議案은 다음과 같다. "近日에 東學徒들이 猖獗하여 畿句마저 犯하고 있으므로 曠職中의 地方官을 催促 下送케 하고 竹山·安城兩邑은 東學徒들의 匯住處이므로 幹器人을 守令으로 差出 帶兵 前赴하여 勦捕에 힘쓰도록 할 것."

59) 『고종실록』 1894년 9월 10일;『양호우선봉일기』 1894년 9월 10일.

60) 『양호우선봉일기』 1894년 9월 11일.

61) 위 자료, 1894년 9월 22일.

62) 『주한일본공사관기록』 1권, 四. 東學黨에 關한 件 附巡査派遣의 件 ― (33) 竹山地方 東匪剿討와 日軍의 助剿隊士官 指揮筋遵要請에 관한 交信 1) 竹山官軍의 士氣督勵와 助剿隊士官指揮의 筋遵要請.

63) 『갑오군정실기』 1894년 9월 29일.

64) 위 자료, 1894년 9월 30일.

65) 『속음청사』, 1894년 9월 20일, 22일.

66) 『갑오군정실기』 1894년 9월 26일자. '경기감사·충청감사·전라감사·경상감사·황해감사·강원감사에게 관문'은 6개의 도에 보낸 지침이다. "'충청도와 전라도의 비류들이 근래 다시 경상도, 강원도, 경기도, 황해도 등지에서 널리 퍼지고 있다고 한다. 각처에서 그들을 토벌하고 어루만져 달래는 일을 모두 순무사가 일체 판별하여 처리하게 하는 것이 어떻겠습니까?'라고 하였는데, 전교하시기를, '윤허한다'고 하였다."

67) 신영우, 「강원도 홍천의 동학농민군과 풍암리전투」, 『동학학보』 제37호, 동학학회, 2015.

68) 『속음청사』, 1894년 9월 28일, 30일.

69) 『갑오군정실기』 1894년 9월 26일.

70) 『계초존안』 1894년 9월 29일; 『갑오군정실기』 1894년 9월 30일. "양호의 비류들을 지금 순무영에서 병사를 징발하여 토벌하고 있으니 원근의 사민(士民)들 중에는 반드시 이러한 소식을 듣고 기의(起義)하는 자들이 많이 있을 것입니다. 나주목사 민종렬과 여산부사 유제관을 호남소모사에 추가로 임명하고, 홍주목사 조재관과 진잠현감 이세경을 호서 모사로 임명하여 그들로 하여금 의병을 불러 모아 하루빨리 소탕하도록 하고, 영남에서는 창원부사 이종서와 전 승지 정의묵을 소모사로 임명하여 일체로 방어하도록 분부하는 것이 어떻겠습니까?"

71) 신영우, 「1894년 영남 상주의 농민군과 소모영」, 『동방학지』 51집, 52집, 연세대 국학연구원, 1986.

72) 『승정원일기』 1894년 9월 29일.

73) 『갑오군정실기』 1894년 9월 27일.

74) 『승정원일기』 1894년 9월 30일.

75) 『갑오군정실기』 1894년 10월 8일.

76) 위 자료, 1894년 10월 14일.

77) 『계초존안』 1894년 10월 11일; 『갑오군정실기』 1894년 10월 12일. "안성 전 군수 성하영이 지난 날 논하여 파직 후에도 연이어 비도(匪徒)를 무찔러 자못 공로를 세웠기에 특별히 분간하여 서산군수로 임명하였으니, 그에게 지름길로 곧바로 나아가게 하고, 거느리던 경병(京兵)은 그대로 거느리게 하여 하루빨리 적을 무찔러 제거하라'고 순무영이 서산군수 성하영에게 빨리 명령하여 알리도록 하였습니다. 전일 내려 보낸 경리청 병정 중 1소대를 서산군수 성하영이 있는 곳에 옮겨 나아가서 빠른 시일 내에 적을 무찌르도록 전령하는 내용을 감히 아룁니다."

78) 『갑오군정실기』 1894년 9월 30일.

79) 『균암장임동호씨약력』.

80) 현 음성군 삼성면 능산리.

81) 이용구(1868~1912)는 뒤에 시천교를 만들고 송병준(宋秉畯)과 함께 일진회를 통해 한일합방 건의서를 데라우치 통감에게 제출했던 인물이다. 1890년 손병희의 전도로 동학에 입도해서 활동했다.

82) 『주한일본공사관기록』 3권, 八. 和文電報往復控 追加 (96) 陰竹 · 台封 東學黨狀況.

83) 『갑오군정실기』 1894년 9월 30일.

84) 위 자료, 1894년 9월 29일.

85) 위 자료, 1894년 10월 6일. 「죽산부사 이두황 첩보」.

86) 10월 15일 이두황의 장위영 병대에게 보은에서 체포되어 처형된 이천과 안성의 동학

농민군은 보은에서 공주로 출진할 때 같이 가지 않았던 잔류자였다.

87) 『고종실록』 1894년 10월 2일.

88) 어느 자료에도 그 이유가 나오지 않는다. 하지만 일본군이 지휘권을 빼앗은 후 중군을 파견하지 않은 것으로 보인다.

89) 『갑오군정실기』 1894년 10월 3일.

90) 『고종실록』 1894년 10월 11일, 12일.

91) 『갑오군정실기』 1894년 10월 14일. 「수원유수 조병직장계」.

92) 『고종실록』 1894년 10월 13일, 15일.

93) 『순무사각진전령』 1894년 10월 12일 『전령 선봉장 이규태』; 『갑오군정실기』 1894년 10월 12일.

94) 『갑오군정실기』 1894년 10월 14일. 「감독 양위관훈령(監督兩尉官訓令)」.

95) 『주한일본공사관기록』 1권, 四. 東學黨에 關한 件 附巡査派遣의 件 一 (39) 後備步兵 第19大隊 運營上의 訓令과 日程表 1) 後備步兵 第19大隊에 관한 件.

96) 『갑오군정실기』 1894년 11월 1일. 「충청병사 이장회(李長會) 등보(謄報)」.

97) 위 자료, 1894년 10월 26일. 「교도소대장(敎導所隊長) 이진호에게 보내는 전령」.

98) 『주한일본공사관기록』 6권, 二. 各地東學黨 征討에 관한 諸報告 〈제1권 제7장의 후반부〉 (3) 各地 戰鬪詳報 및 東學黨征討策 實施報告書 送付의 件.

99) 『갑오군정실기』 1894년 10월 21일. 「교도중대장(敎導中隊長) 이진호첩보」.

100) 경기도의 동학농민군은 북접농민군의 핵심으로 편제되었다. 통령은 손병희가 맡았지만 선봉은 안성포인 정경수, 좌익은 광주포의 이종훈, 후진은 이천포인 전규석이 맡았다. 우익은 이용구만 충의포로 충청도 동학의 지도자였다.

101) 『갑오군정실기』 1894년 11월 기록.

102) 정해득, 「화성유수부의 운영과 화성유수」(『수원시사』 3, 수원의 통치체제와 지방세력, 2014, 수원시사편찬위원회).

103) 차선혜, 「수원의 관제 개정과 지방제도 변화」(『수원시사』 3, 수원의 통치체제와 지방세력, 2014, 수원시사편찬위원회).

104) 『홍재전서』 제28권, 綸音 3, 水原府를 승격시켜 유수영[居留分司]으로 삼은 윤음.

105) 위자료, 제29권, 綸音 4. 壯勇外營 軍制의 변통에 관한 윤음.

106) 『비변사등록』 193책, 순조 2년 1월, 華城의 外營 군제를 釐正한 別單을 써서 올린다는 備邊司의 啓와 그 釐正別單.

107) 정해득, 「화성유수부의 운영과 화성유수」, 221쪽(『수원시사』 3, 수원의 통치체제와 지방세력, 2014, 수원시사편찬위원회).

108) 「JACAR(アジア歴史資料センター)Ref.B08090158300, 朝鮮国東学党動静ニ関シ帝国公使館報告一件(5-3-2-0-4)(外務省外交史料館)」 「在仁川領事館」; 『駐韓日本公使館記録』 1권, 二. 全羅民擾報告 宮闕內騷擾의 件 二 (26) 暴民實況 및 淸·韓兵動靜偵察彙報.

109) 위 자료. '內地行商者取調表'에 나오는 수원에서 상행위를 허가받은 일본인 상인은

가고시마현 출신인 유게 류조(弓削龍藏)이다.

110)『통리교섭통상사무아문일기』高宗 31年 9月 11日;『구한국외교문서』3, 日案 3200
號 高宗 31年 9月 11日. "外務大臣 金允植, 水原府留守의 牒呈에 따라 日本國特命全權
公使 大鳥圭介에게 公函을 보내어 지난 6月 24日에 水原府에서 牙山으로 前往하는 日
本軍에게 水原府에서 挪撥한 米價 21,008兩의 償還을 要請하다."

111)『속음청사』권 7,「면양행견일기」6月 26일.

112) 1894년『김산읍지(金山邑誌)』에 나온 使客米 값이 石당 35兩이다. 이 기준으로 따지
면 21,008량은 약 600석의 값이 된다. (신영우,「영남 김산의 양반지주층과 향내사정」
『동방학지』70집, 1991, 66~68).

113)「JACAR(アジア歷史資料センター)Ref.B08090004900, 日淸韓交涉事件關係雜件 第一
卷(5-2-18-0-2_001)(外務省外交史料館)' '帝国軍隊入韓以来通常韓民ニシテ言語不通
風俗変異上我兵ノ為殺害セラレシ者ノ遺族ヘ金円恤給ノ件'.

114)『일성록』1894년 3월 4일. 조병직은 이조참판, 개성유수, 형조판서, 협판내무부사 등
을 역임한 후 수원유수에 임명되었다.

115)『승정원일기』1886년 2월 28일; 1891년 8월 4일.

116)『동학사 초고본』, 동학사 3, 義軍과 官兵接戰.

117)『주한일본공사관기록』1권, 四. 東學黨에 關한 件 附巡査派遣의 件 一 (22)水原府匪
徒討伐을 위한 日軍出兵과 朝鮮官軍의 協助에 관한 諸交信 1)東學魁首 防護兵 派遣通
報와 同時派兵 및 軍需等의 豫備要請.

118)『주한일본공사관기록』1권, 四. 東學黨에 關한 件 附巡査派遣의 件 一 (22)水原府匪
徒討伐을 위한 日軍出兵과 朝鮮官軍의 協助에 관한 諸交信 3) 上件에 따른 防護兵 派
遣通報.

119)『갑오군정실기』1894년 10월 2일. '경리청 우참령관(右參領官) 구상조 첩보'.

120)『주한일본공사관기록』3권, 八. 和文電報往復控 追加 (146) 水原으로 군대파견 件 1)
水原으로 군대파견 件.

121)『갑오군정실기』1894년 10월 3일;『고종실록』1894년 10월 4일;『승정원일기』1894
년 10월 4일.

122)『금영내찰』10월 3일.

123)『고종실록』1894년 11월 11일;『계초존안』1894년 11월 12일.

124)『주한일본공사관기록』1권, 四. 東學黨에 關한 件 附巡査派遣의 件 一 (44)水原 및
全羅道 東學黨勢力 猖獗報告.

125)『갑오군정실기』1894년 10월 19일.

126) 위 자료, 1894년 10월 14일.「수원유수 조병직 장계」.

127)『순무사각진전령』1894년 10월 14일,『전령 선봉장 이규태』.

128)『갑오군정실기』1894년 11월 16일.「수원유수에게 보내는 관문」「소모관 전동석의
첩보」.

129) 위 자료, 1894년 11월 17일. 「선봉 이규태에게 보내는 전령」.

130) 위 자료, 1894년 11월 21일. 「소모관 전동석의 첩보」.

131) 위 자료, 1894년 11월 12일. 「선봉 첩보」.

132) 위 자료, 1894년 11월 13일. 「수원 중군 서형순에게 보내는 전령」.

133) 위 자료, 1894년 9월 26일. 「교서」.

134) 위 자료, 1894년 9월 27일. 「수원관관 이재근에게 전령함」.

135) 신영우, 「1894년 영남 상주의 농민군과 소모영(상)」 『동방학지』 51집, 1986. 06; 신영우, 「1894년 영남 상주의 농민군과 소모영(하)」 『동방학지』 52집, 1986. 09 참고.

136) 『갑오군정실기』 1894년 9월 30일. 「경기감사와 충청감사에게 관문을 보냄」.

137) 위 자료, 1894년 10월 1일. 「경기감사와 충청감사에게 관문을 보냄」.

138) 『양호우선봉일기』 1894년 10월 7일. "「순무영에서 보낸 전령」 출정한 장수와 병사의 군량미와 마초(馬草)는 경기도와 충청도 두 도신(道臣)이 앞뒤로 연이어 운송할 것이다. 수요의 많고 적음은 해당 군영에서 알리기를 기다렸다가 접응할 일이다. 의정부에서 초기로 윤허하였기 때문에 비로소 충청도와 전라도 두 관찰사에게 공문이 하달되었다. 각각 쓰이는 군량과 말먹이 콩은 실수를 요청하여 사용한 뒤에, 군수로 사용한 곡물 수량을 낱낱이 모두 기록하고 책자로 만들어 보고하라."

139) 『승정원일기』 1894년 1월 28일.

140) 『갑오군정실기』에는 전현감으로 나온다. 1886년 비인현감에 제수되지만 신병으로 체직된다.(『승정원일기』 1886년 6월 25일.

141) 『갑오군정실기』 1894년 11월 2일. 「선봉 첩보」.

142) 위 자료, 1894년 11월 9일; 『순무사각진전령(巡撫使各陣傳令)』 1894년 11월 9일 『전령 선봉장 이규태』.

143) 일본군은 조선 파견병의 군수 확보를 위해 군량으로 사용할 곡식과 조선 돈 등을 은화로 매입하였다. 일본군 가흥병참부에서는 가흥창의 세곡을 매입해서 군량으로 제공한 바가 있다. 조선 정부가 사용한 일본은화의 출처일 수도 있다.

144) 『갑오군정실기』 1894년 10월 7일. 「군수조납단자(軍需助納單子)」 은화(銀貨) 300원(元) 총리대신 김홍집(金弘集), 200원 궁내대신 이재면(李載冕), 200원 탁지대신 어윤중(魚允中), 200원 외무대신 김윤식(金允植), 150원 궁내협판 김종한(金宗漢).

145) 위 자료, 1894년 10월 18일, 「병정들이 거쳐 가는 연로의 각 읍과 진의 관에게 전령함」.

'광무양안'으로 본 수원 지역 농민들의 사회경제 기반 / 왕현종

1) "[邑城可築] 북쪽 들 가운데 임천의 지세를 보고 생각하니, 지금의 읍치도 좋기는 하나 북쪽들은 산이 크게 굽고 땅이 태평하여 농경지(結作)가 깊고 넓으며, 규모가 광원하여 성을 쌓아 읍치로 하게 되면 참으로 대번진이 될 수 있는 기상이다. 그 땅 내외에 가히 만호는 수용할 수 있을 것이다."(『磻溪隨錄』 보유 권1, 군현제, 수원도호부조, 29쪽).

2) "敎曰: "故處士贈執義兼進善柳馨遠, 其所撰『磻溪隨錄補遺』曰: '水原都護府, 以廣州
下道之一用等面, 移治於坪野, 臨川因勢, 邑城可築.'申之以邑治規模, 坪野大勝, 眞是大
藩鎭氣像, 地內外可容萬戶. 又言: '築城力役, 當藉鄕軍停番之需.' 蓋其人有用之學, 著
之爲經濟文字, 奇哉! 其論水原形便也, 移治之謨, 築城之略, 身在百年之前, 燭照今日之
事, 與合им, 停番等節目細務, 亦皆鑿鑿如符契. 見其書, 用其言, 尙謂之曠感, 其書不見
而如見, 其言未聞而已用, 在予可謂朝暮遇. 記昔其家後孫之推恩也, 例贈戶曹佐貳, 相
臣力言其例贈之衛, 反遜於特贈, 不可施於此儒. 況今興思, 豈闕揭厲之典? 加贈成均館
祭酒, 其嗣孫, 令該曹訪問以聞."(『정조실록』, 권 38, 정조 17년 12월 10일).

3) 18세기 말에 비해 20세기 초반에 이르면 큰 변화를 보이고 있었다. 1910년 민적통계표
에 의하면, 수원의 호수는 1만 5천 352호이며, 인구수도 7만 4천 661명으로 증가하였
다(『민적통계표』, 이헌창, 『민적통계표의 해설과 이용방법』, 고려대 민족문화연구소,
1997, 참조). 이정일, 「조선후기 수원 지역의 장시연구-18세기 후반부터 19세기 후반
을 중심으로」, 『경기사학』 6, 2002, 209~210쪽.

4) 최홍규, 「조선후기 화성축조와 향촌사회의 제양상-정조대의 수원지방문제와《觀水漫
錄》을 중심으로」, 『국사관논총』 30, 국사편찬위원회, 1991, 239~304쪽; 최홍규, 「정
조대의 대화성 농업진흥정책과 농업생산력 발전-특히 수리정책과 농업환경의 변화를
중심으로」, 『국사관논총』 89, 국사편찬위원회, 2000, 57~113쪽; 염정섭, 「18세기 후반
正祖代 勸農策과 水利 진흥책」, 『한국문화』 29, 2002, 179~215쪽; 이달호, 『18세기 상
품화폐경제의 발달과 화성건설』, 혜안, 2008 참조.

5) 한말 일제하 수원 지역의 종교와 도시 역사와 관련된 주제 논문이 집중하여 제출되었
다. 성주현, 「근대 식민지 도시의 형성과 수원」, 『수원학연구』 2, 2005; 손승호, 「수원
화성의 도로망 형성과 변화」, 『한국도시지리학회지』 9-2, 2006; 김백영, 「일제하 식
민지도시 수원의 시기별 성격 변화」, 『도시연구: 역사·사회·문화』 8, 2012; 김병희,
「구한말~일제강점기 전주와 수원의 경관 변화-식민지 경관 및 도로와의 관계를 중심
으로」, 『역사와 교육』 21, 2015; 원재연, 「수원유수부내 천주교 박해의 전개과정」, 『교
회사학』 2, 2005; 1999년 이전 수원 지역사 연구에 대해서는 최홍규, 「수원지방사 연
구현황과 과제」, 『경기사학』 3, 1999, 참조.

6) 경기지역의 동학농민군의 동향에 대해서는 최홍규, 「경기지역의 동학과 동학농민군
활동」, 『동학학보』 3, 2002, 89~123쪽; 성주현, 「경기지역 동학혁명과 동학군의 참여
과정」, 『수원문화사연구』 7, 2005, 105~128쪽.

7) 최근 대한제국기에 만들어진 광무 양안의 토지 소유 구조와 농촌경제 실상을 탐구하는
농업사 연구를 넘어 사회사, 지적사 등의 연구로 확대되고 있다. 2000년대 들어 충청
북도 진천과 충주 등 여러 군 지역의 양안에 대한 공동연구에서 시도되었다. 최윤오,
「대한제국기 광무양안의 토지 소유 구조와 농민층의 동향: 충북 진천군 양안을 중심
으로」, 『역사교육』 86, 역사교육연구회, 2003; 신영우 편, 『광무양안과 진천의 사회경
제 변동』 혜안, 2007; 신영우 편, 『광무양안과 충주의 사회경제구조』 충북대 중원문화

연구소, 혜안, 2010; 신영우 편, 『광무양안과 진천의 평산신씨 무반가문』충북대 중원 문화연구소, 혜안, 2012, 정경임, 「『문의군양안』으로 본 청주지역 농민들의 사회경제 기반」, 『동학학보』 43, 2017, 참조; 최근 연구 경향 소개에 대해서는 왕현종, 『한국 근 대 토지제도의 형성과 양안-지주와 농민의 등재 기록과 변화』, 혜안, 2016, 제4장, 대 한제국기 양전・지계사업 연구와 양안 자료의 활용, 193~235쪽.

8) 왕현종, 『한국 근대국가의 형성과 갑오개혁』, 역사비평사, 2003, 330~338쪽.

9) 김용섭, 「광무년간의 양전・지계사업」(『한국근대농업사연구(下)』, 증보판, 재수록 1984), 508~509쪽; 왕현종, 「대한제국기 양전・지계사업의 추진과정과 성격」, 『대한 제국의 토지조사사업』, 민음사, 1995, 41~119쪽.

10) 『거첩존안(去牒存案, 농상공부거래첩존안)』3책, 「토지측량에 관한 사건」(1898년 6월 22일); 『주의(奏議)』17책 (1898년 6월 23일).

11)『황성신문』, 1899년 4월 1일 잡보 「양지개시」679쪽; 『시사총보』 52호, 「양지발훈」 1899년 4월 2일; 53호, 「양지고시」, 4월 4일.

12) 왕현종, 『한국 근대 토지제도의 형성과 양안-지주와 농민의 등재 기록과 변화』, 혜안, 2016, 제5장 경기도 지역 광무양전 사업의 추진과 농민층 분화, 237~301쪽 참조.

13) 『京畿道水原郡量案』(규 17651.1-73) 양지아문 편, 광무 4년(1900), 필사본(筆寫本), 크 기(31.7吋.4cm) 73책; 『京畿道水原郡量案』(규 17650 V.1-66) 지계아문 편, 광무 7년 (1903), 필사본, 크기44.2吋.6cm), 66책.

14) 『안녕면 양안』실제 통계에 의하면, 총결부는 200결 57부 1속이며, 총면적은 498만 4,669척이다. 위의 표와 비교할 때, 결부에서 3결 27부 1속, 총실적수가 1,000척의 차 이가 난다. 이는 필지별 수정과정에서 총집계와 차이가 난 것으로 추측된다.

15) 출전, 『현륭원등록(顯隆園謄錄)』1, 「원소정례(園所定例)」 "火巢內 田畓員役等分給 秩"; 정해득, 「정조시대 현륭원 조성과 수원 이읍 연구」, 경기대 사학과 박사학위논문, 2009, 45~46쪽 참조.

16) 이를 두락으로 산정하면 밭 2,045두락(136석 5두락), 논 1,378두락(91석 13두락)에 이 르렀다(『일성록』 정조 20년 2월 11일, 「筳千庫節目」 참조).

17) 〈命閔丙星 朴齊普令廟堂稟處〉 "水原留守 尹榮信狀啓以爲顯隆園外火巢作挐罪人等明 査登聞該參奉 閔丙星苟究當場之激變實由平日之斂怨況又濫斫如彼許多其罪狀令攸司 稟處事教以令廟堂稟處"(『일성록』고종 28년 6월 23일), 『고종실록』고종 28년 6월 23 일 기사, 참조.

18) 〈政府以華城府園軍作鬧查覈狀覆啓〉 "議政府啓言 卽見水原留守 閔泳商啓本 則園軍 作鬧首倡査覈論跋 令廟堂稟處矣 首倡所歸囚供 指的特判乃降營覈更徹 金容圭士族 落 鄕而苟善勅躬 人誰敢侮 信之愚蠢激發竟滔悖類主張 孼由自取情節已露嚴刑遠惡島 限 已身定配勿揀赦前 尹興萬之脅逼 馬希孫 李元用之手犯 干分蔑紀 胡至此極 竝嚴刑島 配 朴振尙昨年覆啓 勘以島配依此施行 朴允石參酌懲勵 請其餘幷放送事 分付守臣 允 之"(『일성록』고종 29년 5월 14일, 『비변사등록』, 고종 29년 5월 13일 기사 참조).

19) 양안에 기록된 인명(人名)은 호족상의 성명(姓名)이나 족보상의 것과 크게 다른 경우가 많았다. 아래의 이름들은 대개 호명(戶名)이거나 혹은 택호명(宅戶名)이거나 자명(字名)일 가능성이 높다. 혹은 노비명(奴婢名)일 가능성도 있다.

20) 수원 지역 동학의 지도자로서는 안교선(安敎善)이 주목되는데, 본래 호남 출신으로 1884년 2월 수원을 비롯한 경기 지역에 동학을 전도하는데 주도적인 역할을 하였고, 그 영향으로 안승관(安承觀), 김내현(金來鉉, 異名으로 鼎鉉, 弼鉉, 昇鉉) 등 수원 지방의 유력한 접주들이 생겨났다. 또한 서인주(徐仁周, 長玉, 호 一海)는 수원출신 동학지도자로 잘 알려져 있다(이상, 최홍규, 「경기지역의 동학과 동학농민군 활동」, 『동학학보』 3, 2002, 96~99쪽 참조).

21) 『일성록』 고종 26년 10월 11일(제351책), 11월 14일(제352책); 최홍규, 위의 논문(2002), 92~93쪽, 참조.

22) 〈命水原中軍擇差下送諭留守勿待罪〉 "水原留守 金弘集狀啓 以爲本府城內無賴輩數百名 乘夜作挐打破人家 似此無前變怪出 於營下臣不勝惶恐俟勘 此時彈壓緝補之責 專在中軍 而本府中軍 尹泳奎 辭朝許久病不赴任爲先罷黜 雖以判官言之事出之後 不能趁卽息鬧挐以事體 固當論罷當 此有事之時 不可一日無官姑令戴罪擧行 請令廟堂稟旨施行 敎以聞極驚駭緣何起鬧 雖姑未詳此地 所重尤異於他前 乃敢有此猖獗之擧 民習之無嚴無憚胡至於此 首倡之漢另譏捉得嚴覈得情 餘外屯聚者曉飭退送使之 各自安堵 中軍令該曹口傳 各別擇差使之 當日下送 卿其勿待罪事 遣史官傳諭 以李敏皐爲水原中軍 口傳也"(『일성록』 고종 26년 10월 17일).

23) 〈命水原府作挐事勘斷後登聞〉 "留守 金弘集狀啓 以爲本府無賴輩作挐事査覈登聞而第以前承旨 金命基前郡守 尹守榮言之苟究當場之激變 實由平日之斂怨貽羞 朝列莫此爲甚 其罪狀令王府拿問處之事 竝請令廟堂稟處敎 以愚頑之類無憚作鬧誠極痛惋而 今旣究覈區別輕重 則又何待稟覆卿 須依跋辭勘斷後登聞事 遣史官傳諭"(『일성록』 고종 26년 11월 14일).

24) 〈議處金命基等〉 "義禁府啓言前承旨 金命基前郡守 尹守榮等原情以爲泛稱遲晚所當請刑而金命基曾經侍從 尹守榮曾經宣傳官勿爲請刑俱在法典請竝只議處允之"(『일성록』 고종 26년 11월 18일).

25) 〈命金命基等特放安濩 金泰郁等分揀〉 "義禁府啓言 金命基 尹守榮等激致民擾 實由斂怨貽羞 朝列亦難曲恕揆以法例 不可例勘 請竝施以定配之典 敎以名在朝籍苟能操躬見重於鄕里 寧有此所遭 可謂辱朝廷 豈勝痛歎 而欲究覈其事實 首倡作鬧者 今旣在逃矣從何憑問 且不能窮治犯分之罪 只罪此兩囚 則頑習莫懲後弊難杜 所以有斟量者 存金命基 尹守榮特爲放送"(『일성록』 고종 26년 11월 24일; 『승정원일기』 고종 26년 11월 2일 참조).

26) 김명기는 이듬해인 1890년 7월 사간원 대사간으로 임명됨으로써 복권되었다(『일성록』 고종 27년 7월 7일조 기사 참조).

27) 『승정원일기』 고종 27년 6월 18일 참조.

28) 수원군 광무 양안 39개면에 대한 전수조사를 통하여 지역 민인들의 토지 소유와 농업 경영 일체를 파악할 필요가 있다. 그렇지만 현재 수많은 양안 자료를 모두 검토하기에는 어려운 여건이므로 성내인 북부면과 그 주변인 남부면 양안을 통해 농민 경제의 일단을 파악해 보고자 한다.

29) 「토지조사부」(수원군 남창리 소재 토지조사), 지주 윤수영 명의의 토지는 남창리 40번지, 대지, 428평, 또한 남창리 49번지, 대지 45평 등 2필지다.

30) 「量地衙門 施行條例」, "四 自該郡으로 另擇該面內有地望公正解事者 一員或二員ᄒ야 差定踏勘有司ᄒ야 該掌書記와 該面任과 各田畓主와 作人을 指揮辦事케ᄒ올 事)"(『時事叢報』 52호(1899년 4월 2일, 양력 5월 11일); 53호, 1899년 4월 4일, 양력 5월 13일, 참조).

31) 북부면 1900년 7월 20일경에 재사에 돌입하여 金炳畯이 검사를 했으며, 이어 초서와 재서를 거쳐 조학원이 재서를 확인했으며, 이어 초준과 재준을 시행했으며, 다음 해 5월에 三准을 시행함으로써 중초책 양안에 대한 확인 과정을 마쳤다(『수원군 북부면 양안』규 17651, 73책 중 69책 표지, 참조).

32) 이를 정보로 환산하면, 1결 10000척(10000x1.081㎡)를 기준으로 하였다. 1결은 약 3270.8평으로 환산하였다. 이를 기준으로 해당 척수에 3.057로 나누어 환산하였다(최윤오, 「대한제국기 충주군 양안의 지주제와 농민층 분해」, 『광무양안과 충주의 사회경제구조』, 혜안, 2010, 35쪽, 각주 26 참조). 북부면 전체의 규모는 431만 4,299평이고, 미터법의 면적 단위로 환산하면, 142,621,146㎡, 또는 14.26km²로 된다.

33) 원장부 결총은 1만 1천 821결 61부 3속이었으며, 유래진잡탈 등을 뺀 실전답은 6천 8백 1십 1결 70부 5속으로 원 결총의 58%에 불과하였다(『수원군읍지』, 1899년 5월, 장서각 소장).

34) 수원군 광무 양전에서는 전체 궁장토 및 관둔전의 규모는 663결 55부 9속으로 소재면마다 각기 차이가 크다.

35) 박진태, 「한말 수원 지역 역둔토 조사의 성격」, 『이화사학연구』 46, 2013, 316쪽, 〈표 4〉 수원부 각양 면세승총 전답(1894), 참조.

36) 화성 축조시 대규모로 건설된 대유둔과 축만제둔의 전답은 募民耕作의 형태로 주민들로 하여금 경작하게 한 후 지대로서 도조를 수취하였는데, 대유둔은 6.8두, 축만제둔은 6.6두로서 민전 지주제의 도조율에 근접하고 있어 급가매토에 의해 소유권이 확실한 1종 유토임을 알 수 있으며, 다른 지역의 세조는 포내둔의 경우 71.9두, 숙성둔은 97.7두로 받아 조100두형의 제2종 유토에 해당되는 토지로 파악되고, 또한 4개의 향탄둔 전답을 제외한 19개 둔토 전체의 결당 賭錢은 약 9.56량으로 계산하여 租로서 환산하면 147두로 되어 결당 조100-200두형 사이의 제2종 유토로 파악되고 있다(박진태, 위의 논문, 303~304쪽).

37) 수원군 39개면의 원장부 전답결수를 대조하여 검토한 결과, 민간에 원징하는 허결은 일일이 감급하였고, 읍결 부족조도 제외하였는데, 서리의 은결은 무려 344결 90부 6속으로 파악되었다. 이에 따라 원결 및 승총결 출세실수 등 성책 1건을 올렸다고 한다

(『公文編案』35,「훈령: 수원군 都書員 차익조가 都吏結을 陞總하는 가운데 일부 토지를 분급하였는데도 생활고를 호소하는 일이 없도록 신칙할 것」(1896년 5월 3일), 『公文編案』84,「수원군 39면의 결수를 조사한 것을 보낸다는 인천부의 보고와 지령」(1896년 3월 18일), 참조).

38) 수원군 북부면은 대개 화성을 포함하여 성안 및 북쪽을 가리키며, 남부면은 성곽남쪽의 평야지대에 위치해 있다. 여기서는 북부면의 전체 필지 3023개 중에서 대지(841개 필지)를 제외한 전과 답의 필지는 2182필지로 산정할 수 있으며, 남부면의 경우 전체 필지 3773개 중에서 대지(909개 필지)를 제외하고 전과 답은 모두 2864필지로 산정되었다. 여기서는 전답의 규모가 큰 남부면을 중심으로 하여 성안과 비교하여 성 밖의 경제적 분화를 살펴보려고 한다.

39) 수원군 남부 남창동 광(光)자 149번지에 거주하는 윤수영(尹水永)은 수원 성내 민란과 관련되어 처벌 받은 윤수영(尹守榮)과 같은 인물로 추정된다. 그의 집이 토지조사 당시에도 같은 위치에서 확인되기 때문이다.

40)『各司謄錄』63, 갑오 11월 13일, 札移電存案, 286쪽.

41)『駐韓日本公使館記錄』1권, 四. 東學黨에 關한 件 附巡査派遣의 件 一〉, (27) [華城守備交替兵의 急派要請과 朝鮮軍 領率官姓名의 問議에 관한 交信] 참조.

수원 지역 동학·천도교 유적지와 3·1운동 탐방로 / 이동근

1)『高宗實錄』高宗 26년 11월 14일.

2)『高宗實錄』高宗 28년 6월 23일.

3) 천도교사편찬위원회,『天道敎百年略史』(上卷), 미래문화사, 1981, 96쪽.

4)「水原郡宗理院沿革」,『천도교회월보』191호, 天道敎會月報社, 1926, 29쪽(이하「水原郡宗理院沿革」이라 함).

5)「聚語」『東學亂記錄』, 국사편찬위원회, 118쪽, 124쪽.

6)「水原으로의 군대파견의 件」,『駐韓日本公使館記錄』3권, 362~363쪽.

7) 吳知泳,『東學史』, 永昌書館, 1940, 152쪽.

8)「水原郡宗理院沿革」, 29쪽.

9)『高宗實錄』高宗 31년 6월 28일.

10)『高宗實錄』高宗 31년 7월 15일.

11) 金善鎭,『제암·고주리의 3·1운동-일제의 학살만행을 고발한다』, 미래문화사, 1983, 22쪽.

12) 姜在彦,「동학사상과 농민전쟁」,『韓國의 近代思想』, 한길사, 1985, 156~157쪽.

13) 柳炳德 편,『東學·天道教』, 교문사, 1987, 330~339쪽.

14) 吳知泳, 앞의 책, 1940, 195~196쪽.

15) 李敦化,「義菴聖師」,『天道教創建史』, 1933, 47쪽.

16) 邢文泰, 「1904·5年代 東學運動에 대한 一考究--進會, 進步會를 中心하여」, 『사학논집』 4·5, 한양대학교, 1977, 88쪽.

17) 『황성신문』 1904년 12월 12일.

18) 『대한매일신보』 1908년 6월 16일.

19) 趙成雲, 「日帝下 水原地域 天道敎의 成長과 民族運動」, 『京畿史論』 4·5, 京畿大學校 史學會, 2001, 189쪽.

20) 「水原郡宗理院沿革」, 29쪽.

21) 「水原郡宗理院沿革」, 30쪽.

22) 閔泳純, 「水原行」, 『천도교회월보』, 천도교회월보사, 118호, 1920, 80~81쪽.

23) 『천도교회월보』 48호(1914), 36쪽; 당시 수원대교구 산하에는 水原郡敎區, 振威郡敎區, 始興郡敎區, 富川郡敎區, 仁川府敎區, 江華郡敎區, 龍仁郡敎區, 安城郡敎區, 廣州郡敎區 水原郡南陽敎區 등이 포함되었다.

24) 『천도교회월보』, 48호(1914), 40~41쪽, 45쪽, 47쪽.

25) 조규태, 「천도교의 민족문화 운동」, 『일제하 경기도지역 종교계의 민족문화운동』, 경기문화재단, 2001, 266쪽.

26) 金善鎭, 앞의 책, 1983, 23쪽.

27) 이병헌, 「수원교회낙성식」, 『천도교회월보』 292호, 천도교회월보사, 1936, 36쪽.

28) 『천도교회월보』, 31호(1913), 41쪽.

29) 『천도교회월보』, 3호(1910), 52쪽.

30) 『천도교회월보』, 8호(1911), 45쪽.

31) 『천도교회월보』, 9호(1911), 54쪽.

32) 『천도교회월보』, 48호(1914), 41쪽.

33) 『천도교회월보』, 12호(1911), 60쪽.

34) 『천도교회월보』, 20호(1912), 45쪽.

35) 『천도교회월보』, 93호(1918), 58쪽.

36) 『천도교회월보』, 12호(1911), 61쪽.

37) 金善鎭, 앞의 책, 1983, 22~26쪽.

38) 金善鎭, 앞의 책, 1983, 27~28쪽.

39) 李炳憲, 「三·一 運動秘史」, 시사시보사출판국, 1959, 868쪽.

40) 조규태, 앞의 책, 2001, 274쪽.

41) 水原郡 第544講習所 - 1911, 「中央摠部彙報」, 『천도교회월보』, 천도교회월보사, 12호, 65쪽, 이하 권호만 표시함; 南陽郡 第446講習-『천도교회월보』, 14호(1911), 59쪽, 21호(1912), 49쪽; 水原郡 第310講習所-『천도교회월보』, 20호(1912), 48쪽; 水原郡 第634講習所-『천도교회월보』, 29호(1912), 49쪽, 37호(1913), 45쪽; 南陽郡 第734講習所-『천도교회월보』, 68호(1916), 37~38쪽; 水原郡 第733講習所-『천도교회월보』, 83호(1917), 43쪽.

42) 姜德相 編, 『3·1運動編(二)』, 1977, 310쪽.

43) 金善鎭, 앞의 책, 1983, 136~141쪽.

44) 金善鎭, 앞의 책, 1983, 32~33쪽.

45) 『韓民族獨立運動史資料集』 19, 237~238쪽.

46) 『韓民族獨立運動史資料集』 19, 282쪽.

47) 李東根, 「水原지역 3·1운동에서 天道敎의 역할-雨汀·長安面을 중심으로」, 『京畿史學』 제7호, 京畿史學會, 2003, 200~204쪽.

48) 姜德相 編, 「특별검거반의 행동에 관한 건 보고(통첩)」, 소밀제745호, 1919년 4월 23일, 앞의 책, 1977, 311쪽.

49) 『韓國民族運動史料-三·一運動編』 其三, 277쪽.

50) 姜德相 編, 앞의 책, 1977, 312~318쪽: 원래는 4월 17일까지의 조사와 20일까지의 조사로 나뉘어져 있는 것을 합쳐 전체 상황을 표시하였으며, 원 자료에는 재차 폭거를 하지 않겠다고 서명한 자가 1,202명이라고 나와 있다.

51) 「水原郡宗理院沿革」, 30쪽.

52) 내무부, 『3·1운동시 피살자 명부』, 「3·1운동 당시 일본인으로부터 피살당한 애국자 -경기도」, 1953.

53) 제암리 학살 현장에 세워진 3·1운동순국기념탑은 1959년 4월 22일 건립되었고, 전면 '三一運動殉國紀念塔' 글씨는 이승만 대통령의 친필이며, 비문은 월탄 박종화가 썼고, 하단에 29명 선열의 명단이 있다.

54) 李炳憲, 앞의 책, 1959, 868쪽; 기록이 부족한 관계로 수원면의 3월 1일의 만세운동에 대해서는 신빙성의 문제를 제기하기도 한다. 그러나 3·1운동에서 민족대표 48인의 한사람으로 수원 및 충청남도의 연락을 맡고 있던 김세환의 활동과 수원 지역에서 김세환의 활동과 교사적 위치로 볼 때, 수원면의 3월 1일 만세운동은 김세환의 지시로 김노적과 박선태를 중심으로 하여 교사와 학생들이 중심이 되었고, 사전에 계획되어 서울·개성과 같은 날 오후에 만세운동을 벌인 것으로 파악된다.

55) 이들 중 이종상, 임순남, 최문순, 이선경, 박선태 등은 일본의 굴레를 벗어나 조선의 독립을 희망하며 1920년 6월 20일 '救國民團'의 비밀결사를 조직하여 활동하다 체포되었다. 이 과정에서 이선경은 옥중 심한 고문을 견디지 못한 채, 1921년 4월 12일 궐석재판 끝에 징역 1년 집행유예 3년을 받고 8개월의 옥고를 치른 뒤 풀려나 9일 만인 4월 21일 고향 수원에서 순국하였다. 2012년 3월 순국사실을 인정받아 건국포장 애국장에 추서되었다.

56) 李炳憲, 앞의 책, 1959, 868쪽.

57) 李炳憲, 앞의 책, 1959, 868쪽.

58) 이정은, 「3·1운동의 전개」, 『경기도 항일독립운동사』 경기도사편찬위원회, 1995, 292쪽.

59) 『韓國民族運動史料』 其三, 146쪽.

60) 이동근,「1910년대 '妓生'의 존재양상과 3·1운동」,『한국민족운동사연구』74, 한국민족운동사학회, 2013 참조.

61) 한동민,「일제강점기 수원 팔달산의 훼손과 활용」,『水原學研究』제3호, 수원학연구소, 2006, 218쪽.

62) 三一同志會,『三一同志會35年史』, 우일, 2003, 122~124쪽.

63) 金善鎭, 앞의 책, 1983, 153~154쪽.

64) 국가보훈처·독립기념관,『경기남부 독립운동사적지』, 독립기념관 한국독립운동사연구소, 2009, 188~195쪽.

65) 金善鎭, 앞의 책, 1983, 132~135쪽.

66) 국가보훈처·독립기념관, 앞의 책, 2009, 174~177쪽.

67) 독립운동사편찬위원회,『독립운동사자료집』5, 1971, 380~381쪽.

수원 지역 동학농민혁명 전개 과정과 문화콘텐츠 활용 방안 / 채길순

1)『동경대전』은 현재 4개의 판본이 있다. ① 경진판(庚辰版, 1880년 6월, 강원도 인제에서 간행), ② 목천판(木川版, 계미 중춘판, 1883년 2월, 충청도 목천에서 간행), ③ 경주판(慶州版, 계미 중하판, 1883년 5월, 충청도 목천에서 간행, 목활자본, 경주 교도들의 요청에 따라 간행), ④ 무자판(戊子版, 무자 계춘판, 1888년 3월, 강원도 인제에서 간행, 목판본)이다. 여기서는 ③ 경주판『동경대전』을 의미한다.

2) 성주현,「수원 지역 동학농민혁명과 지도자 처형 후 처리과정」, 서소문역사공원바로세우기 학술회의 2016년 1월 14일, 국회헌정기념관, 주최: 서소문역사공원바로세우기 범국민대책위원회·천도교중앙총부, 59쪽.

3) 지금까지 경기도 및 수원 지역 동학농민혁명에 대한 연구는 아래와 같다.

성주현,「수원 지역 동학농민혁명과 지도자 처형후 처리 과정」,「조선시대 서소문 지역 역사 바로보기」(2016년 1월 14일, 서울 국회헌정기념관, 주최: 서소문역사공원바로세우기 범국민대책위원회·천도교중앙총부, 주관: 동학학회·서소문역사공원바로세우기 사료발굴위원회).

채길순「서울과 경기지역에도 동학혁명사가 있었다」,『신인간』, 2009.12.

채길순,『새로 쓰는 동학기행』1, 모시는사람들, 2011, 서울 경기편, 217쪽-256쪽.

최홍규,「경기지역의 동학과 동학농민군 활동-특히 수원지방과 관련하여」,『경기사론』1, 경기대학교 사학회, 1997.

최홍규, 경기지역의 동학과 동학농민군 활동,『동학학보』3, 동학학회, 2002.

4) (사료1): 고종 32권, 1894년 10월 4일, 4번째 기사 : 〈양호 도순무영에서 수원 비적의 괴수 김내현과 안승관을 효수하고, 사람들을 경계시켰다고 보고하다〉/ "巡撫營以匪魁金冑鉉等梟首警衆啓-該營啓言水原匪魁金冑鉉安承寬嘯聚徒黨騷亂梗化故自臣營捉上當日使中軍許進出往南筏院幷梟首警衆.(해당 영(=순무영)이 아뢰기를, 수원 비적의

괴수 김내현과 안승관이 도당들을 불러 모아 소란을 피우고 전혀 교화가 되지 않으므로, 신의 영(순무영)에서 붙잡아 올려 당일에 중군으로 하여금 남벌원에 나아가 모두 효수하여 사람들을 경계하도록 하였습니다. 라 했다." 한편, 〈수원시사〉에 실린 도판 (자료2)은 안승관 김내현의 효시 장면이 아니다.

5) (자료3): 고종 31년, 1894년 12월 23일 3번째 기사 〈총리대신과 법무 대신이 비적의 두 목의 처리와 김개남의 벤 머리를 조사할 것을 아뢰다〉.

6) (자료4): 고종 31년, 1894년 12월 25일 1번째 기사 〈비적의 두목인 김개남과 성재식을 효수하고 사람들을 경계시켰다고 보고하다〉.

7) (자료7)은 이사벨라 버드 비숍이 지은 『Corea and her neighbors(한국과 그 이웃나라 들)』에서 '동학의 수급들(TONG-HAK HEADS'의 내용에 실린 그림으로, 〈도판1〉과 〈 도판2〉 도판과 거의 같다. 무슨 영문일까? 비숍은 12월 22일에 4개의 수급을 목격했 지만 무슨 사정에서였던지 사진촬영을 하지 못한 듯하다.(당시 이사벨라는 1894년 1 월부터 시작한 조선 조사에 중량 16파운드(7.3kg)의 삼각 카메라와 4파운드(1.8kg) 의 핸드카메라를 가지고 조선 각지를 촬영하고 있었다.) 비숍이 수급을 본 날짜를 명 확하게 쓰고 있지 않지만, "3일 뒤 고요한 조선의 설날에 친구와 함께 남대문 밖에서 동대문 밖으로 말을 타고 찾아갔다."라고 쓰고 있어서 서소문 밖에서 효시를 본 날짜 가 효시 마지막 날인 1월 22일(음력 12.28)로 추정할 수 있다. 참고로, 이날 아침에 참 수된 동학지도자의 세 몸통도 목격했다고 기록하고 있다. 김문자(나라여자대학 연 구원), 〈전봉준의 사진과 무라카미 텐신村上天眞)-동학지도자를 촬영한 일본인 사진 사〉, 244쪽.

8) 이에 대해서는 다음 논문에서 상세하게 밝히고 있다. 채길순, 「조선시대 서소문 지역 의 역사적 의미 고찰」, 『동학학보』 제34호, 동학학회, 2015.

9) https://m.facebook.com/story.php?story_fbid=10209096484558192&id=1501123289.

10) 잭 런던(Jack London, 1876년~1916년)은 미국의 소설가 · 사회평론가이다. 부친 없는 사생아로 샌프란시스코에서 가난하게 출생, 신문팔이 · 선원 등을 전전 충분한 교육 도 받지 못했다. 1895년(19세), 〈공산당 선언〉에 공명하여 사회노동당에 입당, 1901년 (25세) 사회당에 입당했다. 이즈음에 다윈, 스펜서, 마르크스를 읽고 니체를 애독했다. 〈은세계의 처녀〉(1902)에서 노동자계급을 묘사하나 신통치 못했고, 〈황야의 부름〉〈 해랑(海狼)〉(1904)에서 유전 문제를 다루어 명성을 얻었다. 1904년에는 러일전쟁의 종군기자로 방일(訪日)했다가 귀국 후 〈시합(試合)〉(1905) 〈하얀 어금니〉(1906), 〈마 틴 에덴〉(1909) 등 자신의 체험담에서 나온 작품을 잇달아 발표하여 자연주의 문학을 완성하고, 동시에 사회평론도 썼다.

11) 안승관의 사망 시기가 9월로 되어 있으나, 정부 보고서나 정황으로 미루어 10월 1일이 맞는 것 같다.

12) 심승구, 「한국 술 문화의 원형과 콘텐츠화-술 문화의 글로벌콘텐츠를 위한 담론 체계 탐색」, 인문콘텐츠학과 학술심포지움 발표문, 2005.

13) 문화콘텐츠 개발을 위한 시작은 기존의 문화유산에 대한 가치의 재인식부터 시작된다고 볼 수 있다. 가치의 재인식은 기존 문화유산에 대한 새로운 해석과 분석을 통해 인식을 확장하는 것이 중요하다.

14) 콘텐츠란 문화, 영상, 소리 등의 정보를 제작하고 가공해서 소비자에게 전달하는 정보 상품으로 정의할 수 있다. 구체적으로는 극장에서 보는 영화나 비디오, 텔레비전 프로그램, 책, 신문, CD와 라디오로 듣는 음악, 컴퓨터 게임, 우리가 매일 이용하는 인터넷으로 보는 모든 정보가 콘텐츠인 것이다.(문화관광부 편, 문화콘텐츠산업진흥방안, 문화관광부, 2000, 3쪽)

15) 유승호,「디지털 기술이 문화콘텐츠산업의 제작 및 산업구조에 미치는 영향에 관한 연구: 음반과 애니메이션 산업을 중심으로」, 43쪽.(2001년도 춘계학술대회, 지식정보 시대에서 문화벤처와 문화콘텐츠 한국문화제학회 / 한국기업메세나협의회, 문화관광부)

16) 서사란 이야기를 지닌 모든 것을 의미한다. 민담, 설화, 전설, 동화 등은 말할 것도 없고 역사나 일기, 기행문도 서사에 속한다. 이러한 언어로 된 서사 뿐만 아니라 영화, 만화, 오페라, 그림과 같은 비언어적 서사들도 많이 있다.: 오탁번, 이남호,『서사문학의 이해』, 고려대학교 출판부, 1999. 이야기 형식을 가지고 있는 모든 서사물은 이미 한 차례 독자에게 그 속에 담긴 '무엇' 즉, 내용을 전달해왔다. 이 또한 스토리텔링이다. 하지만 IT기술이 발달함에 따라 이들 서사물은 PC와 같은 매체로도 수용되고, 각 매체의 성격에 맞게 또 한 번의 스토리텔링 과정을 거치게 된다. 이 과정에서 스토리텔링은 내용만을 전달하는데 그치지 않고 그 내용을 '어떻게' 이야기하는가(스토리텔링)에 초점을 맞추게 된다. 이에 대해 최혜실은 "각각의 장르들은 스토리텔링이이란 공통점을 지니면서도 매체의 특성 때문에 형식상의 차이를 띠게 된다. 예를 들어 이야기가 종이 매체에서 표현될 경우 문학이 되고, 영상 매체에서 표현될 경우 영화가 되며, 디지털 매체에서 표현될 경우 게임 등 디지털 서사가 된다."(최혜실,「문화콘텐츠, 스토리텔링을 만나다」, 삼성경제연구소, 2006, 104-105쪽)라고 말한 바 있다.

동학의 글로컬리제이션과 인문도시로서의 수원 / 조극훈

1) 최홍규,「경기지역의 동학과 동학농민군 활동」,『동학학보』3권, 동학학회, 2002, 96-98쪽 참조.

2) glocalization의 번역어로는 '세역화', '세방화', '지구지역화' 등이 있지만, 우리말의 표현상 어색하여 '글로컬리제이션'이라는 용어를 사용하고자 한다. 아직 번역어가 합의되지 않았고 번역된 용어조차 어색하기 때문이다. 참고로 번역어에 관해서는 다음의 문헌을 참고할 것. 글로컬리제이션을 세계화와 지방화를 동시에 뜻하는 "세방화", "세방성"등의 번역어를 사용하는 경우(최갑수, 황보영조,「글로컬라이제이션의 역사학」,『영남대학교 인문과학연구소 학술대회 자료집』, 영남대학교 인문과학연구소, 2009, 8쪽). 지구지역화로 번역하는 경우(김수자, 송태현,「맥도날드화를 통해 본 세계화와

지구지역화」, Trans-Humanities, 3, 이화여자대학교 이화인문과학원, 2010, 65쪽. 김
정현,「글로컬리즘에 대한 철학적 성찰」,『영남대학교 인문과학연구소 학술대회 자료
집』, 영남대학교 인문학과학연구소, 2011, 2쪽).
3) 김성수,『글로컬문화콘텐츠 전략』(서울; 한국외국어대학교 출판부, 2012), 21-22쪽 참조.
4) 김수자, 송태현,「맥도날드화를 통해 본 세계화와 지구지역화」, Trans-Humanities, 3,
이화여자대학교 이화인문과학원, 2010, 72쪽.
5) 김정현,「글로컬리즘에 대한 철학적 성찰」,『영남대학교 인문과학연구소 학술대회 자
료집』, 영남대학교 인문학과학연구소, 2011, 2쪽.
6) 김정현, 위의 논문, 8-12쪽.
7) Richard Giulianotti & Roland Robertson, "Forms of Glocalization: Globalization and the
migration strategies os Scottish football fans in North America", Sociology, 41(1), 2007,
p, 133.
8) 김미경,「세계화 세방화 다문화」,『인문연구』, 59, 영남대학교 인문과학연구소, 2010.
232쪽.
9) 김용찬,「세계화 지방화시대 교육과정 지역화의 현황과 과제」,『기전문화연구』 32, 경
인교육대학교 기전문화연구소, 2005. 135쪽.
10) 이병민, 이원호,「글로컬리제이션 시대의 문화변동과 지역발전: 문화콘텐츠를 중심으
로」,『한국경제지리학회지』, 제17권 2호, 한국경제지리학회, 2014, 221쪽.
11) 송준,「세계화 대응전략과 지역문화의 중요성」,『한국민속학』 58, 한국민속학회,
2013. 219쪽.
12) 이병민, 이원호, 앞의 논문, 222쪽 참조.
13) 김기홍,「글로컬라이제이션과 문화콘텐츠」,『한국문화융합학회 전국학술대회 자료
집』, 한국문화융합학회, 2015. 292-294쪽 참조.
14) 김성수, 앞의 책, 215쪽.
15) 김수자, 송태현,「맥도날드화를 통해 본 세계화와 지구지역화」, Trans-Humanities, 3,
이화여자대학교 이화인문과학원, 2010, 76-80쪽.
16) 안상욱,「세계화와 세방화 구현」,『인문연구』 57, 영남대학교 인문과학연구소, 2009.
301쪽 재인용.
17) 김수자, 송태현, 앞의 논문, 81쪽.
18) http://nanta.i-pmc.co.kr/nanta/Main.aspx.
19) http://nanta.i-pmc.co.kr/nanta/Main.aspx.
20) 현택수,「문화의 세계화와 한국문화의 정체성」,『한국학연구』 20, 고려대학교 한국학
연구소, 2004, 175-176쪽.
21) 위의 논문.
22) 동학 문화를 인문학에 기반한 문화콘텐츠로 개발할 것을 제안한 연구로는 조극훈의
연구(조극훈,「동학 문화콘텐츠 개발을 위한 인문학적 기반 연구」,『동학학보』제30

호, 동학학회, 2014)를 들 수 있다. 그에 의하면 동학의 문화콘텐츠는 철학, 역사, 역사, 문화, ICT기술이 결합된 다학제적 연구를 기반으로 제작되어야 할 것을 강조한다. 특히 문화적 감성의 패러다임의 변화에 주목하고 동학문화콘텐츠에는 정서적, 심미적, 정신적 가치가 중요함을 강조하였다.

23) 김태창, 「동학을 개신함에 있어서의 몇 가지 문제제기」, 『충청도 청주 동학농민혁명』 (서울: 모시는사람들, 2017), 18-25쪽. '시천'은 근원적인 생명에너지인 천을 새로 밝힌다는 의미의 '천인공공'(天人公共)으로, '기화'는 인간과 만물이 공유하는 근원적 생명에너지로서의 영성의 시중화를 중시하는 변혁이론의 근본전환으로 해석하였다.

24) 최민자, 『생태정치론』, 서울: 모시는사람들, 2007, 605쪽.

25) 박맹수, 『생명의 눈으로 보는 동학』, 서울: 모시는사람들, 2014, 170-178쪽.

26) 조극훈, 「동학 문화 콘텐츠와 글로컬리제이션」, 『동학학보』 제35호, 동학학회, 2015, 224-227쪽.

27) 김태창, 「동학을 개신함에 있어서의 몇 가지 문제제기」, 『충청도 청주 동학농민혁명』, 서울: 모시는사람들, 2017, 23쪽.

28) 이강옥, 「동경대전, 용담유사의 서술원리」, 『동학사상의 새로운 조명』, 민족문화연구소, 1998, 23쪽.

29) 신일철, 「해월 최시형의 시(侍)와 경(敬)의 철학」, 『해월 최시형과 동학사상』, 부산예술문화대학 동학연구소, 서울: 예문서원, 1999 참조.

30) 박맹수, 앞의 책, 128쪽.

31) 박연규, 「지역밀착형 인문학 프로그램」, 『시민인문학』 제33호, 경기대학교 인문학연구소, 2017. 75쪽.

32) 위의 논문. 76-77쪽 참조.

33) 수원시정연구원, 『수원 문화도시 조성을 위한 기초연구』, 수원시정연구원, 2014, 46-47쪽.

34) 박연규, 앞의 논문, 77-78쪽 참조.

35) 최석환, 『수원시 구시가지 쇠퇴현황 및 도시재생 정책 대응방안』, 수원시정연구원, 2013, 11쪽.

36) 위의 책, 3쪽.

37) 수원시정연구원, 앞의 책, 104-105쪽.

38) 위의 책, 109쪽.

참고문헌

정조의 인간존중이 투영된 동학의 평등정신 / 김준혁

『東經大全』　　　　　　　　　　　『용담유사』
『道源記書』　　　　　　　　　　　『純祖實錄』
『近庵集』　　　　　　　　　　　　『正祖實錄』
『弘齋全書』　　　　　　　　　　　『順菴集』
『燕巖集』　　　　　　　　　　　　『東師列傳』
朴仁老,『蘆溪集』　　　　　　　　　朴齊家,『北學議』
徐憲純 狀啓, '崔福述四次問答'　　　宋奎斌,『風泉遺響』
洪大容,『湛軒書』
『강진군지』

『정조의 명신을 만나다』, 수원화성박물관, 2010.
김삼웅,『녹두 전봉준 평전』, 시대의창, 2007.
김성윤,『조선후기 탕평정치 연구』, 지식산업사, 1997.
김준혁,『조선 정조대 장용영 연구』, 중앙대학교 박사학위논문, 2007.
곽효문,「조선조 자휼전칙의 복지행정사적 의의」,『행정논총』39-3, 서울대학교 행정대학
　　원, 2001.11.
김동철,「채제공의 경제정책, -특히 辛亥通共發買論을 중심으로」,『부대사학』4, 1980.
김선근,「정조시대 아동복지정책에 관한 연구-자휼전칙을 중심으로」, 단국대학교 행정대
　　학원 석사학위논문, 1999.
김준혁,「정조의 자주정신과 수운의 민족정신」『동학학보』21, 2011.
나영일,『정조시대의 무예』, 서울대학교 출판부, 2003.
노대환, 1997,「조선후기의 서학유입과 서기수용론」,『진단학보』83.
朴性淳,「朝鮮後期 對淸認識과 北學論의 意味」,『史學志』31, 檀國史學會, 1998.
박영학,『東學運動의 公示構造』, 나남, 1990.
박현모,「신해통공의 정치경제학」,『한국정치학회보』35, 한국정치학회, 2001.
심재우,「정조대 欽恤典則의 반포와 形具 정비」,『규장각』22, 1999.
오지영 저, 이장희 역,『東學史』序, 박영사.
유봉학,「정조시대 사상 갈등과 문화의 추이」,『태동고전연구』21, 2005.
윤석산,『동학 교조 수운 최제우』, 모시는사람들, 2004.
윤석산,『용담유사 연구』, 모시는사람들, 2006.
임형진,「동학 혁명과 수운의 민족주의」,『동학연구』9 · 10 합집, 2001.
한국역사연구회 17세기 정치사연구반,『조선중기 정치와 정책』, 인조-현종 시기, 2003.
황선희,『동학 · 천도교 역사의 재조명』, 모시는사람들, 2009.

홍대용 저, 소재영 외 주해, 『주해 을병연행록』, 태학사, 1997.

1894년 경기도 지역의 변란 상황과 동학농민군 진압 과정 / 신영우

『高宗實錄』 『日省錄』
『承政院日記』 『備邊司謄錄』
『弘齋全書』 『錦藩集略』,
『大韓季年史』 『洪陽紀事』
『續陰晴史』 『梅泉野錄』
『駐韓日本公使館記錄』 『日淸戰史講義摘要録』
『各司謄錄』, 京畿道篇 『統理交涉通商事務衙門日記』
『議定存案』 『啓草存案』
『錦營來札』 『荷齋日記』
『聚語』 『李鍾勳略歷』
『均菴丈林東豪氏略歷』 『東學史 草稿本』
『巡撫使各陣傳令』 『甲午軍政實記』
『兩湖右先鋒日記』 『固城府叢瑣錄』
『修山集』 『天道敎書』
『天道敎創建史』 『韓順會管內淵源錄』
『侍天敎宗繹史』 『東學道宗繹史』
「水原郡綜理院沿革」(『天道敎會月報』 151號, 1927.2)
『均菴丈林東豪氏略歷』 『舊韓國外交文書』
『統監府文書』 8卷 『동학관련판결문집』
陸軍省編, 『陸軍現役將校同相當官實役停年名簿』, 1912.
長岡外史, 『新日本の鹿島立』, 東京:川流堂, 1920.
參謀本部編纂, 『明治二十七八年 日淸戰史』 第一卷, 東京:東京印刷株式會社, 1904.
中塚明, 『歴史の偽造をただす 戰史から消された日本軍の「朝鮮王宮占領」』, 東京:高文
    研, 1997.(나카츠카 아키라, 『1894년, 경복궁을 점령하라』, 서울:푸른역사, 2002.)
박종근 저, 박영재 역, 『淸日戰爭과 朝鮮』, 서울:일조각 1989.
김문자 지음 김승일 옮김, 『명성황후 시해와 일본인』, 서울:태학사, 2011.
五十嵐 憲一郎, 「日淸戰爭開戰前後の帝国陸海軍の情勢判断と情報活動」『戰史研究年
    報』 第4号, 東京:防衛省防衛研究所, 2001年 3月.
関誠, 『日淸開戰前夜における日本のインテリジェンス-明治前期の軍事情報活動と外交
    政策』, 東京:ミネルヴァ書房, 2016.
「JACAR(アジア歴史資料センター)」(防衛省防衛研究所)
최홍규, 「경기지역의 동학과 동학농민군 활동」, 『동학학보』 제3호, 동학학회, 2002.
성주현, 「경기지역 동학혁명과 동학군의 참여과정」, 『수원문화사연구』 7권, 수원문화사

연구회, 2005.

표영삼, 「경기지역 동학혁명운동」, 『교사교리연구』 10, 2005.

표영삼, 『동학 3』, 원고본.

신영우, 「1894년 영남 상주의 농민군과 소모영(상)」, 『동방학지』 제51집, 연세대 국학연구원, 1986. 06.

신영우, 「1894년 영남 상주의 농민군과 소모영(하)」, 『동방학지』 제52집, 연세대 국학연구원, 1986. 09.

신영우, 「영남 김산의 양반지주층과 향내사정」, 『동방학지』 제70집, 연세대 국학연구원, 1991.

신영우, 「북접농민군의 충주 황산 집결과 괴산전투」, 『한국근현대사연구』 제55집, 한국근현대사학회, 2010.

신영우, 「강원도 홍천의 동학농민군과 풍암리전투」, 『동학학보』 제37호, 동학학회, 2015.

정해득, 「화성유수부의 운영과 화성유수」(『수원시사』 3, 수원의 통치체제와 지방세력, 2014.)

차선혜, 「수원의 관제 개정과 지방제도 변화」(『수원시사』 3, 수원의 통치체제와 지방세력, 2014.)

수원 지역 동학농민혁명 전개 과정과 문화콘텐츠 활용 방안 / 채길순

경기도사편찬위원회, 『경기도사』(제5권 조선 후기 편), 경기도, 2002-2009.

김문자(나라여자대학 연구원), 〈전봉준의 사진과 무라카미 텐신(村上天眞)-동학지도자를 촬영한 일본인 사진사〉.

성주현, 「수원 지역 동학농민혁명과 지도자 처형후 처리 과정」, 〈조선시대 서소문 지역 역사 바로보기〉(2016년 1월 14일, 서울 국회헌정기념관, 주최: 서소문역사공원바로세우기 범국민대책위원회·천도교중앙총부, 주관: 동학학회·서소문역사공원바로세우기 사료발굴위원회.

수원시사편찬위원회 편, 수원시사, 수원시, 1986.

이사벨라 버드 비숍 지음, 이인화 옮김, 『한국과 그 이웃나라들』, 서울: 도서출판 살림, 1996.

채길순, 「서울과 경기지역에도 동학혁명사가 있었다」, 『신인간』, 2009.12.

채길순, 「스토리텔링으로 구성한 조선시대 서소문 지역 저항의 역사」, 서소문 저항의 역사, 서소문 역사바로세우기 범국민대책위원회 주최, 국회강연회, 국회헌정관, 2015년 9월 3일.

채길순, 「조선 후기 민중사가 집약된 서소문 지역의 역사적 의미 연구」, 중구청 주최, 서소문역사공원바로세우기 학술토론회, 충무아트홀 컨벤션센터, 2015년 5월 21일.

채길순, 「조선 후기 서소문 지역의 역사적 의미 고찰」, 수운회관, 서소문 역사바로세우기 범국민대책위원회 주최, 서소문밖 역사유적지 관광자원화사업의 문제점과 개선방향토론회, 2015년 1월 22일.

채길순,『새로 쓰는 동학기행』1(서울 경기 편), 도서출판 모시는사람들, 2011.

채길순, 조선시대 서소문 지역의 역사적 의미 고찰,『동학학보』34호, 동학학회, 2015.3.

최홍규, 경기지역의 동학과 동학농민군 활동,『동학학보』3, 동학학회, 2002.

최홍규,「경기지역의 동학과 동학농민군활동-특히 수원지방과 관련하여」,『경기사론』1, 경기대학교 사학회, 1997.

황현,『매천야록(梅泉野錄)』,『대한민국독립유공인물록(大韓民國獨立有功人物錄)』, 국가보훈처, 1997.

황현, 이민수 역,『오하기문』, 서울: 을유문화사, 1985.

서울대학교 규장각 한국학연구원 http://kyujanggak.snu.ac.kr/main.jsp

조선왕조실록 http://sillok.history.go.kr/main/main.jsp

동학의 글로컬리제이션과 인문도시로서의 수원 / 조극훈

천도교중앙총부,『천도교경전』, 서울: 천도교중앙총부출판사, 2000.

강형구 외,『문화콘텐츠와 인문학적 상상력』, 서울: 글누림, 2005.

김기덕,「콘텐츠의 개념과 인문콘텐츠」,『인문콘텐츠』창간호, 인문콘텐츠학회, 2003.

김동윤,「창조적 문화와 문화콘텐츠의 창발을 위한 인문학적 기반 연구」,『인문콘텐츠』제19호, 인문콘텐츠학회, 2010.

김미경,「세계화 세방화 다문화」,『인문연구』59, 영남대학교 인문과학연구소, 2010.

김성수,『글로컬문화콘텐츠 전략』, 서울: 한국외국어대학교출판부, 2012.

김수자, 송태현,「맥도날드화를 통해 본 세계화와 지구지역화」, Trans-Humanities, 3, 이화여자대학교 이화인문과학원, 2010.

김영순 · 김현 외,『인문학과 문화콘텐츠』, 서울: 다할미디어, 2006.

김용찬,「세계화 지방화시대 교육과정 지역화의 현황과 과제」,『기전문화연구』32, 경인교육대학교 기전문화연구소, 2005.

김정현,「글로컬리즘에 대한 철학적 성찰」,『영남대학교 인문과학연구소 학술대회 자료집』, 영남대학교 인문학과학연구소, 2011.

김춘성,「해월 사상의 현대적 의의」,『동학문화』제1집, 동학연구소, 1999.

박명규,「역사적 경험의 재해석과 상징화-동학농민전쟁의 기념물」,『사회와 역사』51호, 한국사회사학회, 1997.

박맹수,「동학혁명의 문화사적 의미」,『문학과 사회』25, 문학과 지성사, 1994.

박상환 외,『문화콘텐츠와 인문정신』, 서울: AUSKO, 2008.

박연규,「지역밀착형 인문학 프로그램」,『시민인문학』제33호, 경기대학교 인문학연구소, 2017.

박준성,「동학농민혁명 유적과 조형물의 역사상」,『동학농민혁명기념재단 특별기획전 동학농민혁명기념사업의 역사』, 2009.

박치완 외, 『글로컬문화콘텐츠, 어떻게 그리고 왜?』, 서울: 한국외국어대학교 출판부, 2009.

백지희, 『글로컬라이제이션』, 서울: 컬쳐코드(비쥬얼스토리공장출판부), 2016.

신일철, 「해월 최시형의 시(侍)와 경(敬)의 철학」, 『해월 최시형과 동학사상』, 부산예술문화대학 동학연구소, 서울: 예문서원, 1999.

원도연, 「동학농민혁명 기념사업의 사회성과 기념공간 연구」, 『지방사와 지방문화』, 10호, 역사문화학회, 2007.

원승룡, 『문화이론과 문화철학』, 서울: 서광사, 2008.

이경화, 「기념물을 통한 동학농민혁명의 기억과 전승」, 『인문콘텐츠』 제10호, 인문콘텐츠학회, 2007.

인문콘텐츠학회│경제·인문사회연구회, 『인문콘텐츠의 사회적 공헌』, 서울: 북코리아, 2013.

인문콘텐츠학회, 『문화콘텐츠 입문』, 서울: 북코리아, 2006.

정우철, 『글로컬시대의 문화와 국제경영』, 서울: 박영사, 2013.

정정호, 『비교세계문학론: 글로컬 시대 문학의 새로운 지형학』, 서울: 푸른사상, 2014.

조규태, 『천도교의 문화운동론과 문화운동』, 서울: 국학자료원, 2006.

조기주, 『동학의 원류』, 서울: 보성사, 1979.

조극훈, 「동학의 불연기연과 변증법」, 『동학연구』 제29집, 한국동학학회, 2010.

조극훈, 「한류문화에 나타난 전통과 현대의 변증법」, 『인문과학논집』 제23집, 강남대학교 인문과학연구소, 2012.

조극훈, 「동학 문화콘텐츠 개발을 위한 인문학적 기반 연구」, 『동학학보』 제30호, 동학학회, 2014.

조극훈, 「동학 문화콘텐츠와 글로컬리제이션」, 『동학학보』 제35호, 동학학회, 2015.

진행남, 「신한류와 동아시아 문화 네트워크」, 『JPI정책포럼』, 제주평화연구원, 2011.

최갑수·황보영조, 「글로컬라이제이션의 역사학」, 『영남대학교 인문과학연구소 학술대회 자료집』, 영남대학교 인문과학연구소, 2009.

최민자, 『생태정치학』, 서울: 모시는사람들, 2007.

최홍규, 「경기지역의 동학과 동학농민군 활동」, 『동학학보』 3권, 동학학회, 2002.

한동숭 외, 「미디어 문화기술 그리고 인문콘텐츠」, 인문콘텐츠학회 경제·인문사회연구회, 『인문콘텐츠의 사회적 공헌』, 서울: 북코리아, 2013.

현택수, 「문화의 세계화와 한국문화의 정체성」, 『한국학연구』 20, 고려대학교 한국학연구소, 2004.

홍종열, 『유럽연합(EU)의 문화산업과 문화정책』, 서울: 한국외국어대학교 출판부, 2012.

Jamie Peck, Remaking the global economy: economic-geographical perspecti『es, SAGE, 2003.

Richard Giulianotti & Roland Robertson, "Forms of Glocalization: Globalization and the migration strategies os Scottish football fans in North America", Sociology, 41(1), 2007.

찾아보기

[ㄱ]

가와바타 순사 204
가와카미 소로쿠 98
갑오개혁 159
갑오년 재봉기 118
갑진개화혁신운동 66
강습소 201
강화도조약 98
개벽세상 250
개혁 48, 54
개혁 정책 46
건릉 172, 177
경군 130, 146, 147
경군 병대 129
경기도 군현 146, 149, 151, 153
경무청 140
경복궁 111, 145
경복궁 점령 115
『경세유표』 59
고석주 240
고승호 101
고아 보호정책 반포 51
고종 160
고주리 학살지 213
곤도 마스키 98
공노비 47
관천고 168
광무 양안 158, 180, 188
광무 양전 184, 189
광을함 101
광혜원 128

광화문복합상소 225
교구실 201
교리강습소 201
교정쌍전론 91
구국동지회 214
구오산리 만세운동 84
군현 115
근대현대 269
글로컬리제이션 249, 250, 251, 252, 253, 254, 259, 262, 263, 266, 267, 268, 269, 272, 273, 275
글로컬 전략 258
기중가(起重架) 16, 17
김내현 230, 239
김수민 25
김승현 240
김원팔 240
김향화 83
김흥렬 89, 213, 240

[ㄴ]

나니와함 102
나천강 240
난전 활성화 정책 49, 50
난타 257, 258, 259, 273
남양교구 199, 200
남양지역 83
남접 95
남접농민군 95
노비제 개혁논의 48
노비제도 36
농민 180, 185

[ㄷ]

단발흑의운동 66
대고천하 66, 68
대본영 99
도(道) 37
도순무영 132, 142, 143, 146
도시재생 270
독립선언서 28, 76
독립운동 76
『동경대전』 69
동귀일체 57, 261
동학 13, 19, 35, 37, 54, 56, 60, 65, 91, 193, 194, 223, 259, 266, 273
동학 교단 126
동학교도 20
동학군토벌대 227
동학농민군 21, 95, 96, 129, 140, 153, 229, 231
동학농민군 지도자 144
동학농민혁명 14, 18, 28, 159, 194, 195
동학농민혁명 유적지 196
동학도 65, 114, 117
동학 세력 110
동학 조직 95, 113, 151
동학지도자 229
동학학회 249

[ㄹ]

리홍상 101

[ㅁ]

만세시위 29, 31, 66

맥도날드 256, 257, 273
맹영재 123, 125
모심과 살림 261
무장봉기 96
무장활동 95
문명개화운동 66
문화다양성 37, 60
문화콘텐츠 243, 244, 245, 251
미나미 고시로 18, 132
민공익 240
민란 178
민보군 124
민영준 112
민재명 240
민족교육 201
민족대표 33인 28
민중종교 14
민회운동 68

[ㅂ]

반회사건 43
발안장터 202, 211
발안장터 만세운동 202
방화수류정 206
백낙렬 85, 203, 215, 216, 241
보성학원 72
보은취회 195
보편과 특수 262, 267, 273
보편성과 개별성 250
봉황각 73, 76, 80
북접농민군 95
불교인식 38
불연기연 250, 262, 263, 264, 267, 272
불연기연의 논리 260

『부모은중경』 39

[ㅅ]

사노비 49
삼례집결군 95
3·1독립혁명 66
3·1만세시위 81
3·1운동 27, 30, 32, 193, 201, 202, 207, 220
3·1운동 순국기념탑 206
3·1운동의 길 206
3·1혁명 30, 80
서얼허통정책 45, 46, 47
서얼 혁파 56
서인주 194
서장대 207
서장옥 65, 224, 239
서학 41, 43, 45
서학서 41
서학인식 41
석문전투 119
성경신 250, 265, 272, 274
성경신의 인성규범 260, 264
성미제 71, 73
성하영 120, 122
성환전투 103, 108, 109, 110, 112, 136
세계화 255
손병희 27, 28, 65, 66, 68, 76, 197, 237
손천민 65
수원 31, 66, 135, 136, 188, 223, 274
수원 관아 196
수원교구 79, 82, 238
수원기생 210
수원대교구 199

수원 민란 180
수원시 250, 270, 272
수원유수 135, 137
수원유수영 140, 142, 144, 152
수원 지역 80, 91, 135, 158, 195, 198, 201, 224, 226, 242
수원화성행궁 196
수촌리 교회 214
스토리텔링 219, 244
시천주 250, 261, 262, 272
시천주적 세계관 260, 261, 262
신무기 231
신분제도 35, 60
신한청년당 28
신해통공 49, 50
쌍봉산 216

[ㅇ]

안교선 78, 194, 225, 238
안승관 230, 239
양안 180, 189
양전 158, 160, 181, 182
양전 사업 159, 160
양지아문 160
양호도순무영 123
여규덕 19
여운형 19
연무대 207
엽지초 108
영세빈농층 189
오관 71
운량감관 148
운량관 148
위민론 45

위민사상 54
위민정책 61
위민정치론 46
위안스카이 99
유무상자 250, 266, 272
유무상자의 호혜적 공동체 260
유인석 22, 23
융릉 167, 172, 177
의병 22, 23, 24
의병 항쟁 24
이규태 131
이노우에 공사 119
이두황 20, 120, 121
이병인 240, 241
이병헌 82
이북지역 67
이사벨라 버드 비숍 234
이승훈 43
이익 42
이정근 81, 211
이종석 198
이창선 194, 241
인간의 존엄과 평등 249
인간존중 54, 58, 198
인간평등 13, 56
인내천 57, 193, 198
인문도시 267, 269, 272, 273, 274, 275
인문학 250, 268
일본군 109, 129, 131
일본 군함 102
임농호 116

자휼전칙 52
장내리집회 115
장용영 16
전봉준 100
전해산 26
접장 14
접주제 223
정보장교 99
정약용 16, 59
정조 15, 36, 37, 45, 60, 61, 92, 157, 167
정학 44
《제국신문》 68
제2차 봉기 195
제4차 산업혁명 252
제암리 31, 87
제암리 23위의 묘 212
제암리 교회 89
제암리 순국 23위의 묘 212
제암리 학살 90
제암리 학살사건 204, 205, 214
제원함 101
조강함 101
조병직 139, 141
조암장터 31
주자성리학 36
지역문화 255
지역화 255
지주 180, 185
지평민보군 127
진보회 68, 198
집강소 14

[ㅈ]

자혜의원 210

[ㅊ]

채제공 16, 17

척왜양창의 195
천도교 27, 70, 81, 91, 197, 198
천도교대헌 69
천도교 시대 68, 69, 91
천도교인 220
천도교 전교사 203
천도교 창건 27
천주교 44
청국군 105, 108
총인원제 199
최벽 55
최시형 13, 58, 95
최재호 240
최제우 13, 54, 55, 195, 223

[ㅌ]

탐관오리 194
탐방로 218, 220
토지 소유 177, 189
토지소유자 185
토지소유자 분화 185
토지제도 159
토지조사사업 180
토지측량 166
통공조치 49
통리교섭통상사무아문 103

[ㅍ]

평등 13
평등의식 15, 36
평민의병장 25
평안도 67
폐정개혁안 12개조 59

포교 67
풍도전투 103

[ㅎ]

학살 31
한울님 14
한칠성 241
항일의병 21
향아설위 58
현상윤 75
형률 53
형률완화정책 52
혼성제9여단 100, 105, 151
홍경운 241
홍계훈 150
화성 15
화성장대 209
화성 축조 15, 16
화성행궁 210
화수리 3·1독립운동기념비 216
화엄학 39, 40
황성도 241
황현 15
효시 233, 236
후비보병 제19대대 96, 119, 132, 134, 141, 150
휴먼 시티 274
흠휼전칙 52, 53, 54
히로시마대본영 101

동학총서 009

경기도 수원 동학농민혁명

등록 1994.7.1 제1-1071
1쇄 발행 2017년 12월 31일

엮은이 동학학회
지은이 이이화 김준혁 임형진 신영우 왕현종 이동근 채길순 조극훈
펴낸이 박길수
편집인 소경희
편 집 조영준
관 리 위현정
디자인 이주향
펴낸곳 도서출판 모시는사람들
       03147 서울시 종로구 삼일대로 457(경운동 88번지) 수운회관 1207호
전 화 02-735-7173, 02-737-7173 / 팩스 02-730-7173
홈페이지 http://www.mosinsaram.com/

인 쇄 상지사P&B(031-955-3636)
배 본 문화유통북스(031-937-6100)

값은 뒤표지에 있습니다.
ISBN 979-11-88765-04-1   94900
SET 979-89-97472-72-7   94900

이 도서의 국립중앙도서관 출판예정도서목록(CIP)은 서지정보유통지원시스템 홈페이지(http://
seoji.nl.go.kr)와 국가자료공동목록시스템(http://www.nl.go.kr/kolisnet)에서 이용하실 수 있습
니다.(CIP제어번호: CIP2017035504)

* 이 책은 수원시의 지원으로 출간되었습니다.